조병준

퍼스널 지오그래픽

個人.地圖

JO Byoung Joon

Personal GEOGRAPHIC

suryusanbang

2021

● 아주까리 수첩 5
조병준 **퍼스널 지오그래픽**
曺秉俊 **個人.地圖**
JO Byoung Joon **Personal GEOGRAPHIC**

● **Produced & Published by 수류산방 樹流山房 SuRyuSanBang**
1**판** 02**쇄** 2021 **년** 02 **월** 15 **일**
값 21,000**원**
ISBN 978-89-915-5583-9 03810
Printed in Korea, 2021.

● "영리를 위한 것이 아니라면 이 책의 내용을 자유롭게 이용하실 수 있습니다."

● **수류산방 樹流山房 SuRyuSanBang**
등록 2004 **년** 11 **월** 5 **일**(**제** 300-2004-173 **호**)
〔03054〕 **서울 종로구 팔판길** 1-8 〔**팔판동** 128〕
T. 82 02 735 1085 **F.** 82 02 735 1083
프로듀서 **박상일**
발행인 및 편집장 **심세중**
크리에이티브 디렉터 **朴宰成** + **박상일**
이사 **김범수, 박승희, 최문석**
편집팀 **전윤혜**
디자인 · 연구팀 **김나영**
사진팀 **이지응**
인쇄 **효성문화**〔T. 82.(0)2.2261.0006 박판열〕

조병준

퍼스널 지오그래픽

個人.地圖

JO Byoung Joon

Personal GEOGRAPHIC

JO Byoung Joon
Personal GEOGRAPHIC

Open a Map

〔0〕지도를 펼치며

산티아고의 길(El Camino de Santiago)에서.

산티아고의 길(El Camino de Santiago)에서.

〔0〕

지도를 펼치며

어쩌다 보니 오지 않을 것 같았던 그 나이가 되고 말았다. 여전히 하는 짓거리는 스무 살 문학 청년에서 한 치도 벗어나지 못했는데, 지하철에선 자리를 양보받고, 이제 어느 상점에서건 아버님 소리를 듣는 신세가 되었다. 좀 서럽지 않다면 거짓말이다. 홍대 클럽에서 입장을 거절당하던 날의 그 설움은 죽어도 잊지 못할 것이다.

시커먼 교복 입고 회수권 내며 버스 타고 다니던 고삐리 시절, 도서관에서 공부한답시고 최인호의 소설만 읽다가 밤 버스를 탔던 어느 날이 기억난다. 술에 취해 넥타이도 풀어지고 와이셔츠 자락도 바지 밖으로 삐져나온 채, 중년 사내가 잠들어 있었다. 못된 송아지들처럼 뿔이 잔뜩 돋아 있던 친구 녀석과 나는 그 사내를 보며 킥킥거렸다. 그리고 섬뜩한 약속을 했다. 우리 절대 저런 수컷은 되지 말자! 서른이 되기 전에 확 죽어 버리자! 열일곱 살 문학 소년들이 종알거린 삐약 소리니 너무 야단치지는 말아 주시라. 서른은 아폴로 로켓처럼 찾아왔다. 그 뒤의 나이들은 스타 트렉 엔터프라이즈 호의 워프 속도로 오더라. 그리고 올 거라고 상상도 못했던 '그 나이'가 와 버리더라. 하필이면 2020년에 찾아올 건 또 뭐람.

우울했던 해로 기억될 것이다. 2020년. 가을에는 긴 여행을 떠나겠노라고 얘기하고 다녔다. 30년 전 첫 여행에서 서른 번째 생일을 길에서 맞았던 그 때처럼 이번에도 길 위에서 길동무들과 함께 생일 잔치를 벌일 거라고 떠들었다. 셀프 환갑 효도 여행할 거니까 아무도 말리지 말라고, 공항으로 한복 입고 나와 환송회 하는 것까진 봐 주겠다고, 키득거렸다. 그랬는데…, 역병이라는 고대의 언어가 일상어로 복귀했다.

여행은 이제 기약 없는 꿈과 동의어가 되었다. 몇 가지 기획했던 일들도 이런저런 이유로 미뤄지고 어그러졌다. 만나서 밥 한 끼 먹자는 말조차 조심스러운 세상이 와 버렸다. 넷플릭스도, 왓챠도 한두 달 보고 나니 재미가 없어졌다. 책 읽는 것도, 음악 듣는 것도 매일 하니 심드렁했다. 권태는 언제나 우울로 가는 지름길이다. 우울로 가는 건널목에서 수류산방의 친구들이 나를 잡아 세웠다. 어디 가시려고요? 이리 오세요. 책을 냅시다.

글쟁이로 살아 온 세월이 그럭저럭 30년 다 되어 간다. 첫 책 『나눔 나눔 나눔—조병준과 함께 나누는 문화 이야기』(박가서.장—수류산방의 전신이다)가 나온 게 1997년이었다. 그 뒤로 열 권의 책이 더 나왔다. 판단의 기준에 따라 다르겠지만, 그만하면 글쟁이로서 아주 폭망한 인생은 아니다. 세상사 이것저것에 다 오지랖을 부리던 나, 온갖 잡다한 대상에 서툴디 서툰 촉수를 들이밀던 나, 그러면서 건진 해답이라며 여기저기 세상에 글 무더기를 던진 나. 그런 내가 있었다. 30대 말부터 50대 말까지 20여 년의 시간, 글 써서 쌀을 팔고 책을 사고 비행기표를 샀다. 밥벌이를 위해서이기도 했지만, 세상에 그 숱한 글 무더기를 던진 건 세상은 왜 이 모양으로 생겼는지, 나는 또 왜 이러고 살고 있는지, 그 의문 부호를 마침표 또는 최소한 말줄임표로라도 바꾸고 싶었던 욕망 때문이었다.

첫 책을 낸 이후 세상에 내보낸 글들 중, 책으로 묶이지 못한 글들을 묶기로 했다. 이런저런 매체에 실렸던 글들을 한 번 털어 보기로 했다. 세상 모든 것에 존재하는 유통 기한 또는 유효 기간이 글이라고 없을까. 당연히 다시 읽으니 쯧쯧 혀 차게 만드는 글도 많다. 그래도 당시를 기억하는 촉매의 구실도 있을 것이고, 지금 여기의 상황에도 여전히 조금이나마 유효한 이야기들도 있으리라. 그런 가냘픈 믿음에 매달려 이 '흩어진 구슬 서 말 꿰기' 작업에 매달렸다. 구슬이 서 말이라도 꿰어야 보배다, 라는 옛말이 틀리지 않음을 확인했다. 여기저기 잡지, 또는 공동 저자 단행본에 흩어진 글들은 심지어 내 기억에서도 지워져 가고 있었다.

세상에 흩어진 내 글들을 모아 보면, 어설프게나마 지도 한 장은 그려지지 않을까 하는 믿음 또는 바람에서 출발한 작업이 이렇게 일단 마무리되었다. 내 인생의 지도 한 장, 또는 내가 사는 세상에 대한 지도 한 장…. 열심히 그린다고 그린 지도가 오히려 길을 잃게 만드는 지도가 되지는 않을까 걱정도 된다. 하지만 또 여행길에선 가끔 길을 잃는 재미도 쏠쏠하지 않은가. 어차피 누구의 인생이든 한 번뿐인 탐험으로 그려 가는 지도 한 장인 건 다 마찬가지일 테니 이해해 주시리라 믿는다.

수류산방에는 두고두고 갚아야 할 빚을 지게 되었다. 새 책은 언제 나오냐고 채근해 준 친구들과 독자들에게도 빚을 진 건 마찬가지다. 세상 천지에 고맙다고 말해야 할 사람이 너무 많다.

●

조병준
JO Byoung Joon
個人.地圖
퍼스널 지오그래픽
Personal GEOGRAPHIC

리노	Reno
블랙 록 시티	Black Rock City
버닝 맨	Burning Man
플리에	plié
그랑 플리에	grand plié
바트망	battement
서울	Seoul
대구	Daegu
센트럴 파크	Central Park
신촌	Sinchon
올림픽 공원 체조 경기장	Gymnastics Arena
대학로	Daehakro
잠실 운동장	Jamsil Stadium=Seoul Sports Complex
올림픽 공원	Olympic Park
코첼라	Coachella, California
속초	Sokcho
홍대 앞	Hongdae
사평역	Sapyeong Station
반월	Banweol
안산	Ansan
시흥	Siheung
청운동	Cheongun-dong
윤동주문학관	Yun Dong Ju's Literary Museum
안양	Anyang
호주 꿀단지 개미	Honeypot Ant of Australia
생명의 신비	Life on Earth
사회 생물학	Sociobiology
자연주의자	Naturalist
눈먼 시계공	The Blind Watchmaker
생명의 다양성	The Diversity of Life
어설라 르 귄	Ursula K. Le Guin
어둠의 왼손	The Left Hand of Darkness
라쿠나 셸던	Raccoona Sheldon
쨰쨰파리의 비법	The Screwfly Solution
코니 윌리스	Connie Willis
사랑하는 내 딸들이여	All My Darling Daughters
팻 머피	Pat Murphy
채소 마누라	His Vegetable Wife
유인원의 행성	Planet of the Apes
제3의 침팬지	The Third Chimpanzee
보노보	Bonobo
루이스 리키	Louis Leakey
올두바이 계곡	Olduvai Gorge
탄자니아 곰베	Gombe, Tanzania
제인 구달	Dame Jane Morris Goodall
르완다	Rwanda

다이앤 포시	Dian Fossey
보르네오	Borneo
비루테 갈디카스	Birute Galdika
리처드 랭엄	Richard Wrangham
데일 피터슨	Dale Peterson
알프스의 설선	Snow Line of Alps
알파인 스노벨	Alpine Snowbell
노르웨이의 레밍	Lemming of Norway
식물의 사생활	The Private Life of Plants
헨리 페트로스키	Henry Petrosky
공학은 인간의 것	To Engineer Is Human
실패는 인간의 것	To Fail Is Human
아담의 사과	Adam's Apple
카스트로헤이스	Castrojeriz
프로미스타	Fromista
현수	Madoc Hyunsu O'Callaghan
뿌리의 집	KoRoot
제인 정 트렌카	Jane Jeong Trenka
피의 언어	The Language of Blood
암스테르담	Amsterdam
서울	Seoul
미네소타	Minnesota
어머니나라	The Motherland
바라나시	Varanasi
캘커타	Calcutta
콜카타	Kolkata
마석	Maseok
나주	Naju
동대문	Dongdaemun
혜화동	Hyehwa-dong
가평	Gapyeong
태평양	Pacific Ocean
샌프란시스코	San Francisco
식스 맨	Sixth man
푸나	Poona
오쇼 아슈람	Osho Ashram
마더 테레사의 집	Mother Teresa House, Home for Sick and Dying Destitutes
산세바스티안	San Sebastián
팜플로나	Pamplona
프렘 단	Prem Dan
카미노 데 산티아고	Camino de Santiago
산티아고 데 콤포스텔라	Santiago de Compostela
롱세스바예스	Roncesvalles
산티아고 데 콤포스텔라 대성당	Catedral de Santiago de Compostela
우주	The Universe

파푸아 뉴 기니(Papua New Guinea) 세픽 강(Sepik)을 통나무 보트로 흘러가다.

Photo © LEE Jheeyeung

2018년 12월 1일 홍대 앞 더스텀프에서 열린 최은진의 앨범-책 『헌법재판소』 발매 기념 쇼케이스 〈은진철도 고고고〉의 한 장면.

〔A-01〕

불타오르네!—무용(無用)에의 열정

만약에, 만약에 말이다. 당신에게 1주일의 휴가가 주어진다고 해 보자. 라스베이거스에서 그리 멀지 않은 또 다른 도박 도시 리노(Reno)까지 비행기 표도 공짜로 준다고 해 보자. 그렇다면 당신은 만사를 다 때려치우고 그 비행기 표를 받겠는가? 아마 꽤나 많은 당신들은 전광석화처럼 그 비행기 표를 낚아채겠지. 잭팟의 설레임으로 잠 못 이루며 리노 행 비행기에 올라타겠지. 열심히 일한 당신 떠나라는데 망설일 이유가 어디 있겠는가. 좋다. 이번엔 조금 다른 경우를 가정해 보자.

역시 당신에게 1주일의 휴가가 주어진다. 리노까지의 비행기 표가 제공되는 것도 마찬가지다. 그런데 당신이 그 비행기 표를 받는 대신 갈 수 있는 장소가 호텔 카지노가 아니라 리노에서 120마일이나 떨어진 네바다 사막 한가운데의 황량한 공터라면 어떨까? 한낮이면 섭씨 40도를 웃도는 폭염이 내리쬐고, 새벽엔 영하에 가까운 한기가 뼛속까지 스미고, 지척을 분간 못할 모래 폭풍이 불거나 사방을 진흙 뻘밭으로 만들어 버리는 폭우가 내릴 수도 있는, 그런 사막의 말라붙은 호수에 가야 한다면, 그 비행기 표를 냉큼 낚아챌 수 있을까? 자, 그래도 아직 마음이 비행기 표에 가 있다면 조금 더 들어 보기 바란다.

블랙 록 시티(Black Rock City). 말은 시티이지만, 그 곳은 네바다 사막 한가운데, 산으로 둘러싸인 말라붙은 호수 바닥일 뿐이다. 그런데 매년 8월 말에서 9월 초까지 딱 1주일 동안 그 호수 바닥에 사람들이 모여든다. 많을 때는 2만이 넘는 사람들이 모여든다. 1년에 단 1주일 동안만 존재하는 도시, 블랙 록 시티. 그 곳에서는 커피와 얼음을 제외하곤 그 어떤 것도 사고팔 수 없다. 물을 비롯해 그 사막 한가운데서 당신이 생존하기 위해 필요한 모든 것은 다 당신이 알아서 챙겨야 한다.

그럼 거기서 뭘 하냐고? 사람들이 거기 모여서 하는 일은 바디 페인팅에서 시작해 그 어떤 재료를 사용하든 관계없이 '자기 자신을 표현'하는 일이다. 당신이 생각하는 유일한 자기 표현의 방법이 발가벗고 돌아다니는 일이라면 그렇게 해도 아무도 뭐라 하지 않는다. 원한다면 당신의 차를 상어 모양으로 개조해서 죠스로 만들어도 된다. 물론 대형 크레인을 가지고 가서 거대한 설치 미술 작품을 만들 수도 있다. 그런데 아무리 기막힌 작품을 만들었다 해도 당신은 절대로 그 작품을 팔 수 없다. 1주일이 지나고 블랙 록 시티가 철수할 때 당신은 당신의 작품을 포함해 당신이 그 곳에 올 때 가지고 왔던 모든 것을 다 챙겨서 떠나야 한다. 당신이 떠난 자리에 남는 것은 원래 그대로의 사막뿐이다.

자, 이래도 당신은 그 곳에 가고 싶은가? 거기 가는 비행기 표를 포함해서 모든 비용을 다 스스로 대야 한다면? 모르긴 몰라도, 비행기 표에다 웃돈을 듬뿍 집어 줘도 떠나지 않을 당신이 많으리라는 것을 나는 안다. 나라면 어떡하겠냐고? 글쎄…, 조금 더 생각해 봐야겠다. 그나저나 그 미친 짓거리의 이름이 뭐냐고? 〈버닝 맨(Burning Man)〉이란다.

버닝 맨, 당신을 불살라라!

버닝 맨이라는 이 희한한 이름의 '짓거리'(이벤트의 순우리말이다)는 1986년에 시작되었다. 그 해 7월 21일 샌프란시스코의 베이커 비치(Baker Beach)라는 이름의 해변에서 래리 하비(Larry Harvey)라는 이름의 1948년생 사내가 생뚱맞기 그지없는 짓거리를 벌였다. 제리 제임스(Jerry James)라는 친구와 함께 모래밭에 나무로 만든 인간을 세우곤 그걸 불태운 것이다. 두 사람이 원한 것은 단 하나, '갈 데까지 간 자기 표현'(radical self-expression)이었다. 해변에 있던 사람들은 웬 구경거리냐 싶어 불타는 나무 인간 주위에 몰려들었고, 기타를 들고 있던 사내가 즉흥적으로 노래를 불렀다.

그 뒤 어떤 일이 벌어졌는지 짐작하기는 그리 어렵지 않다. 사람들은 저마다 타고난 재능(gift)을 자연스럽게 발휘하며 그 재능을 주위의 사람들과 아낌없이 나누었다. 불타는 나무 인간의 둘레로 자연스럽게 사람들이 원을 이루었다. 자발적인, 그리고 자연스러운 공동체가 형성되었던 것이다. 버닝 맨은 곧 자기의 몸을 불살라 공동체를 이루게 해 주는 존재였다. 아무런 대가를 바라지 않고 오로지 주기만 하는 존재, 그것이 버닝 맨이었고, 그 나무 인간을 불태우는 행위는 고대 번제(燔祭) 의식의 재현이었다. 오늘의 미국인들을 열광시키는 또 하나의 축제가 탄생한 순간이었다.

사람들의 반응에 고무된 래리와 제리는 매년 나무 인간을 태우기로 결심했다. 두 사람의 친구들이 나무 인간을 만드는 일에 동참했고, 차츰 샌프란시스코의 예술가들이 모여들었다. 해가 갈수록 나무 인간의 크기도 커졌고 해변가에 모여드는 사람들도 늘어났다. 그리고 당연한 결과로 이 '불타는 인간'은 샌프란시스코 행정 당국의 경계 대상이 되었다.

1990년 버닝 맨을 보러 해변에 몰려든 사람들은 수천 명으로 불어났고, 시 당국은 나무 인간에 불을 붙이는 것을 금지시켰다. 신나는 구경거리를 찾아 모여든 군중들은 순식간에 "저 ××놈을 불태워"라고 외쳐대는 폭도로 돌변했다. 간신히 나무 인간을 구해 낸 래리 일행은 그 사건을 통해 자기들에게 필요한 건 '구경꾼'이 아니라 '참여자'임을 뼈저리게 인식했다. 그리고 그들에겐 나무 인간을 그 어떤 방해도 받지 않고 불태울 수 있는 광활한 황무지가 필요했다. 샌프란시스코의 해변에서 350마일 떨어진 네바다의 블랙 록 사막은 그들의 상상력과 열정이 마음껏 타오를 수 있는 완벽한 장소였다.

그 해 여름이 끝나갈 무렵 노동절 연휴에 그들은 나무 인간을 블랙 록 사막으로 옮겼다. 버닝 맨의 새로운 역사가 시작된 순간이었다. 블랙 록 사막은 일상의 세계에서 거의 완벽히 차단된 공간이자, 스스로 생존을 위해 노력하되 서로를 배려해야만 하기 때문에 자연스럽게 공동체가 형성되는 환경이었다. 그 곳에 모여드는 사람들은 자연스럽게 순례자가 되었고, 구경꾼이 아니라 주인공이 되었다. 블랙 록 사막은 서서히 블랙 록 시티로 변신하기 시작했다. 타인을 괴롭히지 않고 환경을 망가뜨리지 않는 한, 거의 무한대의 자유로 자신을 표현할 수 있는 시공간, 블랙 록 시티.

버닝 맨, 보헤미안의 삶

앞에서 얼핏 짐작했겠지만, 버닝 맨 축제를 시작한 래리 하비와 그 친구들은 샌프란시스코의 언더그라운드 예술가들이었다. 그들은 자신의 예술적 재능(gift)을 '선물(gift)'로 규정했다. 예술조차 거대한 산업으로 전락한 시대에 그들은 정면으로 대항의 깃발을 치켜들었던 것이다. 그들은 히피의 후예였고, 펑크의 후예였다. 그들은 텔레비전의 노예로 전락한 미국인들에게 구경꾼의 안락한 소파를 박차고 일어나 스스로 예술가가 되라고, 그러면 세계가 달리 보일 것이라고, 거기서 세계를 바꾸기 위한 걸음이 시작될 것이라고 외쳤다. 그러기 위해서는 한 가지 윤리가 전제되어야 했다. 팔지 말 것! 다른 사람들에게 자신의 작품을 알리기 위해 꼭 작품을 팔아야 할 필요는 없다는 것. 공짜로 보여 주고 공짜로 선물할 것! 그래서 결국에는 모든 것을 무(無)로 돌릴 것….

그들이 얼마나 '비상업적'이라는 개념에 집착하는지를 한눈에 보여 주는 예가 하나 있다. 버닝 맨의 인터넷 사이트 내 질문과 응답란에 실린 한 마디. 사진이나 비디오 촬영에 대한 질문에, 사이트는 이렇게 답한다. "버닝 맨 축제에서 찍은 이미지를 상업적으로 이용하려면 반드시 사전에 버닝 맨 측의 허가를 받아야 한다. 그렇지 않으면 법정 소송은 물론이고 사형을 당할 수도 있다(punishable by death)!" 얼마나 귀여운 엄포인지, 하하하.

래리 하비는 대학에서의 강연을 위해 「보헤미안의 삶(La Vie Bohème)」이라는 글을 썼다. 자신을 포함해 버닝 맨 축제의 예술가들을 보헤미안으로 규정한 것이다. 영화 〈물랑루즈〉를 기억하는가? 이완 맥그리거가 끝없이 내뱉던 그 단어 보헤미안이 기억나는가? 물론 보헤미아는 체코의 한 지방의 이름이다. 그 보헤미아 사람이 어쩌다 자유와 열정밖에는 아무것도 없는 가난뱅이 예술가들을 이르게 되었는지는 더 언급하지 않겠다. 보헤미안은 곧 집시의 다른 이름이었다. 끝없이 떠도는 유랑자들. 어차피 세상을 떠돌아야 하기에 생존에 꼭 필요한 물건만을 지니고 다녀야 하고, 땅과 거기 부착된 재산이 없기에 얼마든지 자유로울 수 있었던 사람들.

산업혁명 이후의 세계는 더 이상 보헤미안을 용납하지 않는다. 후기 산업 사회의 사회는 예술이야말로 가장 커다란 부의 원천이 될 수 있음을 간파했다. 동서양을 막론하고 웬만한 기업 치고 소위 '문화 재단'을 안 가진 기업이 있는가. 버닝 맨은 보헤미안을 원천 봉쇄하는 이 지독한 '현대 사회'에 숨통을 틔우려는, 1년에 단 1주일만이라도 사람들이 자유롭게 숨을 쉴 수 있게 하려는 짓거리였다. 그 무모한 시도가 성공했느냐고? 나는 모른다. 고정된 직업이 없고 안정된 가정도 없는 내가 미국행 비자를 받기는 거의 불가능하다는 것을 알기 때문에 나는 미국에 가려는 꿈도 않지 않는다. 비자! 그것은 보헤미안들에게 채워진 가장 끔찍한 쇠고랑이 아니고 무엇일까! 내가 버닝 맨에 대해 아는 것은 오로지, 비자가 필요 없는 인터넷 세상에 들락거리면서 얻어 읽게 된 글과 사진에서 얻은 정보들뿐이다. 현재의 나로서는 절대로 갈 수 없는 시공간, 2002년 8월 26일부터 9월 2일까지의 블랙 록 사막.

철저한 '비상업성'을 전제로 시작한 버닝 맨 축제도 시간이 흐르면서 2만이 넘는 예술가들과 보통 사람들이 찾아오는 대규모 축제가 되었다. 당연히 조직이 생겼고, 그 조직을 운영하고 축제를 진행하고 축제가 끝난 자리를 온전히 무의 상태로 되돌리는 데 필요한 작업 등을 전담할 사람들도 필요해졌다. 그래서 블랙 록 시티에 들어가려는 사람들은 이제 티켓을 사야 한단다. 음, 이 무슨 가슴 철렁한 소린가. 내 눈으로 직접 보지 못했으니 그 축제가 정말로 사람들에게 자유와 열정을 되찾아 주는 그런 축제인지 어떤지도 나는 모른다. 다만, 한 가지 내가 상상할 수 있는 것은 있다.

그 낯선 세계, 혹독한 환경 안에서 오로지 자기를 표현하려는 열정만으로 무장한 채 같은 열망을 품은 수많은 다른 사람들과 미친 듯이 발가벗고 돌아다니고 춤추고 노래하고 쓰러져 잠드는 것이 무척 신나는 일이라는 것만은 얼마든지 상상할 수 있다. 그것이 내게 아무런 물질적 보상을 주지 않아도 충분히 행복할 수 있을 것이다. 왜 인간은 때로 온전히 무용(無用)한 것에 대해 미친 열정을 품을 때가 있지 않은가. 그 열정이 활활 타오를 때 그 어떤 거대한 물질적 보상도 가져다 줄 수 없는 극한의 행복을 느낄 때가 있지 않은가. 그 열정이 다 타오르고 모든 것이 다시 무(無)로 돌아갈 때 느끼는 그 허무함, 그 허망함조차 다시 새로운 열정이 불타오르기 위한 토대가 되어 줄 때가 왜 있지 않은가 말이다.

자, 이 웃기는 짓거리, 버닝 맨 축제에 관해 좀더 많은 것을 알고 싶다면 방법은 간단하다. 컴퓨터를 켜고 인터넷 익스플로러를 작동시키고 거기다 burningman.com을 쳐 넣으면 된다.

〔『하나은행』, 2002 여름호〕

●

〔2020.12〕 이십 년 가까운 시간이 흐른 뒤 이 글을 다시 읽는다. 편집자 박상일이 한글 자료라고는 하나도 없는 미국의 이벤트에 대해 글을 써 달라고, 영어 잡지의 1/3쪽짜리 기사를 가져다 주는 바람에, 그야말로 얼떨결에 쓰게 된 글이다. 물론 지금은 버닝 맨 축제를 아는 사람이 아주 많을 것이다. 네이버 검색란에 세 글자를 입력하면 한글로 된 신문 기사며 블로그 글이 주르륵 뜬다.

거의 모든 사람이 익스플로러를 인터넷 브라우저로 사용하던 시절이었다. 이제 익스플로러는 엣지로 대체되었고, 공인 인증서〔2020년 말 '공용 인증서'로 바뀌었고, 공인 인증서도 없어졌다.〕라는 사악한 물건을 쓸 때가 아니면 거의 아무도 쓰지 않는다. 그만큼 세월이 흐른 것이다. 그리고 버닝 맨 축제 또한 할리우드의 연예인들과 실리콘 밸리의 IT 거부들이 돈 자랑하는 대형 파티장이 되었단다. 지금 다시 누군가 내게 돈을 다 대줄 테니 거기 가겠느냐고 묻는다면, 음… 갈래요! 다. 무직장, 무가정, 무재산의 남자에겐 불가능했던 미국 비자 발급 조건도 이제 흘러간 과거가 되기도 했다.

운전 면허도 없는 내가 그 곳까지 어떻게 갈 건지 대책은 하나도 없지만, 한 번은 그 미친 '갈 데까지 간 자기 표현'의 마당에 서 보고 싶다. 거기 가서 나는 무엇으로 나를 표현할 수 있을까? 시를 읽어? 에이,

누가 알아듣는다고. 노래를 불러? 날고 기는 노래꾼들이 천지사방에 가득할 텐데? 설치 미술? 곰발바닥 똥손으로 악명이 자자한 주제에? 발가벗고 다니는 건 너무 유치찬란한 데다 몸매도 꽝이니 아예 생각도 말아야 한다. 할 것이 없네? 흑, 가련타, 내 인생. 사람들에게 이게 나요! 하고 보여 줄 재주 하나 배우지 못한 인생이라니.

무용(無用). 용도 없음. 쓸모 없음. 굳이 풀어 얘기하면, 먹고 사는 데 아무 도움 안 됨이다. 한 푼이라도 벌어야 노후에 생활 보호 대상자가 되는 비극을 막을 수 있을 텐데, 아무리 짠 원고료라도 글 쓰고 번역도 하고 해야지 무슨 무용에의 열정? 지극히 상식적이고 논리적인 충고인 줄 안다. 그런데, 그러나, 그렇지만, 하지만, 그럼에도, 한국어 배우는 외국인들을 기절하게 하는 부사들을 총동원해서, 그래도 때로는 그 '쓰잘데기 없는 일'에 목숨 걸린 듯 매달리고 싶어지는 이 떨림을 어째사 쓰꺼나. 뭔 무용 타령을 이렇게 길게 늘어놓느냐고? 뭔가 낌새가 이상하다고? 흐흐, 눈치 빠른 당신, 웃을 준비가 되어 있는지? 버닝 맨 축제에 가게 된다면 내가 할 수 있는 것이 하나는 있다.

무용! 춤출 舞, 뛸 踊의 그 무용? 그래, 춤이다! 으하하하!

●

〔2020년 버닝 맨은 '가능성의 양자 만화경(quantum kaleidoscope of possibility)'를 탐험하겠다며 '다중 우주(Multiuniverse)'를 주제로 내걸었으나 코로나19로 취소되었다. 버닝 맨이 시작된 후 행사를 거른 것은 이번이 처음이다. "2020년 블랙 록 시티의 이벤트 주제는 가능성의 양자 만화경을, 다중 우주의 무한 실재를, 그리고 공명하는 현으로 연주하는 우주적 불협화음 속에서 배우이자 관찰자로서 우리의 고유한 중첩(superpositioning)을 탐험합니다. 이것은 현실과 초현실, 그리고 파타피지컬(pataphysical)〔파타피지크(pataphysique)는 프랑스 소설가 알프레드 자리(Alfred Jarry, 1873~1907)가 만들어 낸 조어로 '전통적인 세계에서 벗어나 독창적인 상상력을 발휘하여 생각해 낸 이상적인 세계관'을 뜻했는데, 최근에는 '허구인 줄 알지만 실제라고 생각하는 사회 현상'에 파타피지컬(유사 현실)이라는 용어를 붙인다. 형이상학을 뜻하는 그리스어 'ta epi ta metaphusika'를 축약한 'Pata'를 접두사로 쓴 말인데 실제 그런 접두사는 없다. 형이상학을 뜻하는 메타피직스(Metaphysics)에서 '메타' 대신 '파타(Pata)'를 붙여 놓은 말장난이다.〕을 숙고하게 할 초청장입니다. 그리고 무수히 분기하는 블랙 록 시티 현실들을 향한 의사 결정 경로들을 어쩌면 따라도 좋을, 또는 따르고 있는, 또는 따르게 될 우리의 또 다른 자아와 조우할 기회죠. 다중 우주로 어서 오시죠!"〔2019년 10월에 발표된 「버닝 맨 2020 주제문」의 첫 단락이다. 그 다음에는 양자 물리학과 평행 우주에 대한 이야기가 나온다.〕〕

〔A-02〕

무용(舞踊)에의 열정—몸으로 배우다

〈난타〉라는 공연을 아시겠지요? 〈난타〉에서 배우로 뛰고 있는 홍상진이라는 후배가 있습니다. 인터넷에 생긴 제 팬클럽(!) 덕분에 맺어진 친구이지요. 하여간 그 친구랑 둘이 만나 이런저런 수다를 떨다가, 그 친구가 발레를 배우고 있다는 얘길 들었습니다. 무대에서 보여 준 그 멋진 몸매와 동작은 그냥 나온 게 아니었습니다. 정말 지나가는 말로, 농담으로 한 마디를 던졌습니다. 나도 발레 배워 봤으면 좋겠다…. 그리곤 잊어 버렸습니다.

저한테는 꼭두새벽 또는 한밤중인 아침 8시 반에 핸드폰 벨이 울렸습니다. 이게 또 무슨 비상 사태인가 싶어 전화를 들었죠. 상진이었습니다. "선생님, 어서 일어나세요. 9시 반까지 삼선교 지하철 역으로 오세요. 저 지금 가고 있으니까요." 뭔 소리래? "오늘부터 저랑 같이 발레 레슨 받으시라구요." 허거걱. 아닌 밤중에 홍두깨도 유분수지! 이게 웬 자다가 봉창 와르르 무너지는 소리야!

그렇게 해서 제 인생의 기묘한 전환점이 시작되었습니다. 부스스 잠깨어 반바지 입고 가서 엉거주춤 난생 처음 발레란 것을 배우게 된 것입니다. 첫날은 정말 속된 말로 돌아 버리는 줄 알았습니다. 두 발을 일자로 붙여서 무릎도 붙여야 한다는데, 이게 도대체 붙어 줘야 말이죠. 부드럽게 아치형을 만들어서 수평을 이뤄야 할 팔은 자꾸 밑으로 쳐지면서 뻣뻣하게 꺾이기나 하고 말이죠. 세 시간에 걸친 제 인생 최초의 발레 레슨은 정말 화요일 아침의 악몽이었습니다. 그 날 이후 그 악몽은 계속되었습니다.

상진이는 제게 주는 선물이라며 회색 타이즈(!)와 타이즈 안에 받쳐 입는 압박 팬티(일명 'X꼬' 팬티입니다, 흐흑), 그리고 발레 슈즈를 사 왔습니다. 음, 사진을 여러분께 보여 드리지 못함이 정말 안타깝습니다. 뱃살 다소곳이(?) 나온 마흔두 살 중년 사내가 타이즈를 신고 민소매 티를 입고 어린 여학생, 젊은 청년들과 함께 플리에(plié), 그랑 플리에(grand plié), 바트망(battement)을 연습하는 그 장면을 보여 드려야 하는 건데요. 물론 발레 연습복을 갈아입는 순간은 언제나 최악의 순간입니다. 타이즈에 눌려 위아래로 삐져나오는 그 살 때문이죠.

후안무치의 극치라고 손가락질하셔도 할 수 없습니다. 170cm가 될까 말까 하는 작달막한 키에 불어난 배를 가지고도 저는 그 날 이후 일주일에 세 번 있는 발레 레슨을 거의 빠지지 않고 나갑니다. 세 시간 남짓 온몸이 땀으로 흠뻑 젖으며 제 생애 최초로 내 몸을 내 의지대로 움직이는 방법, 내 몸을 자랑스럽게 움직이는 방법을 배우고 있습니다. 화면이나 무대에서 보던 그 발레의 동작들이 사실은 얼마나 고된 훈련을 통해 얻어 낸 것인지를 처음 알았습니다. 여전히 매일 동작을 틀리고, 매일 선생님께 지적을 받지만, 그래도 일주일에 세 날의 아침은 행복합니다.

무엇이 그렇게 행복하냐구요? 우선 몸을 쓰게 된 것이 너무 좋습니다. 허구헌날 컴퓨터 앞에 앉아 기껏 쓰는 근육이라야 타이핑을 위한 손목과 손가락 근육뿐이었던 저입니다. 난생 처음 드디어 제 몸의 선을 의식하게 되었습니다. 가만히 생각해 봅니다. 그토록 오랫동안 제 몸의 선을 의식하지 않았다는 것은, 그만큼 제가 제 몸을 무시했다는 얘기가 됩니다. 글쟁이가 글이나 잘 쓰면 되지 뭐, 그런 변명으로 몸을 멸시했던 것입니다. 손가락 끝의 움직임을 따라가면서, 발가락 끝이 그리는 원에 정신을 집중하면서 저는 제 몸이 얼마나 소중한 것인지, 때로는 얼마나 아름다운 것인지를 처음 깨닫게 되었습니다. 오, 그것은 정말 놀라운 신세계였습니다. 90도 각도로도 벌어지지 않던

제 두 다리가 조금씩 벌어지는 각도를 넓혀 가는 것은 경이로웠습니다. 물론 그러기 위해선 소위 '다리를 찢는' 격심한 고통을 겪어야 했지만요.

몸을 쓰게 되었다는 기쁨에 더해, 정말 저를 행복하게 만든 것은 바로 '새로운 것을 배우려는 욕심'이 생겼다는 사실이었습니다. 생각해 보니 정말 너무나 오랫동안 새로운 것을 배우지 않고 살아 왔습니다. 먹고 살기 바쁘다는 핑계, 지금 알고 있는 것만으로도 얼마든지 잘 먹고 잘 살 수 있다는 오만, 그런 것들로 정체된 삶을 살고 있었던 것입니다. 그런 사실조차 의식하지 못하면서 말이지요.

발레를 시작하면서 갑자기 그동안 잊고 살았던 욕심들이 하나씩 둘씩 고개를 쳐들기 시작했습니다. 할까 말까 망설이다가 끝내 포기하고 말았던 도자기 만들기, 유럽으로 여행을 갈 때마다 결심했던 프랑스어 다시 공부하기, 엉뚱하지만 그래도 꼭 한 번은 배우고 싶었던 전통 조각보 만들기….

그리고 언제나 마음만 있었을 뿐, 끝내 도전해 보지 못했던 머리 염색하기. 어제, 드디어 미용실에 가서 머리를 물들였습니다! 머리 물들이기도 배움의 하나가 될 수 있느냐고요? 물론이지요. 제 머리를 물들이고 나서야 비로소 왜 다른 이들이 머리색을 바꾸는지, 그 변신의 욕망과 기쁨을 겨우 이해하게 되었습니다. 머리가 아니라 몸으로 느끼는 이해였습니다.

욕심이 많은가요? 네, 압니다. 발레 동작 하나하나를 차근차근 배우듯, 하나씩 천천히 도전해야겠지요. 다만, 이렇게 새로운 것을 배우려고 하는 욕심이 제 안에 생겨나는 것이 정말 고맙고 기쁩니다. 상진이가 저한텐 말도 없이 무작정 아침에 전화를 해서 저를 끌고 가 준 것이 너무 고맙습니다. 그 우연, 또는 인연에 무작정 풍덩 뛰어들어 준 제 자신이 고맙습니다.

여러분은 어떠신가요? 여러분의 몸도 어쩌면 그렇게 새로운 경험, 새로운 배움에 목말라 있을지 모릅니다. 아니, 거의 틀림없이 그럴 겁니다. 가만히 자신의 삶을 관찰해 보시기 바랍니다. 어느 순간, 아주 사소한 우연이 하나 다가올지도 모릅니다. 그냥 미친 척(!)하고 그 우연에 몸을 던져 버리시기 바랍니다. 그 다음에는 줄줄이 다가오는 새로운 것들을 즐기시면 됩니다. 그것이 얼마나 즐겁고 얼마나 고마운 일인지 스스로의 몸으로 느껴 보십시오.

〔2002〕

●

〔2020.12〕 발레를 배우기 시작했다고 말했을 때, 여동생이 기도 안 찬다는 목소리로 그랬다. "우리 오빠가 드디어 완전히 미쳤나 봐." 어느 선배 하나는 정말 말 그대로 배꼽을 잡고 거의 헉헉대며 바닥을 데굴데굴 구르기도 했다. 지하철을 함께 탔던 친구 하나는 지하철 출입문 앞의 손잡이 봉을 잡고 두 발로 발레 동작을 연습하는 나 때문에 창피해 죽을 뻔했다고 얘기하기도 했다. 수많은 사람들에게 큰 웃음을 선사한 나의 발레 분투기를 여기서 다 늘어놓을 수는 없다. 그래도 한 가지는 꼭 얘기하고 싶다. 나의 아름다운 발레 선생님이 첫 수업날 내게 했던 이야기.

탈의실에서 서포터(끈 달린! 압박 팬티)를 속에 입고 타이즈를 신고 나왔는데 연습실 사방 벽의 거울이 고스란히 나를 비추더라. 도저히 내 꼴을 내가 볼 수가 없었다. 다시 탈의실로 들어가 트레이닝 바지로 갈아입고 나왔다. 선생님께 인사를 드리고 쭈뼛쭈뼛 부탁을 드렸다. "저, 선생님, 제가 보시다시피 배가 너무 나와서요…. 당분간은 츄리닝 입고 하다가 배가 좀 들어가면 그 때부터 타이즈를 신으면 안 될까요?"

나보다 열 살은 어려 보이는 선생님이 단호하게 말씀하셨다. 지금도 그 말을 할 때의 선생님의 표정과 어투가 생생하게 기억난다. "조병준 님, 댄서는 자기 몸에 책임을 져야 하는 사람입니다. 그 책임을 잊지 않기 위해 타이즈를 신어야 하는 것이고요. 오늘 이 수업에서 타이즈를 신지 못하시면 앞으로도 신으실 수 없을 거예요. 그러니 저희와 함께 발레 수업을 하시려면 오늘부터 타이즈를 신으시고, 안 되겠다고 생각하시면 여기서 그만두세요."

타이즈 밖으로 튀어나온 뱃살보다 '무책임'했던 내가 더 부끄러웠다. 바로 탈의실로 되돌아가 다시 타이즈로 갈아입었다. 그리고 바를 잡았다. 플리에, 그랑 플리에…. 살면서 참 스승을 만나는 것은 얼마나 커다란 축복인가. 스승은 단호함과 너그러움을 다 갖춰야 한다. 내 학창 시절에는 그런 스승들이 많지 않았다. 초 · 중 · 고 · 대를 다 거쳐 스승이란 이름에 걸맞는 선생님을 몇 명이나 만났더라. 두 손의 손가락이 남는다. 나의 발레 선생님 성하라 선생님은 물론 다섯 손가락 안에 들고도 남는다.

가난한 연극 배우들을 위해 한 시간씩 지하철을 타고 달려와 일주일에 세 번, 매번 세 시간에 걸친 수업을 진행하면서 성하라 선생님이 받은 월사금〔月謝金, 학교에 다달이 내던 수업료〕을 생각하면 지금도 미안하다. 회당 삼만 원에도 못 미치는 그 작은 성의 표시를 받는 날이면 선생님은 그날의 점심을 쐈다. 어쩌면 성하라 선생님도 그저 즐거워 발레를 배우는 학생들과 함께 무용(無用)한 것을 향한 열정을 공유했던 것인지도 모른다.

연습이 끝나면 가끔 우르르 우리 집으로 몰려와 춤 공연 실황 DVD를 함께 보기도 했다. 학교 졸업한 뒤 무엇인가를 그렇게 열심히 공부했던 적이 또 있었던가. 기억나지 않는다. 내가 아무리 아무 데서나 춤추기를 즐기는 날라리였다고는 해도, 발레를 배우는 데 그렇게 열정을 쏟았던 건 얼마나 웃기는 일인가. 배워서 도대체 어디다 써먹으려고? 써먹는다? 왜 인생의 모든 것이 써먹는 데만 투자되어야 하는데? 그냥 즐거워서 하면 왜 안 되는데?

두고두고 사람들에게 말한다. 그 시절 발레 수업 시간이 아니었다면 내 인생은 아주 피폐했을 거라고. 엄마의 병원비와 간병비를 벌기 위해 과외 선생 노릇까지 해야 했던 시절이었다. 한 달에 스무 편이 넘는 청탁 원고를 쓰고, 번역을 하고, 부르는 자리라면 어디든 강연을 가고, 몸과 정신과 영혼이 모두 악에 받쳤던 때였다. 일주일에 세 번, 발레 수업 시간은 오로지 몸에만 집중할 수 있었다.

들숨과 날숨 하나하나를 의식하는 명상의 시간이었다. 단 두 달 만에 뱃살이 다 빠질 만큼 땀범벅이 되는데 팔과 다리는 백조의 날갯짓처럼 우아하게 움직여야 하는 엄청난 체력 단련의 시간이었다. 살을 빼고 싶으시다고? 발레를 배우시라. 장담한다. 한 달에 5킬로그램은 그냥 빠진다!

영화 〈빌리 엘리어트〉의 빌리의 대사가 기억난다. 춤을 출 때 무슨 기분이 드냐고 묻는 발레 학교 면접관에게 빌리가 했던 말.

"모르겠어요. 그냥 기분이 좋아요. 좀 어색하기도 한데요, 한번 시작하면 모든 걸 잊게 돼요. 그리고 뭔가 사라져요. 내 몸 전체가 변하는 기분이에요. 몸 속에 불이 타는 기분이에요. 그냥 내가 새가 되어 날아가는 것 같아요. 전기처럼요. 네, 전기처럼요!"

발레 수업을 받지 않았다면, 내가 그 알량한 글쟁이 수입으로 발레와 현대 무용 공연을 표 사서 보러 가게 되었을까? 아니!

첫 수업이 끝나고, 선생님과 학생들이 모두 함께 냉면을 먹을 때, 선생님께선 내 인생에 가장 감미로웠던 칭찬을 해 주셨다.

"여러분, 오늘 처음 오신 조병준 님, 발 보셨죠? 처음으로 발레 배우는 사람이 그렇게 예쁘게 포인트 찍는 거 보셨어요?"

칭찬은 고래도 춤추게 하고, 배불뚝이 아저씨도 춤추게 한다. 자랑질 그만 하라고? 에이, 이제 시작인 걸?

●

〔A-03〕

사과나무 한 그루

엎치락 뒤치락, 할까 말까…. 하고 싶어, 안 돼! 시간도 없고 능력도 없잖아…. 공연을 열흘 앞둔 날까지 저는 갈팡질팡하고 있었습니다. 처음 〈사과나무〉 공연 이야기가 나왔을 때, 우리가 다같이 하는 일이니 당연히 참여해야지, 참 쉽게 생각했었죠. 언제나 알고 있지만 그래도 언제나 닥쳐야 실감하게 되는 인생의 진실 하나, 인생에는 훼방꾼이 참 많다는 사실이죠.

우선 1달을 훌쩍 넘겨 저를 괴롭혔던 감기. 나이 탓이라고 남들이 다 얘기하니 그렇다고 칩시다. 쉬지 않고 흐르는 콧물, 지독한 두통, 그리고 기운 없음. 거기다 여기저기서 조여 오는 원고 마감의 압박. 결국은 변명일 뿐이지만, 그래도 40대 남자에게는 자기가 원하는 시간에 자기가 원하는 일만 하면서 보낼 수 있는 단 1주일이 그리 쉽사리 주어지질 않는답니다.

성하라 선생님, 홍상진 반장님, 그리고 댄우사('댄서라 우기는 사람들'의 준말입니다) 식구들. 그들이 제게 손 내밀어 함께 하자고 말해주지 않았다면 아마 포기하고 말았을 겁니다. 감기 핑계, 일 핑계로 몸을 거의 안 움직였으니 정작 연습에 나가서 어떤 상태였는지는 말 안 해도 훤하죠. 게다가 환한 연습실은 왜 그리 사람을 움츠러들게 하던지요.

그 짧은 연습 기간 중에도 전 또 하루를 빼먹어야 했지요. 마음이 초조하니 음악이 제 몸 안으로 잘 안 들어오더군요. 할 때마다 내 몸짓과 춤이 음악과 겉돈다는 느낌. 다른 사람들의 공연마저 내가 망치고 있는 게 아닌가 하는 두려움. 정말 공연 하루 전날까지, 아니 공연 시작 바로 전까지 저는 줄곧 후회하고 있었습니다. 처음부터 하지 말아야 했어, 이게 무슨 사서 하는 고생이며, 사서 뒤집어쓰는 망신이란 말인가. 그럴 때마다 성하라 선생님께서 제게 슬쩍 한 마디를 던져 주셨습니다.

"병준 님, 잘하려고 하지 마세요. 그저 편하게 하세요."

머리로는 그 말이 너무나 잘 이해가 됐지만 몸은 끝내 이해하지 못하더군요, 아니 이해하려고 하질 않더군요. 짧은 시간에 무리하게 잘해보려고 발버둥치다 허리 근육을 다치고 말았습니다. 아침에 이불에서 일어날 때마다 악 소리가 튀어나왔죠. 성하라 선생님과 현석이가 허리를 마사지해 주었고 파스도 붙여 보았지만, 공연 날 아침까지도 허리의 통증은 여전했습니다. 그 와중에 세 편의 원고를 마감시켜야 했지요.

2004년 3월 중간의 한 주는 정말 제 인생 최악의 한 주였습니다. 그리고 2004년 3월 20일, 토요일. 정말 오지 않았으면 좋겠다고 생각했던 그 날이 왔습니다. 꼭 초등학교, 중학교, 고등학교 때 시험날 아침마다 '오늘은 내가 덜컥 병에 걸릴 수 있다면 얼마나 좋을까' 하며 일어나던 것처럼, 도살장에 끌려가는 오리처럼, 일어났습니다.

뭐하러 친구들과 선배, 후배들에게 공연 보러 오라고 전화를 했을까, 뭐하러 악착같이 5천 원짜리 표를 팔았을까, 후회하고 또 후회하면서 무거운 걸음을 극장으로 옮겼습니다. 그리고 5시 반이 되었습니다. 그리고 7시 반이 되었습니다.

두 번의 공연이 끝났습니다. 객석에 앉아 제 차례가 될 때까지 기다리며 보았던 다른 멤버들의 공연은 한결같이 아름다웠습니다. 하필이면 마지막 순서를 맡게 된 것이 너무나 싫었습니다. 저렇게 잘 흘러가는 공연을 내가 마지막에 다 망가뜨리게 될 거야….

제 순서의 음악이 나오고, 객석에서 무대로 올라가던 그 몇 걸음, 그건 '다른 세상 또는 다른 우주'로 들어가는 통로였던 모양입니다. 허리의 통증은 정말 까맣게 잊어 버렸습니다. 턱없이 모자란 연습 때문에 막판까지 헷갈렸던 제 연기와 춤 순서에 대한 걱정도 거짓말처럼 사라졌습니다. 객석에 앉아 있는 사람들의 얼굴이 보였습니다. 제 얼굴에 비치는 조명의 뜨거운 빛이 하나도 뜨겁지 않았습니다.

믿거나 말거나, 제 몸인데 꼭 누군가 저를 대신해서 움직여 주는 것 같았습니다. 제 안에 44년 동안 숨어 있었던 어떤 존재가 드디어 세상에 자신을 드러냈던 모양입니다.

무대에 서서 박수를 받는다는 게 어떤 느낌인지 드디어 제 몸으로 알게 되었습니다. 난장판도 그런 난장판이 없는 분장실에서 동료들을 껴안을 때, 눈물 흘러내리는 동료의 얼굴을 보는 게 어떤 느낌인지 제 가슴과 팔과 두 눈으로 알게 되었습니다. 친구들의 꽃다발을 받는다는 게 어떤 기쁨인지, 무대를 해체하고 객석을 해체한다는 게 어떤 슬픔인지, 뒤풀이 자리에서 서로 잘 했다고 칭찬하며 어깨 다독인다는 게 어떤 행복인지, 드디어 알게 되었습니다.

제 인생의 한 순간, 댄서라 우기면서 무대에 섰습니다. 내 안에 오랫동안 잠자고 있었던 어린 빌리 엘리어트가 사람들에게 인사했던 순간이었습니다. 슬쩍 나온 배를 스판덱스 서포터로 졸라매고 빌려 입은 친구의 정장 바지와 오랜만에 입은 와이셔츠 차림의 40대 남자가 생애 처음으로 댄서로서 무대에 선 순간이었습니다. 한 친구가 나중에 말하더군요. "너, 그 날 무대에서 보니까 정말 통통한 중년이더라야." 나쁜 친구. 하하하. 그 친구가 그 다음에 덧붙였습니다. "그래도 보기 좋더라."

조물주께서 그러셨다죠. 세상을 다 창조하신 후, "보기에 좋더라"라구요. 저를 비롯해 함께 〈사과나무〉라는 이름의 공연을 만들었던 친구들은 어쩌면 다 그렇게 작은 조물주들이었을 겁니다. 우리가 열심히 만든 세상을 보고 "보기에 참 좋구나" 하며 행복해 하는 작은 조물주들 말입니다.

고맙습니다. 사과나무를 함께 심고 키운 동료들 모두 정말 고맙습니다. 제 인생의 한 순간을 그렇게 아름답게 만들어 주셨습니다. 사랑합니다.

〔2005〕

●

〔2020.12〕 젊어서는 고고장과 디스코장에 돈 꽤나 갖다 바쳤다. 홍대 앞 클럽에도 사십 대 끝날 무렵까지 들락거렸다. 단골 술집들은 내가 왕림하는 날이면 거의 춤판으로 마무리되었다. 왜 그렇게 춤추기를 좋아했을까? 여전히 풀리지 않는 수수께끼다. 우리 엄마 아버지에게서 강강술래의 유전자가 흘러와 핏줄을 돌고 있기 때문인가? 아무튼 때는 가리지만, 때만 됐다 하면 장소를 가리지 않고 춤추는 조병준을 아는 사람은 다 안다. 술자리가 지루해진다 싶으면 누군가 내게 넌지시 신호를 보냈다. 조병준, 춤 한 번 춰야지?

〈사과나무〉 공연을 한 뒤로 그런 사람에게 말했다. "나, 표 팔아서 무대에 선 프로페셔널 댄서야! 돈 안 내면 춤 안 춰!" 그렇게 해서 술값 꽤 많이 벌었다. 하하. 농담 아니고 진짜다. 물론 잠깐 그러다 말았다. 돈을 내고 들어간대도 못 들어가게 막는 홍대 앞 클럽이 내 인생에 들어올 줄을 나는 몰랐네. 흑흑. 캘커타 마더 테레사의 자봉〔자원 봉사자〕이들이 생일 파티하러 가는 나이트 클럽에서도 바닥을 휘젓고 다닌 게 겨우 4년 전의 일이다. 삼십 년 이상 어린 친구들하고 말이다. 코로나만 아니었으면 올 겨울에도 그렇게 캘커타 탄트라 나이트 클럽에서 춤 출 수 있었을 텐데….

발레 수업을 계속하고 싶었는데 그러지 못했다. 정신없는 돈벌이 탓도 물론 있었지만 무엇보다 성하라 선생님이 서울을 떠나는 바람에 댄우사의 발레 선생이 바뀐 탓이 컸다. 새로 오신 젊은 선생 역시 열정이 넘치는 분이었다. 문제는 열정은 있으나 몸이 따라 주지 않는 늙다리 아저씨의 몸이었다. 젊은 선생은 내게 좀더 열심히 연습을 하라고 주문했다. 일주일 세 번의 수업만으로도 이미 용량 초과인데 어떻게 더 연습을 하라고? 이 나이에 발레리노가 될 것도 아니고 그저 즐거워서 하는데 진짜 댄서들처럼 하라고? 자연스럽게 발레 수업에서 멀어졌다. 슬퍼라….

댄우사 친구들과도 왕래가 뜸해졌지만, 그래도 성하라 선생과는 여전히 서울과 대구에서 아주 가끔씩 만난다. 이제는 서로를 누이동생과 오라버니로 부르면서. 중학생이었던 성하라 선생의 제자들이 이제 주역급 무용수가 되어 '예술의전당' 무대에 오를 때면 함께 관객으로 가기도 한다. 내게 무용에의 열정을 가르쳐 준 스승님께 이 자리를 빌어 또 한 번 감사드린다. 발레 수업 덕분에 제 삶이 얼마나 견딜만해졌는지, 얼마나 풍요로워졌는지, 아시죠, 선생님!

춤은 중력에 대한 반란이다. 우주의 모든 것을 구속하는 중력의 법칙에서 해방되려는 치열한 반란이다. 단풍놀이 관광 버스 안에서 벌어지는 아줌마들의 '막춤'이든, 잘 나가는 라틴 바에서 벌어지는 현란한 스텝이든 다 마찬가지다. 모든 춤은 고단한 삶이라는 이름의 중력에서 벗어나고자 하는 간절한 소망의 표현이다. 춤출 무, 뛸 용이다. 무용이란 단어에 이미 도약의 뜻이 담겨 있다. 겨울잠에서 깨어나 두꺼운 흙을 뚫고 올라오는 봄 풀의 몸짓과 춤은 얼마나 많이 닮아 있는가. 하늘로 올라가려는 몸짓. 아래로 가라앉으라고 윽박지르는 중력의 법칙에 거스르는 몸짓.

음주가무를 즐기던 동쪽 오랑캐[東夷(동이)]에서 동방예의지국의 백성으로 전락해 버린 아픈 과거 탓일까. 춤은 바람난 부인네들과 철없는 날라리들만 추는 것이었던 시대가 있었다. 그 나쁜 시대는 이제 확실히 가 버린 모양이다. 우리도 아프리카 사람들처럼, 남미 사람들처럼 온통 자유롭게 춤 추는 날이 돌아오겠지. 남에게 보여 주기 위해서가 아니라, 유행을 쫓아가기 위해서가 아니라, 스스로 자유롭기 위해서 춤 추는 날이. 그런 날이 빨리 오면 좋겠다. 광화문 광장에서 시민들이 한바탕 춤판을 벌이는 축제가 매년 벌어졌으면 좋겠다. 꼭 춤이 아니어도 좋으니 사람들이 밥벌이의 중력에 대항하는 반란을 여기저기, 시시때때 벌였으면 좋겠다. 그 날이 언제일까.

●

〔A-04〕

인생은 라이브, 라이브는 인생

1981.09.19, **뉴욕 센트럴 파크**

낡은 LP를 꺼낸다. 두 장 짜리 더블 앨범. 아직은 청춘의 여운이 남아 있는 얼굴로 노래하는 두 남자, 사이먼과 가펑클〔Simon & Garfunkel〕〔폴 사이먼(Paul Simon, 1941~), 아트 가펑클(Art〔Arthur〕Garfunkel, 1941~)〕. 센트럴 파크(Central Park)에서의 콘서트. 자켓을 펼친다. 백만 명의 관객이 그 날 뉴욕의 센트럴 파크를 채웠다던가. 그 백만 명 중의 일부가 앨범 자켓의 안쪽을 꽉 채우고 있다. 1981년 9월 19일.

'주옥 같은'(! 이 얼마나 촌스러운 형용사인가! 그러나 사이먼과 가펑클의 노래에 그만큼 어울리는 다른 형용사를 나는 찾지 못한다) 노래들이 찍찍거리는 LP의 운명적인 소음과 함께 들려온다. 드디어 문제의 그 노래가 나올 차례. 3면의 두 번째 곡, 〈The Boxer〉. 노래를 부르기 전에 아트 가펑클이 관객들에게 묻는다. "어때요? 춥지 않아요?" 100만 명의 관객이 한목소리로 외친다. "아뇨!"

상상만 해도 소름이 끼친다. 당신의 한 마디에 백만 명의 사람이 그렇게 한마음, 한목소리로 그토록 열광적인 응답을 보낸다고 상상해 보라. 그 뜨거운 사랑에 잠시 후끈했던 것일까. 이 백전노장 아트 가펑클이 실수를 해 버린다. 삑! 두 번째 소절에서 자기 혼자 한 발 앞서 노래를 불러 버린 것이다. 잠시 후 다시 폴 사이먼과 목소리를 맞춰 노래하는 가펑클의 목소리엔 분명히 웃음이 묻어 있다. 귀로 보는 웃음. 언제나 그 대목이 나오면 나는 소름이 끼칠 만큼 행복해진다. 라이브 앨범이 아니라면 불가능했을 행복.

라이브가 아름다운 이유? 인생과 닮아 있기 때문이다. 허점과 실수로 점철되는 인생이 라이브에선 보여질 수 있고 들려질 수 있기 때문이다. 스튜디오 녹음에서는 절대로 용납될 수 없는 실수들도 라이브에선 용서된다. 인생에서 실수들이 어쩔 수 없이 빚어지는 것처럼, 실수가 빚어져도 인생이 계속 살아져야 하는 것처럼, 그렇기 때문에 실수들은 용서되어야 하는 것처럼, 라이브에선 실수도 아름답다. 실수를 했어도 씩 웃고 계속 노래할 수 있다. 사람들은 그 실수를 용서한다. 라이브가 아름다운 것은 인생과 마찬가지로 실수에 의해 멈춰지지 않기 때문이다.

1996.08.15, **신촌 빵 까페**

그 해 광복절이었다. 해방의 기쁨을 맞아 신촌 지역의 한국인들은 눈물을 흘려야 했다. 기쁨의 눈물이었으면 얼마나 좋으련만…. 최루탄 눈물이 어찌 기쁨의 눈물이 될 수 있으랴. 그 날 신촌 전역이 눈물로 광복절을 기념하고 있을 때, 그 한 구석에선 또 하나 수상한 광복절 기념식이 열리고 있었다.

'빵'이라는 이름의 카페에서 벌어진 광복절 기념(?) 파티였다. 눈물을 흘리며 경찰의 포위망을 뚫고 빵 카페에 모인 청춘 남녀들은 초저녁부터 밤 늦게까지 무조건 '놀았다'. 지금은 이름도 기억이 안 나는 온갖 아마추어 펑크록 밴드들이 그야말로 '지들 멋대로' 기타와 드럼을 부수려고 발버둥치며 노래하고 머리를 흔들어대고 몸을 굴려댔다. 나는 그 자리에서 이미 최고령의 청춘이었지만, 하여간 나도 열심히 놀았다. 내 기억에 아마 그 시절이 대한민국에서 인디 밴드들이 태동했던 시기였다. 나는 역사의 증인이었던 것이다. 내가 자랑스럽다.

자, 솔직해지기로 하자. 솔직히 나는 그 날 좀 뻣뻣했다. 신촌이라는 한 공간에서 벌어진 그 극명한 한국 사회의 두 얼굴이 내 골치를 조금 아프게 했다. 대한민국, 서울, 신촌, 반경 1km의 공간. 그 공간의 한 쪽에서 어떤 청년들은 '진정한 독립=통일'을 외치며 투쟁하고 있었다. 다른 한 쪽에서 어떤 청년들은 '밴드의 독립=놀이의 해방'을 선언하며 춤추고 있었다. 1980년대를 대학에서 보냈다는 불행한 개인적 역사를 기억에서 지우지 못하는 내가 그 공간에서 느꼈던 당혹스러움을, 빵파티에 모였던 '후배들'은 얼마나 이해할 수 있을까.

그 날 내가 만났던 또 한 명의 고령 인사는 80학번이었다. 비디오 저널리스트로 일하는 그는 그 날 줄곧 카메라 셔터만 눌러대고 있었다. 내가 몇 차례 권유했음에도 불구하고, 그는 그 날 끝내 춤을 추지 않았다. "낯설어요." 그것이 그가 스피커에서 쏟아지는 굉음을 뚫고 내게 소리친 말이었다.

라이브는 공동체다. 어떤 공동체가 크고 열려 있는 반면 어떤 공동체는 작고 닫혀 있다. 어떤 라이브는 이제 더 이상 나를 받아들이지 않는다. 아무리 미친 척 헤드뱅잉을 해도, 내 머릿속에서 누군가 '놀구 있네'라고 말하는 때가 점점 많아진다. 세월은 가고 목뼈는 굳는다. 생각도 굳고 몸도 굳고. 내가 참여할 수 있는 공동체의 숫자는 점점 줄어든다. 내가 70살이 되어서도 라이브에서 소리를 지르고 몸을 흔들 수 있을까. 언젠가는 어떤 라이브에도 동참하지 못하는 날이 올 것이다. 그 때 헤드뱅잉을 넘어 헤드브레이킹으로 근접하고 있던 그 청춘들도 언젠가는 조용히 의자에 앉아 기껏 손뼉을 치며 노는 날이 올 것이다. 인생은 흐른다. 누구도 한 자리에 멈춰 있을 수는 없다. 라이브도 그렇게 흐른다. 역시 라이브는 인생을 닮았다.

1996.09.07, 올림픽 공원 체조경기장

클라우스 마이네[Klaus Meine, 1948~]의 생일은 1948년 5월 25일이라고 『팝아티스트 대사전』에 나와 있다. 그렇다면 그 해 가을 스콜피온스(Scorpions)가 서울에 왔을 때 그의 나이는 마흔일곱이었다. 음, 무르익은 중년이었군. '중년 헤비 메탈 밴드' 스콜피온즈가 서울에 왔다. 지직거리는 빽판으로 〈Holiday〉와 〈Always Somewhere〉를 듣던 그 시절은 내 인생의 가장 아름다운 시절로 남아 있다. 나는 그 때 10대에서 20대로 넘어가던 위기의 남자였으니까. 그리고 스콜피온즈가 서울에 왔을 때 나는 성숙한 서른여섯의 사내가 되어 있었다.

공연장엔 물론 20대가 많았지만, 아이를 안은 30대 부부들도 많이 보였다. 드디어 불이 꺼지고 무대에서 드라이 아이스가 퍼져 나오던 그 순간! 아아아! 그것은 너무나 아름다웠다. 그 날 공연의 하이라이트는 공연의 끝이 아니었다. 공연이 시작되던 바로 그 순간이 그 날의 절정이었다. 객석을 가득 메운 야광 스틱들! 그 야광 스틱들은 무대 위의 조명보다 더 화려했고, 더 아름다웠다. 그렇게 많은 야광 스틱을 전에 본 적이 없었던 내 눈엔 그렇게 보였다.

더 이상 관객은 불 꺼진 객석에서 꿔다 놓은 보릿자루로 앉아 있어야 하는 존재가 아니었다. 관객들은 야광 스틱으로 스스로를 밝히고 있었다. 객석 가득 별이 떠 있었다. 한물간(?) 스타들은 무대에 있었지만, '별'들은 객석에 있었다. 라이브의 주인공은 밴드가 아니었다. 라이브의 주인은 관객이었다. 밴드는 주인인 관객들이 실컷 놀아보려 불러온 손님이었다. 주객전도. 통쾌한 깨달음이었다. 색즉시공, 공즉시색, 무대즉객석, 객석즉무대. 브라만이 아트만, 아트만이 브라만. 세상은 모두 하나. 나는 라이브에서 도(道)를 깨우친다.

2000.12.31, **대학로 틈 까페**

평생의 꿈이었다. 소풍이나 수학 여행이나 술집에서 말고, 정말 '무대'에서 마이크 붙잡고 노래해 보는 것. 어떤 평생의 꿈들은 거짓말같이 현실에서 이루어지기도 한다. 그러니 꿈은 붙들고 늘어져야 한다. 나도 밴드의 일원이 되어 무대에서 마이크를 붙잡고 라이브로 노래했다! 2000년이 끝나던 그 날 밤, 대학로 한귀퉁이의 조그만 카페 틈에서 내 평생의 꿈이 이루어졌다.

몇몇 철딱서니 없는 중년과 청년들이 만든 밴드 〈딩굴스〉의 연습실에 간 건 그 밴드의 메인 보컬을 인터뷰하기 위해서였다. 인터뷰는 하는둥 마는둥, 나는 옆에 있던 마이크를 붙들고 백 보컬을 자청했다. 고등학교 때 4중창단 하던 친구들과 맨날 어울려 노래하던 가락이 있어 대충 화음을 넣어 주는 일은 그리 어렵지 않았다. 그리고 그 날 나는 밴드의 정식 백 보컬리스트로 특채되었다. 물론 일주일에 한 번씩 하는 연습에도 매주 나가지 않았다. 백 보컬은 그렇게 많은 연습이 필요없다고 개겼다.

밴드의 첫 번째 라이브 콘서트가 잡혔다. 2000년 12월 31일. 공연을 얼마 남겨 두지 않고 대형 사고가 발생했다. 메인 보컬이 공연에 참여할 수 없게 된 것이다. 밴드는 내게 세 곡의 메인 보컬을 맡겼다. 아아, 스타 탄생! 얼마나 많은 가수들이 대타로 무대에 올라갔다가 스타덤에 올랐는가. 기나긴 무명 생활을 접고 스타가 될 기회가 내게도 다가왔던 것이다. 그러나 아뿔싸! 나는 그 노래들을 외우고 있지 못했다. 겨우 몇 번의 연습을 거치고 드디어 그 순간이 왔다.

30명쯤의 관객이 공연장을 가득 메웠고, 친구 후배 선배로 구성된 열혈 관객의 환호성을 받으며 나는 밴드의 한가운데에 섰다. 원 투 쓰리 포! 세상에 대학 졸업하고 취직 시험 면접 본 이후 그토록 바짝 긴장

해 본 일이 내게 있었던가. 내 얼굴은 웃고 있었지만 내 다리는 후들후들 떨리고 있었다. 첫곡부터 나는 노래를 시작할 타이밍을 놓쳤고, 죄송합니다! 다시 하겠습니다!를 복창한 뒤 노래해야 했다. 아아, 그 수모를 어찌 잊으랴.

우여곡절 끝에 밴드 〈딩굴스〉의 공연, 내 생애 처음이자 마지막이었던 라이브 콘서트는 끝났다. 뒤풀이까지 모두 끝나고 2001년 첫날의 밤길을 혼자 걸어갈 때 괜히 눈물이 나려고 했다. 잭슨 브라운〔Jackson Browne, 1948~〕의 노래 〈Load Out/Stay〉가 자꾸 입밖으로 새어 나왔다. I want you to stay, just a little bit longer. 마지막 노래를 부른 가수가 관객들에게 조금만 더 나와 함께 있어 달라고 애원하던, 그 심정을 속속들이 알 것 같았다. 얼마나 외로웠는지, 얼마나 쓸쓸했는지….

그 밤길에서 인생이 한 번의 라이브 콘서트 같은 것임을 배우게 되었다. 어차피 영원히 끝나지 않는 라이브는 없다. 공연이 벌어지는 동안에는 그 곳에 밴드를 사랑하는 팬들이 있을 것이나 공연이 끝나면 밴드만 남겨지듯, 인생을 살아가는 동안에는 사람들이 내 곁에 있을 것이나 인생이 끝나면 온전히 혼자 남겨질 것이다. I want you to stay, just a little bit longer….

내 인생의 라이브들

생각해 보면 꽤 많은 라이브 콘서트가 내 인생에 있었다. 어떤 라이브들은 기억에서 지워졌고, 어떤 라이브들은 남았다. 대학로의 좁아터진 파랑새 극장에서 땀을 비처럼 흘리며 봐야 했던 김광석의 콘서트, 서커스를 보는 것처럼 신났던 폴라 압둘〔Paula Abdul, 1962~〕의 콘서트, 미친 듯이 울며 오빠를 외치던 소녀들을 보며 괜히 눈물이 나왔던 조용필의 콘서트, 라이브 콘서트라기보다는 '쇼'에 가까웠지만, 하여간 그 넓은 잠실 운동장에서 군중 속의 일원이 된다는 것이 어떤 것인지를 절감했던 마이클 잭슨의 공연, 올림픽 공원 잔디밭 뒷편에서 다리 쭉 뻗고 느긋하게 즐겼던 스팅의 콘서트, 스페인 말라가의 투우장에 깔린 모래 위에서 춤추며 들었던 알란 파슨스 프로젝트의 콘서트, 지난 6월 말에 시설 좋은 LG아트센터에서 열렸지만 이상하게 몸이 따라주지 않았던 김창완의 〈락 글래디에이터〉 콘서트까지….

라이브 현장에 가면 가슴이 뛰었다. 나도 모르게 악악 소리가 터져 나왔고, 온몸이 흔들렸다. 누군가 이미 말했다. 대중 가수들은 현대의 제사장들이며, 그들의 콘서트는 일종의 제의라고. 옛날 부족 사회에서 무당과 사제들이 노래와 춤으로 사람들을 하나로 만들었던 것처럼, 현대의 대중 가수들은 관객들에게 거대한 공동체를 경험하게 만든다고. 본능 속에 뿌리박힌 공동체에 대한 욕망이 대형 스타디움에서의 라이브 콘서트를 가능케 하는 힘이라고. 내 경험에 비춰 볼 때, 대충 수긍할 만한 얘기들이다.

인생에는 때로 미치는 순간이 있어야 한다. 조금 순화시켜 말하면, '몰아의 지경'에 빠지는 순간이다. 그리고 인간에겐 때로 우상이 있어야 한다. 오로지 그 또는 그녀만을 바라보며 두 시간쯤을 내팽개쳐 버릴 수 있는 대상이 말이다. 세상은 날 보고 품행 방정하게 얌전히 살라 한다. 인류의 스승이라 불리는 이들은 날 보고 우상을 섬기지 말라 한다. 라이브 현장에서 나는 그런 규제와 금기들을 까맣게 잊어 버릴 수 있다. 오로지 내 생물학적이고 문화적인 본능이 시키는 대로 할 수 있으니까.

라이브가 있어 내 인생은 풍요로웠다. 라이브들이 내 인생을 살아 있게 해 주었으니까. 이제 나는 안다. 내 인생이 어차피 한 번의 라이브 콘서트라는 것을. 이 라이브가 끝날 때 관객들은 내게 앵콜을 청해 줄까. 아, 인생에는 커튼콜과 앵콜이 있을 수 없구나….

〔『**ttl**』, SK Telecom, 2001.08〕

●

〔2020.12〕 2001년에서 2020년 사이, 강산처럼 문화의 지평도 변했다. 이제 웬만한 서구 팝스타 치고 서울에서 콘서트 한 번 열어 보지 못한 가수는 드물다. 마돈나 여사 정도가 그 드문 사례인데, 좀 얄밉다. 마 여사가 온다면 딸라빚을 내서라도 달려갈 텐데. 한국 관중들의 떼창은 내한한 가수들에게 거의 마약처럼 작용해 자꾸 오고 싶게 만든다던가. 격세지감이다. 마이클 잭슨 내한 공연이 벌어지던 잠실운동장에서 진행 요원들이 자리를 박차고 일어나 춤추는 우리 일행에게 앉으라고 윽박지르던 시절을 생각하면 참으로 상전벽해다.

방탄소년단의 해외 순회 공연 실황을 보면, 유럽, 남북 아메리카의 소녀들이 야광봉으로 별의 '마이크로 코스모스'를 창조하고, 비욘세를 비롯한 대형 가수들이 판을 벌리는 〈코첼라 페스티벌〔Coachella Valley Music and Arts Festival〕〉 한편에서는 블랙핑크가 단독으로 두 시간을 춤추며 노래하고 백인 흑인 청중들이 '블랙핑크 인 유어 에리어(BLACK-PINK IN YOUR AREA)!' 함성을 지르며 함께 논다. 2001년에 이런 날이 오리라고 누가 상상이나 했을까. 어안이 벙벙해지는 라이브의 신세계 아니 뉴 유니버스! 유튜브로 시대를 초월해 수많은 가수들의 라이브 현장을 재생해 볼 수 있는 엄청난 평행 우주가 우리 우주와 합쳐졌다.

아버지 어머니와 진도 어르신들의 달밤의 강강술래를 기억해 보면, 중고딩 시절 소풍날마다 벌어지던 고고 파티를 기억해 보면, 한민족의 '가무 유전자'는 확실하다. 뭐 정확히 말하자면, 한민족뿐만 아니라 세상의 모든 민족이 다 '가무 유전자'를 갖고 있다. 발리우드 영화

음악에 맞춰 극장 안에서 노래하고 춤추는 인도 사람들, 장례식에서도 춤을 추는 서아프리카 코트디부아르 사람들을 보고 나니, 모든 인간에겐 가무 유전자가 있다는 걸 부정할 수가 없다.

아무튼 한국인에게도 당연히 흐르고 있는 가무 유전자가 어쩌다 잠시 군사 정권의 해괴한 도덕, 엄숙, 심각+억압 문화에 잠시 그 발현이 눌렸던 것뿐이다. 데모가 벌어질 것이 두려워 사람 모이는 것을 기를 쓰고 막았던 독재자들은 가무를 어두운 룸살롱과 나이트 클럽과 캬바레에 가두었다. 이미 여러 평론가들이 언급했듯이, 한국인의 라이브 욕망은 2002년 월드컵이 기폭제가 되어 그야말로 빅뱅을 일으켰다. 우리가 언제 그렇게 대로를 점령하고 춤과 노래로 축제를 벌여 보았는가.

한번 고삐 풀린 망아지들이 그리 쉽게 우리 안에만 갇혀 있으려고 할까. 다시 대로로 나갈 수는 없었지만, 춤추고 노래하는 행복을 경험한 사람들, 특히 젊은 세대들은 클럽으로, 라이브 콘서트 극장으로 달려갔다. 객석을 박차고 일어날 노력도 필요 없이 그냥 처음부터 춤출 준비하고 기다리는 이른바 스탠딩 라이브 콘서트가 많아진 덕에 이젠 의자에서 일어날 분위기가 언제 만들어지나, 조바심 낼 필요가 없어 얼마나 좋은지.

2018.5.20. 속초의 '칠성조선소'에서 열렸던 록 페스티벌 중 씽씽밴드의 콘서트는 얼마나 신났던지. 낼모레가 환갑인 주제에 얼라들에게 질세라 헤드뱅잉에 방방 뛰던 나는 얼마나 철딱서니 없으며 얼마나 현명한 노털이었는지. 왜 이러셔! 솜털처럼 가벼운 노털도 있다 이거야! 남녀의 벽 따위 가볍게 넘어 주시고, 국악과 록의 경계 따위도 가볍게 말아 드시고, '미친 년'이 때로는 욕이 아니라 찬사가 된다는 걸 보여 준 소리꾼 이희문은 얼마나 통쾌했던지. 〈난봉가〉 떼창을 부르며 발광하던 청춘 관객들은 얼마나 믿음직하던지.

2018.12.1. 가수 최은진의 〈헌법재판소〉 앨범 발매를 기념한 홍대 앞 콘서트는 또 얼마나 즐거웠던지. 나랑 동갑내기 가수 친구가 아들뻘 뮤지션들과 함께 일렉트로닉으로 무장하고 안드로메다를 향해 날아간 라이브에서 함께 뒤집어지던 흰머리 소년 소녀들은 얼마나 귀엽고 깜찍하던지. 아, Live is Life! 전설의 1970년대 밴드 '오퍼스(Opus)'에게 감사하자, 이 절대 참인 명제를 우리에게 선사했으니.

●

2004년 3월 20일 〈사과나무〉 공연에서 춤추는 조병준.

Photo © JO Byoung Joon

청운동 윤동주문학관에서 송운중학교의 어린 시인들과 함께.

〔B-05〕

희미한 옛사랑의 그림자

|

무섭던 시절의 이별 하나

|

까마득한 옛날 이야기를 하나 하렵니다. 지금으로부터 20여 년 전의 일입니다. 호랑이 담배 먹을 정도는 아니고, 거북선이 담배 이름이었던 옛날입니다. 거북선, 은하수, 한산도, 수정, 태양… 믿어지나요, 그것들이 다 담배의 이름이었다는 것이? 이름은 시대를 고스란히 드러냅니다. 그 시절 제 주변의 여자애들의 이름엔 숙(淑), 희(姬), 순(順), 애(愛), 심지어 자(子)도 흔히 붙어 있었습니다.

한 마디로 촌스러웠던 시절이지요. 그런데 그것이 50년 전이 아니라 겨우 20여 년 전이라는 걸 기억하셔야 합니다. 별 두 개 짜리 장군님이 어느 날 갑자기 별 네 개의 장군님으로 변신하는 신통한 둔갑술을 보여 주셨고, 그 둔갑술의 현장을 텔레비전에서 생중계하던 시절이었습니다. 장군님은 결국 오색 깃발 휘날리는 체육관에서 대통령이 되셨습니다. 통일주체국민회의였던가요? 이름이 아깝지 않게 역시나 거의 100% 통일된 투표였다고 전합니다.

도서관에, 인문관 잔디밭에, 뒷산에, 화장실에 수상한 새들이 살았던 시절이기도 했습니다. 우리는 그 이름 모를 새들에게 짭새라는 이름을 붙여 주었죠. 한밤에 여학생이 짭새들에게 강간을 당하고 목졸려 죽었다는 흉흉한 여대 괴담이 나돌기도 했던 시절이었습니다. 무섭던 시절이었습니다.

아, 죄송합니다. 용서하십쇼. 그대들이 저 촌스런 386들의 80년대 구질구질 회고담에 얼마나 진절머리를 내는지, 잘 알면서도 또 구질이가 되고 말았네요. 하지만 어쩝니까… 지금부터 20년이 지나면 그대들도 알게 될 겁니다. 누구에게든 스무 살 시절은 영원한 기억의 보물 창고가 된다는, 아무리 다음 세대가 지겨워욧! 고만해욧! 할 만큼 하셨잖아욧! 외쳐도 어쩔 수 없이 울궈먹고 또 울궈먹게 된다는, 것을요.

무섭던 시절이었습니다. 어디 장군님과 짭새들만 무서웠겠습니까. 삶이 무서웠지요. 동서고금을 막론하고 삶은 호환마마보다, 불법 비디오보다 무서운 것입니다. 어쩌면 그렇게 한결같이 가난한 집의 아들딸이었는지, 어쩌면 그렇게 한결같이 한심한 청춘들이었는지 모르겠습니다. 뭐 그리 신기한 일도 아닙니다. 1980년이 오기 전에 대한민국 사람들은 대 / 한 / 민 / 국! 과 오, 4강 코리아!가 아니라 수출 1백억 불! 국민소득 1천 불!을 외치며 살았으니까요.

사람들은 무서우면 서로 가까이 모이게 되는 법이지요. 천둥번개 칠 때 어린 애들이 한 이불 속으로 숨듯이 말입니다. 스무 살 시절의 애들, 죄송합니다, 이만큼 살아 보니 알겠네요, 스무 살도 여전히 애들이긴 마찬가지라는 것을요. 아무튼 그 스무 살 시절의 애들도 마찬가지였습니다. 한 이불 속으로 기어들었지요. 저와 제 친구들에게도 그런 이불이 있었습니다. 그 이불에도 영자, 순희, 정숙이 같은 촌스런 이름이 있었지요. 그 이불의 이름은, 시였습니다.

병준아, 시처럼 살렴

그 스무 살 시절, 제게 '어머니'가 한 분 계셨습니다. 지금 생각하면 역시 촌스럽게 느껴지지만, 제가 사람들에게 '내 젊은 날의 정신적 어머니'라고 말하곤 했던 분이었지요. 대학 시절의 스승님이었습니다. 제가 연구실로 찾아가면 커피를 타 주셨고, 군대에 갈 때 논산 가는 기차에서 김밥 사먹으라며 봉투를 쥐여 주셨던 분이었습니다. 제가 첫 여자 친구를 인사시켰고, 군대 갔다 온 후 생애 첫 양복을 맞춰 입었을 때 그 양복이 잘 어울린다고 처음 말해 주셨던 분이기도 하셨죠.

그 날도 오늘처럼 비 그친 뒤 쌀쌀하고 쓸쓸했던 날이었는지, 아니면 눈 펑펑 쏟아져 괜히 행복했던 날이었는지, 학교 뒷산에 아카시아꽃 만발하던 봄날이었는지는 기억이 나질 않습니다. 아무튼 평생 시를 쓰고 싶어 했던, 그렇게 살 수 있다면 다른 모든 걸 다 포기해도 좋다고 말도 안 되는 꿈을 꾸고 살았던, 그런 스무 살 초입의 어느 날이었습니다. 그 날도 여느 날처럼 교수님의 연구실로 갔습니다. 똑똑! 선생님, 병준이에요. 들어오렴. 커피 마실 거지? 네에. 그 날 선생님과 무슨 이야기를 나눴는지도 기억이 나지 않습니다. 기억나는 건 그 대화 중에 섞여 있었던 몇 마디뿐입니다.

— 병준아, 넌 시처럼 살렴.

— 아유, 선생님, 시처럼 어떻게 살아요!

— 시처럼 사는 게 어때서?

— 너무 힘들잖아요….

— 시처럼 사는 게 왜 꼭 힘들다고만 생각하니? 시가 꼭 고통스러워야만 하는 거니? 시가 별거니? 행복해서 웃는 것도 시고, 돈 벌려고 땀흘려 일하는 것도 다 시야. 아름다운 것들을 아름답게 느끼며 살면 그게 다 시처럼 사는 거야….

대충 그런 뜻의 대화였습니다. 어린아이들이 갓난쟁이 시절 엄마와의 대화를 다 잊어 버리듯, 저도 제 '젊은 날의 정신적 어머니'와 나눴던 대화의 대부분을 잊었습니다. 그래도 몇몇 잊어지지 않는 대화들이 있습니다. 제게 시처럼 살라고 하셨던 말씀은 지금도 생생하게 제 고막을 진동시킵니다. 시처럼 살렴….

다시 시를 생각합니다. 다시 시를 쓰고 싶기도 합니다. 스무 살 시절처럼 미친 듯이 시를 읽고 시를 쓰고 싶습니다. 삶은 여전히 무섭습니다. 하지만 시 말고도 덮을 이불은 많습니다. 술과 온갖 호사스런 취미 생활과 온갖 종류의 재미난 사람들이 있습니다. 어쩌다 그랬는지는 모릅니다. 어느 날 갑자기 선생님의 그 말씀이 떠올랐습니다. 전날 들이킨 과다한 술 때문에 하루종일 시체처럼 살아야 했던 날의 일입니다. 시처럼 살고 있지 않은 제 모습이 거울 속에서 저를 비아냥거리더군요. 흥, 잘도 살고 있구나. 너 이렇게 살라고 선생님께서 날마다 아까운 커피 타 주시고 그 많은 시간을 너와 보내 주셨겠니? 꼴 참 좋구나….

다시 시처럼 살고 싶어집니다. 시처럼 살기 위해선 어떻게 해야 할까요? 어느 덧 제가 그 시절 선생님의 나이가 되어 버리고 말았습니다. 이제 더 이상 저는 어린애가 아닙니다. 자기가 낸 질문에는 스스로 답을 찾아야 하는 그런 나이가 되었습니다. 시처럼 살라고? 어떻게? 답을 찾아야 합니다. 그래서 다시 시를 읽기 시작합니다.

「희미한 옛사랑의 그림자」

김광규

4.19가 나던 해 세밑
우리는 오후 다섯 시에 만나
반갑게 악수를 나누고
불도 없이 차가운 방에 앉아
하얀 입김 뿜으며
열띤 토론을 벌였다
어리석게도 우리는 무엇인가를
정치와는 전혀 관계 없는 무엇인가를

위해서 살리라 믿었던 것이다
결론 없는 모임을 끝낸 밤
혜화동 로우터리에서 대포를 마시며
사랑과 아르바이트와 병역 문제 때문에
우리는 때묻지 않은 고민을 했고
아무도 귀기울이지 않는 노래를
누구도 흉내낼 수 없는 노래를
저마다 목청껏 불렀다
돈을 받지 않고 부르는 노래는
겨울밤 하늘로 올라가
별똥별이 되어 떨어졌다
그로부터 18년 오랜만에
우리는 모두 무엇인가 되어
혁명이 두려운 기성 세대가 되어
넥타이를 매고 다시 모였다
회비를 만원씩 걷고
처자식들의 안부를 나누고
월급이 얼마인가 서로 물었다
치솟는 물가를 걱정하며
즐겁게 세상을 개탄하고
익숙하게 목소리를 낮추어
떠도는 이야기를 주고받았다
모두가 살기 위해 살고 있었다
아무도 이젠 노래를 부르지 않았다
적잖은 술과 비싼 안주를 남긴 채
우리는 달라진 전화 번호를 적고 헤어졌다

몇이서는 포우커를 하러 갔고
몇이서는 춤을 추러 갔고
몇이서는 허전하게 동숭동 길을 걸었다
돌돌 말은 달력을 소중하게 옆에 끼고
오랜 방황 끝에 되돌아온 곳
우리의 옛사랑이 피흘린 곳에
낯선 건물들 수상하게 들어섰고
플라타너스 가로수들은 여전히 제자리에 서서
아직도 남아 있는 몇 개의 마른잎 흔들며
우리의 고개를 떨구게 했다
부끄럽지 않은가
부끄럽지 않은가
바람의 속삭임 귓전으로 흘리며
우리는 짐짓 중년기의 건강을 이야기했고
또 한 발짝 깊숙이 늪으로 발을 옮겼다

〔김광규 시집, 『우리를 적시는 마지막 꿈』(문학과지성 시인선 10), 문학과지성사, 1979년.〕

가만, 이 시를 읽은 게 언제였지? 시집 표지를 넘기고 속지에 적힌 날짜를 봅니다. 1981년 12월 31일이라는 날짜가 적혀 있습니다. 그 시절엔 책을 사면 꼭 그 날짜를 책 속지에 적어 놓곤 했습니다. 1981년에 저는 몇 살이었을까요? 스물한 살이었군요. 스물한 살의 새파란 풋내기 도토리만한 청춘은 왜 하필이면 12월 31일에 그 시집을 샀을까요? 너무 오래 전이라 이제 기억할 수가 없습니다. 늙어 버린 것입니다.

희미한 옛사랑의 그림자…. 왜 그 젊은 날에도 이 시는 그렇게 가슴을 날선 칼날로 저미었던 것일까요? 아마 어렴풋이 예견하고 있었던 것이었겠지요. 언젠가 '우리'도 그렇게 나이 들어 '무엇인가'가 되어 '혁명을 두려워하고' '살기 위해 사는' 그런 날이 오리라는 것을 알고 있었기 때문이겠죠. 왜 물리학자들과 SF 소설가들이 말하지 않습니까. 예언은 미래를 기억하는 것이라고요. 그 때 우리는 미래를 기억하고 있었던 것이겠죠. 이제 우리가 기억했던 미래는 현재가 되어 있습니다.

어쩌면 이리도 정확한 예언이 가능할까요? 시는 예언인 모양입니다. 시인은 예언자인 모양입니다. 아니면, 세상이 또는 삶이 원래 이렇게 변하지 않는 것이라는, 그런 설명이 더 정확한 것일까요? 스물두 살의 청년은 이제 마흔넷의 중년이 되었습니다. 한 사람을 다섯 해씩 짝사랑할 수 있었던 청년은 한 해에 다섯 사람을 사랑할 수도, 그 다섯 사람을 다 쉽게 망각해 버릴 수도 있는, 허접한 중년이 되었습니다. 시집 한 권에 세상 한 조각을 얻은 것처럼 행복했던 청년은 이제 백만 원을 훌쩍 넘기는 홈씨어터에도 궁시렁거리는 탐욕스런 중년이 되었습니다.

알고 있습니다. 그게 인생이라는 것. 청춘의 기억은 언제나 희미한 옛사랑의 그림자로 찾아온다는 것. 인생은 언제나 늪이라는 것. 참 쓸쓸한 일이죠? 아닌가요? 다행한 것이 하나 있습니다. 희미한 옛사랑의 그림자 하나가 여전히 제 곁에 머물러 있다는 것입니다. 시가 되었든, 혁명이 되었든, 사랑이 되었든 그 희미한 옛사랑의 그림자가 제 곁에 머물러 있는 한 아마 저는 앞으로도 오랫동안 '부끄럽지 않은가, 부끄럽지 않은가' 하고 중얼대며 저 플라타너스 가로수 아래를 걸어갈 수 있을 것입니다.

그러고 싶습니다. 시에게 감사합니다. 그 희미한 옛사랑의 그림자에 감사합니다. 그 오래된 미래의 예언에 감사합니다. 아직도 시가 저를 떠나 주지 않은 것에 감사합니다. 조금 더 오래 제 곁에 머물러 있어 주기를 빕니다. 시처럼 살고 싶습니다.

〔『Paper』, 2003.11〕

●

〔2020.12〕 마흔셋에 이 글을 썼단다. 하, 세월이라니. 지금 육십을 코 앞에 둔 나이가 되어 이 오래된, 낡은, 늙은 글을 다시 읽게 되다니.

밥벌이 글 또는 엄마 병원비 벌이 글을 쓰며 심신이 피폐해졌을 때, 『페이퍼』 잡지에 부탁했다. 시를 이야기하고 싶다고, 그거라도 하면 조금 숨통이 트일 것 같다고. 그래서 몇 달 '시처럼 살기'라는 꼭지명으로 한 편의 시와 그 시에 얽힌 내 삶의 이야기를 풀어냈다. 다른 청탁 글들에 비해 훨씬 수월하게 쓸 수 있었다. 연재가 오래 계속됐더라면 아마 진작에 그 제목으로 책 한 권이 나왔을지도 모른다. 잡지 측의 사정으로 일곱 달 만에 연재는 중단되었다. 가끔씩 블로그에 비슷한 형태의 글을 쓰긴 했지만, 지면과 마감의 압박이 없다 보니 글들은 짧아지고 정말 넋두리처럼 되어 갔다. 또 하나의 실패한 프로젝트…. 시처럼 살고 싶었는데 별로 시처럼 살지 못한 인생…. 그래도 또 시처럼 살고 싶은 인생이다. 어느날 페북에 어느 페친께서 "시를 살아라"는 주제로 글을 올리셨다. 댓글을 달다가 대학 시절의 '내 정신의 어머니'를 기억했고, 이런 허술한 글을 썼던 걸 기억했고, 할 일이 산더미인데 잠시 쉬자며 긁어 복사, 붙이기를 했다.

몇 페친이나 이 글을 찬찬히, 꼼꼼히 읽어 줄까? 여기까지 터치 스크린 스맛폰으로, 또는 컴퓨터 모니터로 읽어 주는 페친이 있다면, 사랑합니다! 외칠 수밖에. 그저 잊지 않기 위해, 시처럼 살라 하셨던 선생님을 기억하기 위해, 그리고 시처럼 살고 싶었던 젊은 날의 나를 기억하기 위해 한밤중에 키보드와 마우스를 혹사시켰다.

그리고 깜짝 놀랐다. 페북이 중년 이상의 놀이터가 되었다는 건 이미 알고 있었다. 그 걸 감안해도 페북에 올리기엔 너무 길다 싶었던 글에 폭풍 '좋아요'와 '최고예요'가 달리고, 긴 댓글들이 달렸다. 사람들이 시에 목말라 있었구나, 긴 호흡의 글에도 얼마든지 함께 긴 호흡으로 읽을 준비가 되어 있었구나…. 참 고마운 경험이었다. 140자로 소통하는 시대라고만 생각했는데, 그 140자도 버거워 사진 한 컷, 그것도 제멋대로 트리밍된 사진으로 소통하는 시대라고 한탄했는데, 그게 전부가 아니라는 감사한 경험이었다.

그래서 시처럼 살고 싶다고 중얼거렸던 내 넋두리가 그저 외로운 메아리는 아니었구나 싶어서 안도했다. 그 넋두리들이 혹시 더 궁금하신가? to be continued ~

●

〔B-06〕

사평역에서—세상의 끝에 내리는 눈

|

이인(二人)의 패잔병

|

늦은 아침상. 언제나 혼자 먹는 아침상에 나와 함께 앉는 건 조간 신문이다. 11월이 되자 어김없이 사고(社告)가 실린다. 신춘 문예 공모. 밥을 우물거리며 공모 기사를 읽는다. 상금 액수가 몇 배로 부풀었을 뿐, 그 내용은 20년 전과 별로 다르지 않다. 그랬었다. 20년 전 이른바 '문학 청년' 시절, 11월은 달뜬 열병의 계절이었다. 낙엽처럼 노트와 원고지들이 방바닥을 뒹굴었다. 쓰고 지우고 구기고 버리고 다시 쓰고 버리고…. 누군가 말했듯이, 그건 일종의 통과 의례였고 성장의 통증이었다. 그 시절 겨울은 왜 그렇게 일찍 찾아왔고, 또 왜 그렇게 추웠는지.

12월 10일 전후의 마감에 맞춰 시 세 편을 신문사로 보내고 나면, 그 다음부터 12월은 온통 절망과 희망이 기막힌 스텝으로 추어대는 이인무(二人舞)로 흘러갔다. 될 리가 없어. 어쩌면 될지도 몰라. 날마다 밤마다 당선 소감을 구상하며 잠이 들었다. 크리스마스 무렵까지 신문사에서 연락이 오지 않으면, 떨어졌다는 얘기였다. 그걸 뻔히 알면서도 희망은 26일, 27일, 28일, 29일까지 우체부 아저씨를 기다렸다. 어쩌면 우체부 아저씨의 손에 '축! 당선' 전보가 들려 올지도 모른다고. 전 재산을 털어 로또 복권을 산 사람의 희망이 아마 그런 것일지도 모른다. 너무 지독한 뻥 아니냐고? 그까짓 시 세 편과 전 재산을 어떻게 비교할 수 있느냐고? 모르는 소리 하지 말아다오. 그 시절 시 세 편은 나의 전 재산이었다. 그건 내가 세상에 내보일 수 있는 유일한 패였다. 그 한 해에 내 정신 또는 영혼이 벌어들인 전부였다.

12월 31일에 배달되는 두꺼운 1월 1일자 신문에 그 해의 당선작이 실렸다. 로또에 홀로 당첨된 자를 부러워하는 시기와 질투의 1억 배쯤 되는 시기와 질투를 품고 그 해의 당선작과 당선 소감을 읽었다. 그래서 스무 살 시절의 12월 31일은 언제나 지독한 패배와 좌절의 날일 수밖에 없었다. 많은 12월이 그렇게 흘러갔다. 불행하고 또 불행했던 청춘이었노라고 말해야 하겠지만, 지금 나는 그 시절을 '우리 찬란했던 젊은 날'로 부르련다. 버리지 못하는 꿈이 있는 시절은 행복한 시절이라는 것을 이제 알기 때문에. 진짜 불행은 그렇게 버리지 못하는 꿈이 더 이상 자신의 영혼 속에 살고 있지 않다는 것을 아는 순간부터 시작되니까.

그 해의 12월도 그랬다. 우리는 두 신문사에 세 편씩의 시를 보냈고, 어느 신문사로부터도 전보를 받지 못했다. 내가 그 녀석에게 전화를 먼저 했는지 그 녀석이 내게 전화를 했는지는 이제 모른다. 하여튼 우리는 만났다. 날은 몹시 추웠고, 눈이 내리고 있었다. 희한하게도 우리는 둘 다 술을 좋아하지 않았다. 다방에 들어가 커피를 마셨다. 무슨 얘기를 했는지도 모른다. 어디론가 가자는 얘기가 나왔던 것만 기억한다. 크리스마스가 지나고 아직 새해는 오지 않았던 그 며칠 사이의 어느 밤. 우리는 세상의 끝까지 가기 위해 버스에 올랐다. 안양에서 반월(지금의 안산시를 그 때는 반월로 불렀다)로 가는 버스. 그 해 겨울 우리의 외투 주머니는 가벼웠고, 그래서 우리가 갈 수 있었던 세상의 끝은 친구의 누이가 살고 있는 그 작은 도시의 황량한 신도시 주택가였다.

지독히 낡았고 지저분했고 추웠던 시외 버스의 뒷좌석에 앉아 우리는 창밖에 쏟아지는 눈발을 보았다. 녀석이 차창의 성에를 손가락으로 긁으며 무엇인가를 썼다. "우리는 또 패배했다." 그랬다. 우리는 신춘 문예라는 이름의 전투에서 패배한 낙오병이었다. 이인(二人)

의 패잔병. 불란서 바라보며 돌아가는 패잔병이 두 사람 있네… 만약 이 12월의 어느 날, 늦은 버스에서 신춘문예를 이야기하며, 패배를 이야기하며, 세상이 끝나 버린 듯한 표정을 짓고 있는 문학 청년들을 보게 된다면, 나는 웃을 것이다. 하하하하하, 소리내지 않고 웃으면서, 흘러가 버린 그 시절이 그리워, 몹시 그리워, 속으로 펑펑 울 것이다. 눈이 펑펑 쏟아져 준다면, 그 웃기는 시트콤의 배경으로 아주 잘 어울릴 텐데.

|

「**사평역**(沙平驛)**에서**」

곽재구

|

막차는 좀처럼 오지 않았다
대합실 밖에는 밤새 송이눈이 쌓이고
흰 보라 수수꽃 눈시린 유리창마다
톱밥난로가 지펴지고 있었다
그믐처럼 몇은 졸고
몇은 감기에 쿨럭이고
그리웠던 순간들을 생각하며 나는
한줌의 톱밥을 불빛 속에 던져주었다
내면 깊숙이 할 말들은 가득해도
청색의 손바닥을 불빛 속에 적셔두고
모두들 아무 말도 하지 않았다
산다는 것이 때론 술에 취한 듯
한 두름의 굴비 한 광주리의 사과를
만지작거리며 귀향하는 기분으로
침묵해야 한다는 것을

모두들 알고 있었다
오래 앓은 기침소리와
쓴 약 같은 입술담배 연기 속에서
싸륵싸륵 눈꽃은 쌓이고
그래 지금은 모두들
눈꽃의 화음에 귀를 적신다
자정 넘으면
낯설음도 뼈아픔도 다 설원인데
단풍잎 같은 몇 잎의 차창을 달고
밤열차는 또 어디로 흘러가는지
그리웠던 순간들을 호명하며 나는
한줌의 눈물을 불빛 속에 던져주었다.

〔곽재구 시집, 『사평역에서』(창비시선 40), 창작과비평사, 1983년〕

세상의 끝에 있는 간이역

어쩌면 이 시가 그 겨울밤 녀석과 나를 패잔병으로 만들었던 시들 중의 하나였는지도 모른다. 1981년 중앙일보 신춘 문예 당선작, 곽재구 시인의 등단 작품 「사평역에서」. 1980년 12월에 중앙일보사 문화부 신춘 문예 담당자 앞으로 보내졌을 시. 광주에서 시민들이 학살되었고, 서울에서 미스 유니버스 대회가 열렸던 그 해, 1954년 생이니 만 나이로 26살이었을 곽재구 시인은 왜 이런 시를 신문사로 보냈던 것일까. 그는 왜 사평역 대합실에 있었던 것일까. 사평역은 도대체 어디에 있는 역일까. 모래의 평야(沙平)에 기차역은 왜 세워져 있었던 것일까.

사평역이라는 이름의 기차역은 세상에 존재하지 않는다는 사실을 그 때 나는 몰랐다. 사평이라는 이름의 남녘 고을이 남도 어디엔가 있을 것이라고 믿었다. 그 시절 내가 거쳐간 기차역의 숫자는 적었다, 아주 적었다. 사평을 몰라도 상관없었다. 부산, 광주, 대구, 대전, 춘천처럼 발로 가 보지 않았지만 머리에 찍혀 있는 큰 도시 아닌 이 땅의 어느 작은 기차역이라도 사평이 될 수 있었다.

눈 쏟아지는 겨울밤, 톱밥 난로가 타는 작은 간이역의 가난한 대합실 풍경은 너무나 익숙한 상상이었다. 아니었던가? 이 시를 읽고 난 뒤에 그 이미지가 두뇌 피질 어느 구석 자리에 깊이 자리잡았던 것인가? 글쎄, 무슨 상관이랴. 닭이 먼저냐 달걀이 먼저냐를 묻는 건 때로 어리석은 일이다. 어쨌든 누군가, 우리보다 조금 먼저 태어나긴 했지만, 어쨌든 같은 시절을 같은 20대로 살았던 누군가가 그 익숙한 상상을 단어들로 생생하게 그려 낸 것이다. 사평역은 세상의 끝으로 가는 기차역이기도 했고, 동시에 세상의 끝에 있는 기차역이기도 했다. 그건 스무 살 문학 청년이라면 한 번쯤 꾸었음직한 꿈 속의 풍경이었다. 원래 스무 살짜리들은 세상의 끝으로 가 보고 싶어하는 법이니까.

곽재구 시인이 당선 통고 전보를 받고 친구들에게 상금 액수에 육박해 가는 술을 사고 있었을지도 모르는 그 밤에, 녀석과 나는 커피 한 잔으로 시린 뱃속을 덥히고 반월이라는 이름의 세상 끝으로 가고 있었을지도 모른다(그랬을 확률이 꽤 높다). 그리고 다음 해가 왔다. 그 해 여름, 녀석은 군대에 갔고, 나는 한 해 더 학교를 다니다가 군대에 갔다. 지금도 그런가? 그 시절 우리는 군대로 가는 건 청춘에 마침표를 찍는 것이라고 믿었다. 이상하게도 군대만 갔다오면 선배들은 면바지와 청바지를 내던지고 '기지 바지(양복 바지)'를 입었다. 운동화 대신 정장 구두를 신었다. 그래서 군대에 가는 건 몹시도 서러웠다. 어른이 된다는 건 언제나 무서운 일이었으니까. 어리석게도 우리는 그 새파란 청춘의 나이에 청춘이 끝난다고 아우성쳤던 것이다. 하하하하하. 날마다 청춘의 끝이었고, 발길 닿는 모든 곳이 세상의 끝이었다. 으하하하하.

1983년 12월 초의 어느 날. 작은 위문품 소포가 날아왔다. 그 때 나는 아마 상병 계급장을 달고 있었을 것이다. 녀석은 짧은 방위 생활을 마치고 학교로 돌아가 있었다. 그 위문품 소포 속에 달랑 한 권의 시집이 들어 있었다. 『사평역에서』. 대학 노트를 북 뜯어 짧게 적은 편지가 시집 안에 들어 있었다. 그 편지의 마지막 줄에 이렇게 적혀 있었다. "얼마 남지 않았다. 어떻게 올해쯤 등단할 때도 되었지?"

시집 앞 속지에 아무 글도 쓰여 있지 않았다. 뒷속지를 펼쳤다. 역시 녀석의 글이 있었다.

"무슨 믿음이 있어
한낮은 이리도 고요할까.
이 時代(시대)의 모든 부질없는 믿음들을
끌어모아 우리들은 그것을 詩라 불렀었으니…
1983.12.1 병준에게"

그 시절의 부질없는 믿음들

군대가 끝나고 학교가 끝나갔다. 한 해가 끝나갈 때마다 우리는 신문사로 원고 뭉치를 보냈다. 어느 해 마침내 녀석이 당선 전보를 받았다고 했다. 이인의 패잔병은 일인(一人)의 패잔병으로 바뀌었고, 내겐 혼자 시외 버스를 타고 세상의 끝으로 가며 차창의 성에를 긁을 용기가 없었다. 학교를 떠나면서 친구들 중 하나둘 시를 버리는 녀석들이 늘어났다. 몇몇은 신문사를 포기하고 문학지를 통해 단 위에 올라섰다. 등단. 그 녀석들은 세상을 향해 시를 발설할 수 있는 단(壇)을 밟고 올라선 자들이었고, 나는 여전히 허공에서 발버둥치는 자였다. 여전히 가끔씩 시가 나를 찾아오는 밤들이 있었지만, 다음날 출근을 위해서는 그 시를 깨끗이 노트에 옮기지 못한 채 잠들어야 했다. 시가 나를 찾아오는 밤보다 회식 자리의 술이 나를 고꾸라뜨리는 밤의 숫자가 늘어났다.

스무 살 시절이 끝나고 서른 시절이 시작되던 해 겨울부터 녀석이 더 이상 내게 신춘 문예 당선 소감을 묻지 않게 되었다. 당선 통고 전보를 받기 전에 이불 속에 누워 머리로 쓰는 당선 소감. 그리고 시가 나를 떠났다. 시 같은 거 쓰지 않아도 얼마든지 잘 살 수 있을 것 같았다. 또는, 시 따위 쓰지 않아야 간신히 살 수 있을 것 같았다. 그럴 것 같았을 뿐이다. 시가 나를 버렸든, 내가 시를 버렸든, 그건 상관없다. 시가 없어진 삶은 재미가 없었다. 정말로 재미가 하나도 없었다. 사실은 죽을 것 같았다.

어찌어찌해서(아주 긴 얘기다. 언젠가 그 긴 얘기를 할 날이 올 수도 있고, 오지 않을 수도 있다) 시가 다시 내게 돌아와 주었다. 다시 시를 쓸 수 있게 되었을 때, 신문사로 원고를 보냈다. 역시 전보는 오지 않았다. 그래도 1월 1일 자 신문을 펼쳤다. 내 이름 석 자와 내 시 한 편의 제목이 구석에 실려 있었다. 최종심에 오른 세 작품 중의 하나로. 번호 하나가 틀려 로또 1등을 놓친 사람처럼 억울하지는 않았던 것 같다. 그리고 그 해 가을에 문학지를 통해 마침내 시인이라는 타이틀을 얻게 되었다.

시가 우리를 구원할 것이라고 믿었다. 시를 써야만 살 수 있을 것이라고 믿었다. 부질없는 믿음들. 시가 없어도 얼마든지 살 수 있었고, 아무리 시를 써 봐야 삶의 괴로움이 줄어들지도 않았다. 도대체 무엇이었을까. 왜 그렇게 시에 매달려야 했던 것일까. 미안하지만, 그 답을 나는 모른다. 그냥 그랬던 것뿐이다.

"자정 넘으면 낯설음도 뼈아픔도 다 설원인데"…
그렇지, 세월 지나면 다 흰머리에 덮여 부질없어지지.
"단풍잎 같은 몇 잎의 차창을 달고 밤열차는 또 어디로 흘러가는지"…
12월의 단풍잎 같은 기억들을 달고 인생은 또 어디로 흘러가는 건지.
"그리웠던 순간들을 호명하며 나는 한줌의 눈물을 불빛 속에 던져주었다"…

|

그 시절 우리가 썼던 시는 그냥 한 줌 눈물이었을 것이다. 톱밥 난로에 던져진 톱밥처럼 부질없었으나, 그리하여 눈물이 얼지 않게 해 주었던, 그리고 아주 작은 희망 또는 절망의 불빛, 잠시 깜박이게 해 주었던, 시대의, 시절의, 세상의, 삶의 모든 부질없는 믿음들의 이름.

시.

|

〔『Paper』, 2003.12〕

|

●

|

〔2020.12〕 한 줌 톱밥으로 시작된 글쟁이의 삶이 벌써 30년을 향해 간다. 서른둘에 시인 타이틀을 얻었으나 어쩌다 보니 첫 시집은 마흔일곱이 되어서야 나왔다. 두 번째 시집이 언제 나올지는 나도 모르고 하늘도 모른다. 밥벌이를 위해서 시작한 '잡글'이 생계를 넘어 내 정체가 되었다. 그래도 원고를 보낼 때 악착같이 '시인' 타이틀을 고집했다. 내 뿌리를 잊지 않기 위해서, 말이 가진 주문으로서의 힘을 믿으면서.

시를 썼던 젊은 날이 그나마 글 써서 쌀 살 수 있는 지금의 나를 만드는 데 지대한 공헌을 했다. 명색이 '시인'인데 그 명색에 먹칠하는 글을 쓸 수는 없지. 그런 오기가 있었다. '잡글'을 쓰며 밤을 새우고 머리를 쥐어뜯는 나를 보고 어떤 친구가 한마디 하더라. 아무도 그렇게 집요하게 읽지 않는 글을 그렇게 집요하게 쓸 필요가 어디 있느냐고. 시 쓰던 버릇 때문이라고 답했다. 쉼표 하나를 찍느냐 마느냐를 놓고 죽느냐 사느냐의 햄릿만큼 고민하던 스무 살 버릇이 여든 넘어 아흔까지 갈 거 같다고.

이 글이 인연이 되어 곽재구 시인을 만나게 되었다. 또 그 덕에 남녘에도 인연줄이 여러 가닥 생겨났다. 이래저래 감사한 글이다. 삶이 지리멸렬해지면, 가끔은 어디에서 첫 발걸음이 시작되었는지 기억을 더듬어 되돌아보는 것도 좋다. 아직도 시를 붙들고 있는 청춘들이 있을 것이다. 그리고 그 청춘의 시간을 그리워하는 '마음만 청춘들'도 틀림없이 있을 것이다, 아니 아주 많다는 걸 내가 안다. 젊은 청춘들이여, 지금 이 시간을 단단히 기억에 붙들어 매시라. 언젠가는 그 기억을 먹고 힘을 내야 할 날이 올지도 모른다. 마음만 청춘들이여, 다시 노트를 펴시라. 어차피 부질없다는거 다 알지 않는가. 부질없는 것 하나 인생에 더 보탠다고 뭐 크게 달라지겠는가 말이지. 시집 한 권 묶을 만큼 써 보시라. 누군가에겐 그게 또 일용할 양식이 될지도 모르는 일 아닌가.

●

〔B-07〕

긍정적인 밥—세상엔 두 종류의 밥이 있다

두 종류의 밥

해월 최시형〔海月 崔時亨, 1827~1898〕 선생이 말했던가. 밥이 하늘이라고. 예수는 빵과 포도주를 제자들에게 나눠 주며 빵은 자기의 몸이요, 포도주는 자기의 피라고 했다. 부처의 깨달음은 처녀 수자타가 건네 준 우유죽에서 시작되었다. 세상의 모든 종교에는 '밥'을 함께 나누는 의식이 있다. 적어도 내가 알기로는 그렇다. 우리가 잘 알고 있는 유교식 제사 역시 궁극적으로는 밥을 함께 나누는 의식이다. 살아 있는 사람들끼리, 죽은 영혼들과 함께, 그리고 신과 인간이 함께 밥을 먹는 것, 그게 종교다.

밥을 함께 먹는다는 것은 대부분의 문화권에서 '식구'가 되었다는 것을 의미한다. 식구, 食口. 먹을 식, 입 구. 얼마나 무시무시한 단어인가. 한솥밥 식구라는 단어를 생각하면 된다. 밥을 함께 먹을 때 사람들은 생물학적 의미의 가족을 넘어 서로 친근해진다. 세상의 모든 생물은 밥을 얻으려 필사적으로 싸운다. 때로는 어머니 혼자, 때로는 아버지 혼자, 때로는 어머니 아버지가 함께, 모든 생물은 자식에게 먹일 밥을 얻기 위해 모든 에너지를 사용한다. 밥은 하늘이요, 밥은 생명이고, 밥은 우주 그 자체다.

정확한 지식인지는 나도 확신할 수 없지만, 언젠가 내가 읽은 책에 따르면, 한국말 '밥'은 인도말 '밧'에서 왔다고 한다. '밧'은 인도에서 쌀을 의미하며 동시에 쌀로 지은 밥을 의미한다. 벼농사는 인도에서 시작되었고, 그것이 아시아 각국으로 전파되면서 한반도에 이르러, 밧이 결국은 밥이 되었다는 것이다. 쌀밥. 지금의 젊은 세대는 쌀밥이라는 단어가 얼마나 광범위한 의미의 스펙트럼을 갖고 있었는지 잘 모를 것이다. 내가 어렸을 때만 해도 정말로 많은 사람들이 밥을 굶었다. 하얀 쌀밥은 제삿날에나 먹을 수 있는 특별식이었다. 웰빙과는 아무 상관없이 사람들이 보리와 콩과 좁쌀을 쌀과 섞어 먹어야 했던 시절이 있었다.

어릴 때 어머니가 들려 주신 재미난(?) 이야기를 기억한다. 우리가 배고프다고 밥을 더 달라고 투정을 부릴 때, 또는 밥을 남길 때 들려주시던 이야기다. "예로부터 흉년이 들면 부모는 배곯아 죽고, 새끼들은 배 터져 죽는다고 했다." 허걱! 그토록 엽기적이고 그토록 잔혹한 이야기를 어린 아이들에게 엄마가 들려 주었느냐고? 그랬다. 사실이다. 먹을 것 없는 흉년이 왔을 때조차 부모는 자식들만은 배불리 먹이려 했다는 내용의 속담이다. 그놈의 밥이 뭐길래!

갑자기 웬 밥타령이냐고? 혹시 요즘 내가 돈이 없어 밥을 굶고 있는 건 아니냐고? 에이, 그럴 리가! 요즘 나의 고민은 '자꾸 앞으로 전진하는 배'다. 일부러 굶어야 할 판이다. 참 불행한 일이지만, 옛말 중에 여전히 틀리지 않는 것 중 하나가 바로, "예술가는 가난해야 작품이 나온다"는 말이다. 정말 듣기 싫고 하기 싫은 말이지만, 그 말은 상당 부분 진실이다. 부와 권력을 얻은 예술가치고 제대로 된 작품을 계속 생산한 작가는 사실 그리 많지 않다. 배부른 고양이가 쥐를 잡지 않듯, 사람은 배가 부르면 게을러진다. 그건 생물학적으로 아주 자연스러운 현상이다. 나는 배가 불렀다. 똥배가 나왔다는 얘기만은 아니다. 언제부턴가 내 정신에도 지방이 끼기 시작했다. 또래 친구들에 비해 내 연간 수입이 형편없는 건 사실이지만, 그래도 이제 나는 더 이상 먹을 것을 걱정하지 않는다.

배부른 돼지가 되느니, 배고픈 인간이 되겠다고 했던 그리스 철학자의 충고는 동서고금을 막론하고 항상 유효했고, 지금도 유효하다. 2

년 전, 월드컵 때 히딩크가 외치지 않았던가. "나는 아직 배가 고프다"고 말이다. '헝그리 정신'. 정말 기분 나쁘고, 정말 버리고 싶은 말이지만, 어쩔 수 없다. 사람에겐 육체의 배고픔이 아니라, 정신 또는 영혼의 배고픔이 필요하다. 정신 또는 영혼이 배고플 때 사람은 지식을 찾고, 스승을 찾아 나선다. 정신 또는 영혼이 배부르면, 나 같은 보통 사람은 그냥 퍼지고 만다. 사람이 게을러지는 건 얼마나 쉬운지.

쉽게 밥을 벌 때, 정신과 영혼의 뱃살이 두꺼워지기 시작한다. 밥의 의미를 까먹기 시작한다. 밥이 하늘이요 생명이며 우주라는 진리를 까먹는다. 그리고 그냥 되는 대로 살기 시작한다. 솔직히 고백하건대, 바로 그게 나의 요즘 삶이다. 부끄럽고 부끄러워라. 어쩌다가 이 지경이 되었을까. 어쩌다가 갑자기 그런 생각을 하게 되었느냐고? 시인들이 주축이 되는 행사 하나를 내가 떠맡게 되었다. 젊은 시인들의 시 낭송 프로그램을 기획했다. 아직 시집을 내지 못했지만, 오히려 그래서 더 열심히 더 치열하게 시를 쓰는 젊은 시인들을 중심으로 프로그램을 짜기로 했다. 젊은 시인들의 시를 받았다. 왜 그리도 그 시들이 안 읽히던지! 그 시들이 특별히 어렵다거나 특별히 복잡하기 때문은 아니었다. 이유는 딱 한 가지였다. 내가 게을러졌다는 것이다. 나는 그 시들을 이해하려 여러 번 읽는 수고조차 하지 않았다. 오, 참담할 만큼 부끄러워라.

그 부끄러움 때문에 함민복 시인의 시집을 다시 집어들었다. 나는 그와 정식으로 인사를 나눈 적이 없다. 언젠가 아주 오래 전 인사동의 어느 술집에서 잠깐 그를 보았을 뿐이다. 물론 술자리였다. 그는 내가 그 자리에 도착했을 때 이미 술에 취해 있었다. 뭐 수많은 시인들이 밥보다 술을 훨씬 더 좋아하므로, 그건 별로 이상한 일도 아니었다. 그 자리에서 누군가 함민복 시인에 대한 이야기를 내게 들려 주었다. 함민복 시인만 그런 것도 물론 아니고 많은 시인들의 삶이 그렇지만, 그의 삶은 풍족함 또는 배부름과는 아주 거리가 멀었다. 솔직히 그의 시들이 모두 내 취향에 딱 들어맞지는 않았다. 그런데 유독 내가 뒷통수를 얻어맞은 듯 충격을 받았고 좋아했던 시가 있었다. 이름하여 '긍정적인 밥'. 당신도 한 번 소리 내어 읽어 주기 바란다.

「긍정적인 밥」

함민복

詩 한 편에 삼만 원이면
너무 박하다 싶다가도
쌀이 두 말인데 생각하면
금방 마음이 따뜻한 밥이 되네

시집 한 권에 삼천 원이면
든 공에 비해 헐하다 싶다가도
국밥이 한 그릇인데
내 시집이 국밥 한 그릇만큼
사람들 가슴을 따뜻하게 덥혀줄 수 있을까
생각하면 아직 멀기만 하네

시집이 한 권 팔리면
내게 삼백 원이 돌아온다
박리다 싶다가도
굵은 소금이 한 됫박인데 생각하면
푸른 바다처럼 상할 마음 하나 없네

〔함민복 시집, 『모든 경계에는 꽃이 핀다』(창비시선 156), 창작과비평사, 1996년.〕

이 시집의 초판이 나온 건 1996년이다. 내가 처음 시인으로 등단했을 때, 문학 잡지에서 내게 주었던 시 고료 역시 한 편에 삼만 원이었다. 1992년의 일이다. 삼만 원. 달랑 한 페이지도 안 되는 시 한 편에 삼만 원은 어쩌면 매우 큰 돈일지도 모른다. 하지만 시인이 시 한 편을 쓰기 위해 얼마나 많은 밤을 그야말로 '하얗게' 지새우는지를 생각한다면, 얼마나 많은 담배를 피우는지, 얼마나 많은 종이를 구겨 버리는지를 생각한다면, 삼만 원은 절대로 많은 돈이 아닐 수도 있다.

작가들의 원고료를 원고지 매수로 계산하는 이 나라에서 시인들은 배고플 수밖에 없다. 내가 알기로 오로지 시만 써서 먹고 살 수 있는 시인은 이 나라에 단 한 명도 없다. 다른 직업을 갖거나, 아니면 이런 저런 '잡글'을 써야 간신히 밥을 먹고 살 수 있다. 물론 세상 모든 나라의 시인들이 다 그렇다. 오죽하면 내 독일 친구 안디가 내게 직업을 물었을 때 시인이라고 대답했더니, 그의 첫마디가 "오! 브레들레스 포잇(Oh! Breadless Poet)!"이었다. 직역하면, "빵 한 조각 없는 시인"이다.

지금은 시 한 편의 고료가 얼마나 되는지 나는 잘 모른다. 어떤 잡지에선 십만 원을 준다고도 하고, 어떤 잡지에선 아예 한 푼도 안 준다고도 한다. 생각하면 정말 웃기는 일이다. 시인들이란 정말 웃기는 종자들이다. 아주 극소수의 예외를 빼면, 시를 써서 먹고 사는 게 불가능한데도 시인들은 악착같이 시를 써 댄다. 이건 명백히 생물학적 법칙에 위배되는 일이다. 시인들이란 지독히 멍청하거나 완전히 미쳤거나, 둘 중의 하나다. 다시 한 번 위의 시를 읽어 주면 좋겠다.

삼만 원의 고료, 삼천 원짜리 시집, 삼백 원의 인세. 삼삼삼. 내가 대충 알기로 지금 시 한 편의 고료는 오만 원 정도고, 시집의 평균 가격은 오천 원이고, 인세는 오백 원이다. 오오오. 유명하지 않은 시인이 시집을 낼 때 평균 인쇄 부수는 1천 5백 부다. 그 1천 5백 부를 파는 데

몇 년이 걸리는 경우도 허다하다. 아주 운이 좋아서 1년 만에 그 초판본을 다 팔아도 시인이 얻을 수 있는 수입은 75만 원이다. 시인은 어쩌면 그 한 권에 실린 시들을 3년 걸려 썼을지도 모르고, 10년 걸려 썼을지도 모르는데.

억울하다. 몹시 억울하다. 도대체 전생에 무슨 죄를 그리도 많이 지었길래, 나는 하필이면 시인이 되기를 꿈꾸어야 했을까. 왜 증권 브로커나 반도체 과학자나 성형 외과 의사나 기업 전문 변호사가 되기를 꿈꾸지 못하고, 어린 시절부터 시인이 되기를 목메며(또는 목매며) 소망했을까. 그렇게 배고플 걸 뻔히 알면서 왜 젊은 시인들은 시인이 되기 위해 여전히 발버둥치고 있을까. 그토록 배고픈 직업인데 왜 아직도 세상 어디서나 시인 지망생들은 여전히 태어나고 또 태어나는 것일까. 당신도 그 이유가 궁금한가? 답을 얻고 싶거든, 다시 위의 시를 읽어 보라. 자, 이제 이해되는가? 맞다. 시는 시인의 밥이다.

하긴 뭐 어디 시만 그러할까. 돈과는 거리가 먼 일들이 세상에 있다. 뼛골 빠지게 열심히 뛰어도 돌아오는 건 아무 것도 없거나, 심지어는 비웃음과 동정밖에는 없는, 그런 일들이 있다. 그들은 그 일을 하면서 배부르다고 느낀다. 육체가 아니라 정신 또는 영혼이 채워진다고 느끼는 것이다. 물론 그 배부름은 오래가지 않는다. 육체의 배부름이 그렇듯, 정신 또는 영혼의 배부름 역시 금방 꺼져 버린다. 그 배고픔, 그 허기를 이기기 위해 시인들은 다시 시를 쓴다. 그리고 따뜻한 쌀밥을 얻은 듯, 따뜻한 국밥을 얻은 듯, 김치 담글 굵은 소금 한 됫박을 얻은 듯, 행복해 한다. 그리고 그 순간, 밥은 곧 하늘이요 생명이요 우주이기 때문에, 시인들은 세상의 모든 것을 가진 자가 된다.

당신은 먹고 살 만한가? 먹고 살 만하다면, 한번 서점에 가 주기 바란다. 너무나 대중적 인기가 높아 이미 억대의 인세를 받고 있는 시인들 말고 당신이 이름도 들어 본 적 없는 시인들의 시집을 들춰 보기 바란다. 그렇게 들춰 본 시집에서 당신의 뒷통수를 툭 치는 구절을 만난다면 국밥 한 그릇 사 먹는 기분으로 그 시집을 사기 바란다. 당신이 내는 5천 원 중 시인에게는 5백 원이 돌아갈 것이다. 시인은 그 5백 원으로 쌀을 살 것이고, 그 밥의 힘으로 또 다음 시를 쓸 수 있을 것이다. 어머니들이 말하지 않던가. 사람은 '밥심(밥힘)으로 산다'고 말이다. 그리고 그 시들이 당신의 정신 또는 영혼의 허기를 조금은 채워 줄 것이다.

왜 시인은 제목을 '긍정적인 밥'이라고 달았을까? 긍정적인 밥이 있다면, 그 반대편엔 '부정적인 밥'도 있다는 얘기일 텐데. 당신의 육체는 배부르게 해 주지만 영혼을 허기지게 만드는 밥이 아마 부정적인 밥일 것이다. 나는 너무나 많은 부정적인 밥을 먹었다. 나는 정말 다이어트가 절실하게 필요하다. 나도 '긍정적인 밥'을 먹어야 한다. 어디 가서 그 밥을 찾을까.

〔『Paper』, 2004.07〕

●

〔2020.12〕 벌써 꽤 긴 시간이 흘렀다. 어느 대안 학교 고등학교 과정의 학생들을 만났다. 다양한 직종의 직업인들을 초대해 직업에 대한 이야기를 나누는 자리였는데, 한 학생의 아버지와 얽힌 인연으로 내가 시인 자격으로 그 자리에 끼게 되었다. 열 몇 명의 학생들이 시인의 교실에 찾아와 주었다. 아무도 이 방에 안 들어오면 어쩌나 걱정했는데 이 정도면 대성공이군, 안도하며 첫 질문을 유도했다. 시인에 관해 궁금하신 거 아무 거라도 좋으니 물어 보세요. 한 남학생이 손을 들었다. 올 것이 왔구나, 무슨 질문이려나, 기대를 잔뜩 품고 손 든 학

생을 지목했다. "시인은 연봉이 얼마나 되나요?"

내 등에서 식은 땀이 얼마나 흘렀을지 짐작이나 하실 수 있을까. 첫 질문부터 초고난도 기술을 펼쳐야 할 판이었다. 그래도 시에 대해 조금이라도 관심이 있으니 변호사, 기업인, 과학자, 기타 등등 쟁쟁한 전문가들을 피해 내가 있는 교실로 찾아온 아이들인데 '굶어 죽진 않아도 손가락 빨기 십상이니 시인 될 생각 접으세요'라고 말할 수는 없지 않은가. 머릿속에서 CPU가 맹렬히 돌아갔고, 출력지를 내놓았다. 교실에 있던 컴퓨터를 켜고 인터넷에서 시 하나를 찾아 프로젝터 스크린에 띄웠다. 긍정적인 밥.

연봉이라 부르기도 좀 미안한 수입을 보상으로 받으면서도 시인들이 시를 쓰는 이유, 그렇게 쓴 시가 왜 사회에, 세상에 필요한지를 이야기했다. 한 시간이 채 되지 않았던 그 시간 동안, 아이들 중에 한 명이라도 시를 써야 할 이유를 알게 되었을까. 아니 최소한 시를 읽으면 좋은 이유 한 가지라도 알게 되었을까. 나는 모른다. 그저 내가 할 수 있는 최선을 다해 시를, 시인들을 변호했다는 것만 기억한다. 시 한 편의 값은 삼만 원이 아니라 삼조 원, 삼경 원보다 클 수 있다고. 시인이 사라진 사회는 더듬이가 사라진 곤충처럼 죽어 갈 것이라고….

언젠가 한 권의 책으로 묶을 생각을 했던 원고들 중 몇 꼭지를 여기 풀어 냈다. 정말 그런 기회가 온다면 다른 시들을 내 삶의 이야기들과 엮어 풀어 내면 된다. 그러기 위해서라도, 나 또한 더 열심히 시를 읽어야 한다. 읽다 보면 그 젊은 날처럼 또 오기가 발동해 다시 노트와 펜을 들고 시를 쓰며 새우는 밤들이 찾아올 것이고….

●

[B-08]

어린 시인들에게 부치는 편지

정확히 언제였는지는 기억이 나지 않습니다. 10년쯤 전의 일이었습니다. 그 해 여름, 비가 참 많이도 내렸습니다. 이러다가 세상이 다 물에 잠기겠다고 농담을 주고받았던 기억이 납니다. 그러던 어느 날 시인들끼리 만나는 자리가 생겼습니다. 그 날도 역시 비가 내렸던 걸로 기억합니다. 자연스럽게 비 얘기가 대화에 끼어들고, '노아의 홍수' 이야기도 나오고, 그러다가 세상의 종말에 대한 이야기까지 등장했습니다. 시인들이 얼마나 수다쟁이들인지 알 사람은 다 알지요.

시인들은 기본적으로 세상에 대해 할 말이 많은 사람들입니다. 그런데 시를 쓰는 과정에서는 그 많은 할 말을 줄이고 줄여야 합니다. 뭐 거의 형벌에 가깝다고도 할 수 있습니다. 어쩌면 그래서 시인들은 그렇게 수다쟁이가 되는 건지도 모릅니다. 아무튼 그렇게 종횡무진으로 수다를 떨던 시인들 중에 한 사람이 섬뜩한 한 마디를 던졌습니다. "시라는 장르는 이미 수몰 지구다!" 그 자리에 모였던 시인들은 껄껄 웃으며 동감을 표시했습니다. '아아, 웃고 있어도 눈물이 난다'는 옛날 노래의 가사처럼 속으론 서글퍼 하면서 겉으론 웃었던 것이지요.

10년 전에도 이미 사람들은 시집을 사는 데 돈을 쓰지 않았습니다. 댐이 세워지는 바람에 호수 밑바닥에 잠겨 버린 마을과 논밭처럼, TV와 인터넷이라는 홍수에 시라는 오래된 장르는 깊은 물에 잠긴 신세나 마찬가지였습니다. 10년이 지난 지금은 어떨까요? 엎친 데 덮친다고 했던가요. TV와 인터넷만으로도 이미 대홍수가 벌어진 판인데 그 10년 사이에 스마트폰이라는 쓰나미까지 몰아쳐 와 버렸습니다. 이제 지하철에서 책 읽는 사람을 보기란 지하철에서 별 보기만큼 어려운 일이 되고 말았습니다. 이제 사람들은 종이로 된 책에 돈과 시간을 쓰지 않는 것 같습니다. 10년의 세월 동안 시를 잠기게 한 수몰 지구는 점점 더 커지고 깊어진 듯합니다. 열심히 시를 써도 아무도 읽어 주지 않는데 시를 쓰는 게 무슨 헛짓거리인가 싶습니다.

그런데! 이게 어찌된 일입니까! 어린 학생들이 시를 공부하고 싶다고, 시를 쓰고 싶다고 연락이 왔습니다. 중학생 '얼라'들이 말입니다! 깊은 물속에 가라앉은 사람에게 산소 마스크가 내려온 기분이었습니다. 두 시간여 전철을 타고 어린 친구들에게 달려갔습니다. 어린 친구들과 함께 시를 이야기하고, 시를 쓰고, 그 시들을 또 함께 읽었습니다. 난생 처음으로 시를 써 봤다는 친구들도 적지 않았습니다.

어린 친구들과 함께 한 시간은 그리 길지 않았습니다. 하지만 그 시간은 제게 "시는 수몰 지구다"라고 했던 어느 시인의 말을 반박할 수 있게 해준 시간이었습니다. 세상에는 여전히 시를 만나고 싶어 하고, 시를 통해 새로운 세상을 꿈꾸는 소년들과 소녀들이 있었던 겁니다. 그 소년, 소녀들의 시를 만나면서 저는 다시 세상에 대한 희망 하나를 건질 수 있었습니다. 그 어린 친구들이 앞으로도 시를 읽고 시를 쓴다면, 시는 사라지지 않을 것입니다. 시가 남아 있는 세상은 여전히 그래도 살 만한 세상일 것이고요.

어린 시인들께 감사합니다. 제게 소중한 기억과 희망을 선물해 주셨습니다. 오랜 시간이 다시 흐른 뒤에 이 작은 시집이 어린 시인들에게 역시 소중한 기억와 희망이 된다면 참 좋겠습니다. 아니, 틀림없이 그렇게 될 것입니다. 송운중학교의 어린 시인들, 멋집니다! 그대들이 있어 시는 여전히 살아 있고, 앞으로도 살아 있을 것입니다!

〔『마침내 너를 만나게 된 순간』, 송운중학교 솔방울들 지음,
토담미디어, 2017〕

〔2020.12〕 시흥시 송운중학교의 박미정 사서 선생님. 잘난 것 하나도 없는 거의 무늬만 시인인 나를 강사로 초대해 주더니, 방과후 특별 활동으로 시 쓰기 교실을 열며 나를 선생으로 초대해 주셨다. 집에서 지하철 4호선을 타고 종점인 오이도역까지 두 시간을 가야 하는 먼 여행이었지만, 무조건 받아들였다. 중학생들과 시를 이야기하다니! 내 중학 시절의 국어 선생님도 기억했다. 학교 백일장에서 장려상을 받았다고 나를 이뻐해 주시고, 무슨 책읽기 대회에도 참여하게 해 주셨던 성숙자 선생님. 신기하다. 졸업 후 한 번도 다시 뵙지 못한 선생님인데 이렇게 성함을 기억한다. 다른 선생님들은 기껏해야 별명으로만 기억하는데.

다섯 번의 수업이었다. 시란 무엇인가?라는 참으로 무모한 질문부터 시작해 시집을 묶는 작업까지 다 해내기엔 거의 불가능한 작전이었지만, 어쨌든 해냈다. 아이들은 매주 한 편씩 시를 써서 함께 읽고 합평회를 했고, 자기들끼리 편집 위원회를 만들고, 마침내는 교장 선생님과 학부모들을 모신 '출판 기념회'까지 열었다. 오, 자랑스러워라. 오, 사랑스러워라.

중 1, 중 2, 중 3이 그렇게나 서로 다른 생물들이라는 사실을 처음 깨달았다. 애기부터 애늙은이까지! 사람들을 만나면 자랑질을 했다. 올해 내가 한 가장 잘 한 일이라고. 아이들에게 시를 읽고 쓰게 만들었노라고. 최소한 미래의 시 독자 몇은 그 중에 나올 것이고, 잘 하면 시인도 나올지 모른다고. 출판 기념회에서 수업을 진행한 시인의 자격으로 축사를 했다. "시의 나라의 시민(詩民) 되신 것을 축하합니다. 앞으로도 쭈욱 시민으로 살아 주세요!"

학교의 눈에 보기 좋았던지 이듬해 다시 시 쓰기 교실을 열고 싶다는 연락이 왔다. 왜 안 할쏘냐! 다섯 번의 수업으론 아무래도 시간이 촉박하니 열 번으로 늘리는 건 어떻겠냐고 제안했다. 두 시간 수업에 이동에만 왕복 다섯 시간이 걸리는 여행은 힘들었지만, 그래도 기왕 하는 거 두 번째는 좀더 잘 해 보고 싶었다. 고맙게도 학교 측에서 제안을 받아 주었다. 그래서 또 한 편의 격려사를 써야 했다.

●

〔B-09〕

어쩌다 시를 만난 어린 시인들에게 보내는 편지

온도계의 수은주가 40도를 향해 무섭게 치솟던 7월 말의 어느 날, 송운중학교의 어린 시인들은 서울 종로구 청운동의 언덕길을 올랐습니다. 윤동주문학관을 찾아 경기도 시흥시에서 두 시간 넘게 전철과 버스를 갈아타며 긴 여행을 한 것이지요. 윤동주문학관은 오래 전 서울의 언덕 동네까지 수돗물을 끌어올리기 위해 설치했던 수도 가압장 건물이었습니다. 원래 수돗물을 보관하던 물탱크는 이제 윤동주〔尹東柱, 1917~1945〕 시인의 생애를 담은 기록 영화를 보여 주는 상영관이 되었습니다.

물탱크를 개조한 건축가는 천장에 작은 구멍을 뚫어 그 곳에서 한 줄기 햇빛이 내려오도록 만들었습니다. 출입문을 닫으면 완전히 캄캄하게 밀폐된 공간입니다. 천장에서 내려오는 그 한 줄기 빛이 아니라면 그 곳은 정말 완전한 암흑의 공간이 될 겁니다. 그 어두운 공간에서 윤동주의 생애를 지켜보는 어린 중학생 시인들의 뒷모습을 지켜보았습니다.

건축가는 아마 그 공간 안에서 방문객들로 하여금 윤동주 시인이 갇혀 있던 일본 형무소를 느끼게 하려는 의도를 품었을 것입니다. 송운중학교의 어린 시인들은 과연 그 곳에서 어떤 느낌을 받았을까요? 시인의 아픔을 아주 작은 조각이나마 함께 느끼고 함께 분노하고 함께 슬퍼했을까요? 그 암흑의 시절에도 불구하고 시를 써야 했던 시인의 뜨거운 마음 한 조각도 함께 공유할 수 있었을까요? 시라는 것이 우리 삶에 그런 빛 한 줄기 같은 것임을 어린 시인들도 알았을까요?

윤동주문학관으로의 여행을 마친 어린 시인들은 다음날 제 시집을 출판해 준 샨티 출판사를 찾아 다시 또 먼 여행을 해야 했습니다. 그곳에서 책 만드는 사람들을 만나 어떤 과정을 통해 책이 만들어지고, 편집자와 출판인은 어떤 마음으로 책을 만드는지 이야기 듣는 기회를 얻었습니다. 그리고 몇 주 후엔 자기들의 시집을 만들어 줄 또 다른 출판사 토담미디어에 모여 본격적인 편집 작업에 들어갔지요.

8주에 걸쳐 어린 시인들은 저와 함께 '시란 무엇인가?'라는 작지 않은 고민에서 출발해 자신의 삶과 생각, 느낌을 담은 시를 썼습니다. 다른 시인들의 시에서 영감을 얻어 시를 쓰기도 했고, 좋아하는 노래의 곡에 맞춰 노랫말을 써 보기도 했고, 자신이 사랑하는 대상을 노래하는 시를 쓰기도 했습니다. 사회의 문제를 비판과 연민의 시선으로 보는 시를 써 보기도 했습니다. 어른의 눈, 또는 직업으로 시를 쓰는 시인의 눈에 어린 시인들의 시는 물론 조금 어설프게 보일 때도 있었습니다. 하지만 똑같은 나이 때 제가 어떤 시를 썼는지 오래된 기억을 돌아보면, 송운중 시인들의 시가 훨씬 나았다고 분명하게 말씀드릴 수 있습니다.

작년에 이어 다시 한 번 시 워크숍을 진행하면 어떻겠느냐는 제안을 받았을 때, 저는 두 번 생각하지 않고 그 제안을 덥석 받아들였습니다. 아직도 시를 읽고 또 쓰고 싶어 하는 어린 소년 소녀들이 있다는 것, 그 소년 소녀들을 만난다는 것은 정말 짜릿하고 고마운 일이었으니까요. 시는 결코 하루아침에 배워서 쓸 수 있는 것이 아니지요. 평생을 써도 여전히 모자라 보이는 것이 시니까요. 그러나 무엇보다 중요한 건, 바로 시를 쓰기 시작했다는 것입니다. 시를 처음 써 본다는 학생들이 적지 않았습니다.

누구라도 말을 할 수 있지만, 누구라도 글을 쓸 수 있지만, 누구나 시를 쓸 수는 없습니다. 시를 쓸 때 사용하는 언어는 우리가 일상 생활에서 사용하는 말과 글과 똑같은 언어이지만, 그 언어가 시에 쓰일 때는 무엇인가가 달라집니다. 어떤 이들은 그런 걸 두고 '언어의 연금술'이라 부르기도 합니다. 금속을 금으로 바꾸는 연금술은 불가능하지만, 일상의 언어를 시로 바꾸는 연금술은 얼마든지 가능합니다. 단, 시인이 끝없이 다른 시인들의 시를 읽고, 직접 써 보는 작업을 계속할 경우에만 가능하지요.

여덟 번의 워크숍과 윤동주문학관 탐방, 그리고 출판사 탐방은 이를테면 시의 맛보기 같은 것이었습니다. 일단 써 보기, 시인의 시를 읽고 그의 삶에 관해 좀더 깊이 알아 보기를 통해 시가 어떤 것인지 아마 조금은 감을 잡을 수 있었을 겁니다. 이제 남은 일이요? 그저 열심히 쓰고 또 쓰는 것이지 뭐겠습니까. 일단 출발이 아주 좋았습니다. 열심히 쓴 시들을 추리고 모아 이렇게 근사한 '시집'까지 펴낼 수 있게 되었으니 송운중의 어린 시인들은 정말 행운아들입니다. 세상의 어느 중학교 학생들이 이렇게 자신들의 작품이 수록된 시집을 가져 보겠습니까!

여러 모로 지원을 아끼지 않으신 송운중학교의 선생님들, 그리고 시집 출간을 도와 주신 출판사에게 우리 모두 감사합시다. 그리고 무엇보다 여덟 번의 시 워크숍, 두 번의 현장 학습, 편집 작업에 동참한 송운중의 어린 시인들에게 힘찬 박수를 보냅니다. 언젠가는 여러분도 윤동주 시인처럼 모든 이들에게 사랑받는 시를 쓰게 될 수도 있을지 누가 압니까. 여러분은 아직 젊고 여러분 앞에 놓인 가능성은 거의 무한대인데요.

계속 시를 읽고 써 주십시오! 시 쓰는 청년들이 있고, 시집이 계속 나오는 세상은 아직 살 만한 세상입니다. 어쩌다가 시를 만났다고 했지만, 여러분이 시를 만난 건 여러분의 운명이었을지도 모릅니다. 여러분이 그렇게 살 만한 세상을 만들어 줄 거라고 저는 믿습니다. 여러분이 곧 우리의 어두운 삶에 내려오는 한 줄기 빛 같은 존재들입니다!

〔『어쩌다 너를 만나게 된 순간』, 송운중 솔방울들의 두 번째 이야기, 토담미디어, 2018〕

●

〔2020.12〕 몸이 좀 힘들긴 했지만, 참 보람찬 선생 노릇이었다. 물론 송운중학교의 박미정 사서 선생님과 국어 선생님들의 지원 사격이 없었다면 나 혼자서는 해낼 수 없었던 일이기도 하다. 이 자리를 빌려 다시 한 번 감사드린다. 그 이듬해에도 또 한 번 수업을 진행할 수 있겠느냐는 제안이 왔지만, 가을에 긴 여행이 계획되어 있었기에 어쩔 수 없이 거절해야 했다. 그래도 선생님들과 아이들은 세 번째 시집을 펴냈다. 나중에 그 세 번째 시집 『또 다른 너를 만나게 된 순간』을 봤을 땐 정말 기뻤다. 물가에 말을 데려가 주었더니 그 다음부턴 혼자 알아서 찾아가 물을 마시더라, 뭐 그런 기분이었다.

그런데 이 글을 쓰느라 사서 샘과 통화를 하다가 더 놀랍고 기쁜 소식을 듣게 되었다. 이번엔 아이들이 스스로 알아서 시 쓰는 동아리를 만들고 시를 모아서 국어 선생님을 찾았다는 것이다. 학교 예산을 주시면 자기들이 알아서 시집을 내고 싶다고! 세상에! 수몰 지구에 묻혀 있는 줄 알았더니 그게 아니었어! 세상은 여전히 어린 시인들의 싹으로 푸르렀다! 학교 측에서도 그 대견한 아이들의 소망을 당연히 들어주었단다. 올해 말에는 네 번째 시집을 펴게 될 아이들, 정말 고맙다. 정말 예쁘다.

이 자리를 빌려 아이들의 시집을 정식 ISBN 번호까지 담긴, 그러니까 국립중앙도서관에 의무 납품까지 하는 책으로 만들어 준 토담미디어의 홍순창 대표에게 감사의 말을 전한다. 돈도 안 되는 일인데 아이들의 편집 회의 탁자까지 제공해 가며 책을 만들어 주었다. 시인을 꿈꾸었던 자기의 소싯적이 생각난다며….

『마침내/어쩌다/또 다른 너를 만나게 된 순간』으로 이어진 송운중학교 솔방울 시인들의 네 번째 시집 제목이 궁금하다. 시리즈를 이어갈지 아니면 새로운 제목으로 나올지. 아무튼 중학생 아이들이 시를 쓰고 있다! 그러니 세상이 물 속에 가라앉을 거라는 헛소리는 하지 말자. 십 년 후에도, 백 년 후에도 중학생 아이들은 시를 쓸 것이다. 세상은 여전히 살 만한 곳으로 남을 게다.

●

〔B-10〕

유재복의 첫 시집 『한밤의 진동』에 붙이는 소소한 사족

친구가 안양으로 나를 데리고 갔다. 어쩌다 보니 그 곳에서 시 모임에 끼게 되었다고. 심심하면 놀러와 같이 어울리자고. 서울에서 안양까지의 심리적 거리가 참 멀기도 했던 시절이었다. 안양 다방이었나? 아니면 '길모퉁이 카페'라는 이름의 카페였나? 둘 다 아닐 수도 있다. 넘어가자. 무슨 역사적 사건이 벌어진 것도 아닌데 장소와 시간을 육하원칙 따져가며 되짚을 필요는 없다. 아주 많은 '문학 청년'들이 있었던 시절이었다. 발에 채일 정도로 시인 지망생이 넘치던 시절이었다. 1981! 응답하라, 오버!

박정희의 포마드 머리를 이제 그만 보나 했더니 이번엔 전두환의 대머리를 매일 저녁 TV에서 만나야 했던 시절, 그래서였던 걸까, 청년들이 너나없이 어깨까지 내려오는 '장발'을 휘날리며 다니던 시절이었다. 모든 사람의 입이 막혀 있었던 탓이었을까? 그래도 어떻게든 중얼중얼 암호 같은 이야기나마 내뱉을 수 있는 유일한 통로가 시였던 탓이었을까? 물론 그게 전부는 아니었을 게다. '국민 소득 1천 달러(!)'를 달성했다고 환호할 만큼 다들 '없이 살던' 시절이었다는 게 아마 더 큰 이유였을 게다. 원래 없이 사는 동네에서 노래꾼이 나오는 법이다. 등 따시고 배부르면 노래 같은 거 안 해도 된다. 사랑이 깨져야 사랑 노래가 나오는 법이다. 결핍이 예술을 만든다, 뭐 그런 흔한 얘기다.

아무튼 그랬던 시절의 어느 날, 사소한 우연들이 겹쳐 그를 만났다. 안양의 '수리시' 동인들 틈에 끼어 있던 소년 유재복을. 소소한 디테일은 세월 따라 다 지워졌다. 그의 첫인상이 어땠냐고? 어린 친구가 참 속이 깊어 보이네. 세 살이나 어리다는데 저러네. 참 착하게 생겼

네…. 유재복뿐만 아니라 '수리시'의 동인들은 다들 착했다. 서울의 문학 청년들에서 흔히 볼 수 있었던 자의식 과잉이라던가, 위악 같은 게 없었다. 안양이 '시골 동네'여서 그랬던 걸까? 흐흐.

동인이 되지는 않았지만, 그 착한 문학 청년들과 친구가 되었고, 자주 안양에 놀러갔다. 어쩌다? 왜? 심심했던 탓이었을 게다. 외로워서였을 게다. 나도 그랬고, '수리시'의 동인들도 다 그랬을 것이다. 그 시절, 시는 우리가 함께 덮고 언 발을 녹이던 담요 같은 것이었다. 군대에 가면서, 그리고 밥벌이의 뻘밭에 빠지면서 안양은 조금씩 멀어졌다. 그 시절의 안양 멤버 중 한 친구만이 오래 곁에 남았다. 유재복은 다른 '수리시' 동인들처럼 세월 저편으로 멀어졌다.

그를 다시 만난 날은 그래도 아직 멀지 않은 과거라 생생하게 기억할 수 있다. 2011년 어느 봄날, 내가 두 번째 사진전을 열었던 서촌의 갤러리 류가헌. 온다는 예고도 없이, 중년 사내가 아내와 함께 갤러리에 찾아왔다. 이십 몇 년의 시간을 건너오느라 숨을 헐떡이면서. 끈을 놓지 않았던 친구에게서 소식을 듣고 달려왔다고 했다. 긴 시간 소식도 없이 살았던 과오를 뉘우치기라도 하듯, 그 이후 꽤나 열심히 만나고 어울렸다. 인생이 사람을 어디로 데려갈지는 아무도 모른다. 유재복의 첫 시집에 내가 이렇게 글자락 몇 가닥을 얹게 될 줄을 누가 알았을까.

시인들이 흔히 입에 달고 사는 말 중 하나, '생의 신비'가 바로 여기 있다. 고맙고 고마운 생의 신비다. 우리는 어쩌다 그 젊은 날에 시에 매달렸을까. 어쩌다 다들 그러하듯 시를 버리지 못했을까. 어쩌다 낼모레면 환갑(!)이 되는 나이에 첫 시집을 내겠다고 밤새 시를 쓰고, 그 첫 시집에 오지랖 넓게도 글 몇 줄을 얹겠다고 덩달아 밤을 새우게 되었을까. 시가 아니었다면 애초에 만날 일 없었을 인연이었다. 이십 년 세월을 건너 우리가 다시 만나는 계기가 되었던 내 사진전의 제목도〈길 위의 시〉였다. 이건 제대로 함정 아닌가!

「**여행**」

유재복

알고 있어 / 우리는 줄곧 가고 있는 거야 / 둘러보면 / 낯선 얼굴과 질문 덩어리 / 왜 이 차를 타고 있지? / 어디로 가지? / 몰라, 하지만 / 마중하는 사람이 있는 곳.

이상하군, / 출발하고 멈추는 것, / 무심히 오르는 사람들 / 쉽사리 못 내리는 당신은 / 여기가 고향인가요? / 아쉽게 내리는 이곳은 / 아! 당신이 말하던 山이 있군요.

그래! 차가 멈추어 / 흔들리지 않은 글씨로 / 일기나 편지를 써야지 / 예쁜 여자를 알고 있어 / 도무지 이 좁은 곳에선 / 잃어버리는 건 불가능해.

이 차는 당신에게는 혹 내게는 / 막차일지도 몰라. 고향을 가고 있을까? / 그래 자랑거리를 만들어야지. / 힘들게 내리지 않으려면 모두들 / 자랑거리를 만들어야지.

〔수리시(修理詩) 동인회의 첫 동인집『그날저녁꽃불이떨어지는하늘을배경으로』(1981) 중, 유재복의 시「여행」전문〕

나도 알고 있다. 유재복 시인이 이 오래된 자신의 시를 다시 읽으면 얼마나 당황할지를. 내가 이 누렇게 변색된 1981년 12월 발간의 동인지를 아직 간직하고 있다는 사실에 그는 놀라자빠질지도 모른다.

1963년 토끼띠. 그러니 이 시를 썼을 때 유재복은 열여덟 살이었다는 얘기다. 누구라도 그러하듯이, 유재복도 '어린 날'의 시를 기억에서 지우고 싶을 것이다. 나 역시 소싯적의 습작들은 철저히 대외비로 잠겨 있다. 그런데도 내가 이 시를 다시 꺼내 펼치는 것은 이 시가 내게 참 좋은 시이기 때문이다. 37년 만에 다시 읽으면서 팔에 소름이 돋았기 때문이다.

열여덟 살 짜리가 썼다고 믿어지는가? 열여덟 어린 아이가 어떻게 고향에 도착해서 쉽사리 내리지 못하는 아픈 생을 알 수 있었을까. 어떻게든 '자랑거리를 만들어야' 고향에서 힘들지 않게 내릴 수 있다는 걸 어떻게 알 수 있었을까. 누군가 말했다. 시인은 예언자라고. 열여덟 살 시인은 쉰다섯 살의 자신을 예언하고 있다. 자랑거리를 만들어 고향에서 힘들이지 않고 내리는 어느 사내의 모습. 그가 말하는 고향의 이름은 물론 '시'일 것이다. 그가 만든 자랑거리의 이름 또한 '시'라는 걸 새삼 언급할 필요가 있을까. 그가 올라탄 차의 이름 또한 '시'였을 것이고, 그가 알고 있던 예쁜 여자의 이름도 역시 '시'였으리라. 기승전시(詩)! '잃어버리는 건 불가능'했던 그놈의 시! 도대체 시가 뭐길래!

지금 이 쓸데없는 사족을 읽고 있는 당신은 유재복의 첫 시집에 실린 시들을 다 읽고 난 뒤일 것이다. 아니라면 제발 여기서 다시 첫 페이지로 돌아가 시들을 다 읽고 난 다음에 이 글로 돌아와 주기를 간곡히 부탁한다. 자, 이제 당신도 열여덟 살 소년이 생애 처음 세상에 내보인 시가 예언이었다는 내 말에 동의하리라 믿는다. 당신의 팔에도 소름이 돋지 않았을까.

시에는 원래 해설이 필요 없다. 시보다 더 어려운 발문 또는 비평 같은 건 더더군다나 필요 없다. 필요 없는 정도가 아니라 사실은 백해무익이다. 학교 국어 수업 때문에, 그 장황한 비평 때문에 시를 집어던진 적이 있는 사람이라면 내 말에 동의할 것이다. 부처도 예수도 어렵게 얘기하지 않았다. 아니라면 그 많은 민초들이 그들을 따랐을 리가 없다. 부처와 예수의 가르침은 단순했을 것이다. 머리에 쏙쏙 들어오게 쉬웠을 것이다. 불경과 성서가 어려워진 건, 부처와 예수 탓이 아니다. 불경과 성서로 '먹고 살려는' 불순한 의도를 가졌던 자들 탓이다.

유재복이 쉰다섯의 나이에 세상에 내보내는 시들 또한 그렇게 쉽게 말한 예언으로서의 시다. 쉽게 말하되 생의 정수 또는 진짜배기 알맹이를 담은 예언. 누구나 자신의 이야기에 접목할 수 있고, 자신의 이야기로 해석할 수 있는 예언. 그리고 읽는 사람이 다시 스스로 말하게 만드는 예언….

당신도 이미 눈치 챘겠지만, 유재복의 시는 열여덟 살에 시작된 '여행'을 여전히 계속하고 있다. '내 칼은 아직도 / 나를 다듬지 못 한다'고 첫 시(「수족관」)에서부터 엄살을 피우고, '빛나는 생이었다고 말하긴 / 아직 이르다'고 마지막 시(「어느덧」)에서까지 겸손을 떨지만, 그의 시들은 다듬어질 만큼 다듬어졌고, 충분히 빛난다. 그의 시들이 머리로 쓰이지 않았기 때문이다. 그의 시들이 하얗고 긴 손가락이 아니라, 처자식 먹여 살리는 그 위대한 업보 덕에 못이 박인 손에서 나온 시이기 때문이다. 자신의 삶에서, 맨살로 만나는 피붙이 같은 사람들의 삶에서 건져낸 시이기 때문이다.

울부짖지 않으며, 잘난 척하지 않으며, 가르치려고 들지 않으며, 그의 시들은 조곤조곤 '생의 신비'를 우리에게 전한다. 시가 뭐 별 거냐고, 사는 게 다 시 아니냐고, 생의 마지막 날까지 그렇게 시처럼 살다 보면 마지막 고향 역에서 팔다리허리어깨 어디든 다 힘 빼고 편안히 내릴 수 있는 것 아니겠냐고.

자, 아우의 첫 시집에 잡설을 너무 길게 늘어놓았다. 천 명의 문학 소년 중에서 백 명의 문학 청년이 남고, 다시 거기서 열 명의 시인이 남는다던 옛날 우스갯소리가 기억난다. 등단한 시인 열 명 중에 생의 끝날까지 시를 내려놓지 않는 시인은 과연 몇 명이나 될까. 잘 해야 두어 명이고, 아니면 겨우 한 명이다. 생의 신비를 깨우친 게 아니라 시로 먹고 사는 재주만 통달한 '구라' 시인들을 빼고 말이다.

늙다리 형은 아우가 이렇게 다시 시를 써 준 것이 고맙다. 정말로 고맙다. 이렇게 오랜만에 다시 시집 한 권을 통째로 읽게 해 주고, 몇 번을 다시 읽고 밑줄 치는 괴로움을 겪게 해 줘서 고맙다. 이런 식으로 명색이 시인인 내게도 다시 시가 돌아오게 만들었으니 고마울 수밖에….

당신도 혹시 지금 슬금슬금, 당신의 손가락을 가렵게 만드는 이상한 낌새를 느끼고 있는가? 열여덟 살 시절, 당신의 영혼을 사각사각 긁어대던 어떤 소리를 기억하게 되었는가? 만약 그렇다면, 이번엔 당신의 차례다. 당신의 자랑거리를 만들 절호의 기회가 온 것일지도 모른다.

누구의 생인들 신비롭지 않을까. 어느 시인이 말했듯, 살아남은 것은 모두 기적이다. 기적을 이루었으니, 자랑스럽게 그 살아 온 이야기 몇 조각, 세상에 읊조려도 된다. 아니, 사실은 읊조려야 한다. 그 이야기를 들은 다음 사람이 또 기적처럼 살아남을 수 있을 것이기에. 또 자신이 이룬 기적을 이야기할 수도 있을 것이기에. 그렇게 시가 이 좁아터진 세상에서 계속 되찾아질 것이기에.

사족에 사족 하나 더!

재복아! 누가 그러더라. 나 만난 덕에 다시 시 쓰기 시작했다고. 정말이냐? 으하하하. 37년 만에 형 노릇 한번 제대로 했네! 큰딸 시집 보내더니 이제야 너도 시집을 내는구나. 아재 개그면 어떠냐. 딸아이들에게 큰 유산, '자랑거리' 물려주게 됐으니 좋은 일이지, 장한 일이지! 근데 이 글 쓴다고 너한테 물어 본 질문 중에서 매우 불성실하게 돌아온 답변이 하나 있더라. 그건 좀 걸고 넘어져야겠다.

—아내에게 바치는 시가 없는 이유는?

—몇 번 생각했는데 딱히 자랑질 말고는 쓸 게 없었다.

음. 지금 다시 읽어 보니 불성실한 게 아니라 고도의 염장질이라는 생각이 드네. 시집 전체가 아내에게 바치는 거라는 생각도 들고 말이야? 아, 됐고! 다시 한 번 축하해, 유재복 시인! 네 말처럼 우리 '시처럼 살자'! 열여덟에 우리 그랬던 것처럼, 여든여덟이 되도 시처럼 살자구!

〔『한밤의 진동』, 유재복 시집, 토담미디어, 2018〕

●

〔2020.12〕 나이 오십하고도 다섯 해를 넘긴 사내가 다시 시를 붙들었다. 어린 날, 젊은 날을 사로잡았던 그 시 귀신에 또 씌어서 밤을 불살랐고, 마침내 첫 시집을 냈다. 명색이 형인데 그냥 손 놓고 볼 수는 없었다. 팔자에 없던 편집자 행세를 하면서 이거 빼, 이거 좀 줄여, 칼자루 휘두르는 즐거움도 누렸다. 유재복의 시집에 혹시 무슨 티가 있다면 그건 철저히 어설픈 편집자인 나의 잘못이다.

아무래도 전생에 뭔가 큰 잘못을 저지른 게다. 그 정도면 대충 업보는 갚았다 싶었는데, 이번엔 시집 발문을 써 내란다. 시 다시 쓰라고 바람 불어 넣었으니 책임을 지라나 뭐라나. 흑. 내 죄를 내가 알아야지 어쩌겠는가. 그래서 또 팔자에 없는 평론가 노릇까지 떠맡게 되었다.

다르게 쓰고 싶었다. 시집 뒤쪽에 빼곡히 들어앉은 '에헴, 유세차 모년 모월 모일 시인 누구누구가~' 스타일의 발문 같은 건 쓰고 싶지 않았다. 그냥 내 쓰고 싶은 대로 썼다. 혹시라도 발문이 마음에 안 드면 어쩌나, 조마조마해 가며 원고를 미리 보냈다. 시인의 아내가 그걸 역시 문학도인 딸아이들에게 보냈단다. 글이란 이렇게 써야 하는 거란다, 사족을 붙였다나 뭐라나. 휴, 다행이다. 가슴을 쓸어내렸다. 그 정도 했으면 충분하다 싶었는데 이번엔 출판 기념회 사회를 보란다. 나 원 참.

아, 물론 발문 원고료는 쎄게 받았다. 앞으로 평생 동안 내 여행 신발을 책임지겠다는 약속을! 그래, 정실 비평이고 주례사 비평인 거 맞다. 그래서 어쩌라고? 어차피 대한민국의 시집에 실린 발문과 비평 중에 그렇지 않은 게 단 하나라도 있나? 어차피 알음알음 아는 사이에 도와 주는 발문이고 비평이라면 차라리 속 시원히 털어놓고 쓰는 편이 낫지 않은가.

내 첫 시집이 나왔을 때 편집자가 물었다. 발문이나 비평을 부탁할 시인 또는 평론가가 계시냐고. 뒷표지에 들어갈 짤막한 추천사라면 부탁할 시인이 있지만, 긴 발문을 부탁할 만큼 절친한 시인이나 비평가는 없다고 대답해야 했다. 솔직히 좀 허전하긴 했다. 명색이 등단한 시인인데 어쩌다 그리 되었을꼬. 한편으론 차라리 잘 된 일이란 생각도 했다. 평론가 또는 발문 작성자의 해석 없이 독자들이 순전히 자기 몫으로 읽어 자기 몸 안으로 받아들이는 것도 나쁘지 않겠다 싶었다. 내 딴에는 쉽게 썼다고 자부했는데도 여전히 내 시를 어렵다고 말하는 독자들도 있었다. 아직 멀었구나…. 갈 길이 멀다, 조병준.

●

Photo © JO Byoung Joon

산티아고의 길(El Camino de Santiago), 안개 낀 새벽길을 걷는 순례자들.

Photo © JO Byoung Joon

네팔 랑탕(Langtang) 히말라야의 계곡에서 만났던 명상하는 트레커.

〔C-11〕

인간은 정말로 매우 특별한 생물일까?
—사회 생물학에 대한 몇 가지 멍청한 생각—

왜 하필이면 나야?

호주에 가면 희한한 개미를 볼 수 있단다. 이름하여 '꿀단지 개미(Honeypot Ant)'다. "꿀단지 개미들은 꽃의 꿀을 모아 특수 신분의 일개미에게 배가 완두만큼 커져 뱃가죽이 늘어지고 투명해질 때까지 강제로 꿀을 먹인다. 그런 뒤 그들을 마치 살아 있는 저장용 단지처럼 앞다리로 매달려 있게 한다."(『생명의 신비(Life on Earth)』, 데이비드 애튼보로, 학원사, 1985) 가엾은 꿀단지 개미!

베르나르 베르베르〔Bernard Werber, 1961~〕의 소설 『개미』를 보면 개미에게도 고도의 지능이 있다. 뛰어난 상상력임에는 틀림없지만, 소설은 생물학이 아니다. 개미에게 인간 수준의 의식이 있다는 '과학적' 증거는 아직 없다. 그저 재미 삼아 꿀단지 개미에게 의식이 있을 경우를 상상해 보자. 꿀단지로 선택당한 개미가 자신의 운명에 대해 어떻게 생각할지를 한 번 상상해 보자.

"싫어! 안 돼! 나는 꿀단지가 되기 싫어!" 내가 만약 그 개미였다면 그렇게 외쳤을 것이다. 가엾은 꿀단지 개미! 다른 개미들이 나를 천장에 대롱대롱 매달아 놓고 다시 꿀을 모으러 '일터'로 나가면, 나는 다음과 같은 생각들로 지루한 하루를 보냈을 것이다. "왜 하필이면 나였을까? 저 수많은 일개미들 중에 다른 개미가 아니라 나였을까? 왜 내가 속한 개미 사회는 이런 식의 불평등한 '카스트' 제도를 갖는 식으로 진화되었을까? 그 가장 궁극적인 원인은 무엇일까?"

그러던 어느 날, 나는 갑자기 저 먼 하늘에서 풍겨 오는 페로몬 신호에 벼락을 맞은 듯 얼어붙고 만다. 그 페로몬 신호는 내게 이렇게 말한다. "불평하지 말아라, 꿀단지 개미야. 네가 꿀단지로 선택받은 것은 여왕개미의 페로몬에 의한 것인바, 누구의 잘못도 아니니라. 그것은 개미 세상의 정해진 섭리인바, 그 섭리의 이름은 '자연 선택에 의한 진화'라고 하느니라. 그리고 너의 희생으로 인하여 네 유전자의 3/4를 공유하는 자매 일개미들과 애벌레들이 건강을 누릴 수 있으니, 곧 너의 '이타적 행동'은 네가 속한 개미 나라의 '유전자'가 영원히 이어지는 데에 필수적인 것이니라."

낯선 페로몬 신호에 혼비백산해 있던 터에 그렇게 충격적인 이야기를 들은 나는 온몸을 부들부들 떨다가 겨우 정신을 수습해 묻는다. "당신은 누구십니까?" 페로몬 신호는 이렇게 답한다. "나는 개미를 연구하는 사회 생물학자이니라."

꿀단지 개미만 가엾을까?

꿀단지 개미만 가엾을까? 아니라고 본다! 조금만 눈을 크게 뜨고 둘러보라. 바로 당신 옆에 강제로 꿀을 먹고 배가 완두콩만 해진 꿀단지 개미가 있을지도 모른다. 아버지! 일생 충성을 다 바쳐 삼류 회사를 재벌 그룹으로 키워 놨더니 이제 '명태, 동태'〔명예 퇴직자〕가 되어야 한단다. 대학에 보내야 할 자식이 둘이나 있는데! 아버지, 평생을 꿀단지 개미처럼 살지 않았는가? 당신도 젊은 날이 있었고, 이루고 싶은 꿈이 있었는데, 마누라 밥 먹이고 새끼들 학교 보내느라 꿀단지 개미처럼 직장이라는 천장에 대롱대롱 매달린 채 살지 않았는가? 아버지의 꿀단지에서 꿀을 얻어먹은 것이 어디 가족뿐인가? 아버지가 야근과 공휴일 특근을 밥 먹듯 하며 열심히 노동한 덕분에 한국 사회는 아시아 최악의 후진국에서 OECD 회원국으로 '진화'한 것이 아닌가?

"다윈주의의 의미에서 볼 때 생물은 그 자신을 위해서 살고 있는 것은 아니다. 생물의 주요 기능은 결코 다른 생물을 재생산하는 것이 아니고 단지 유전자를 재생산하는 것이며, 따라서 생물은 유전자의 임시 운반자로서의 역할을 하고 있다."(『사회 생물학(Sociobiology)』 에드워드 윌슨, 민음사, 1992)

말을 바꿔 보자. '아버지는 결코 그 자신을 위해서 살고 있는 것이 아니다. 아버지의 주요 기능은 자식을 재생산하는 것이 아니라 단지 유전자를 재생산하는 것이며, 따라서 아버지는 유전자의 임시 운반자로서의 역할을 하고 있다.'!!! '명태' 신세가 되신 아버지가 오늘은 창업 투자 안내서를 뒤적이고 내일은 직업 소개소를 기웃거리는 것도 사실은 자식들을 위한 것이 아니라, 자식들에게 있는 자기의 유전자를 위한 것이다!!!!!

그것은 그저 비유일 뿐일까?

'머리카락 한 올도 다 부모에게 받은 것이니 절대 자르지 말아야 하느니라.' 단발령에 자결로 항거한 조선 말의 선비를 생각한다. 부모에게서 받은 것으로는 머리카락보다 생명이 훨씬 더 소중한 것일 텐데 하는 의문을 지울 수 없으나, 하여간 '신체발부수지부모'의 이데올로기 속에 혹시 생물학적 명령이 숨어 있었던 것은 아닐까 머리를 굴려 본다. '네 안에 있는 부모의 유전자에 손대지 말라!'

안중근 의사, 유관순 누나, 1980년 5월 광주의 시민들, 해방 이후 지금까지 최루탄 맞아 죽어 간 수많은 젊은 학생들을 생각한다. 그들이 다 꿀단지 개미였다고 말하면? 그들은 조선 또는 대한민국이라는 사회를 '정상 상태'로 유지하기 위해 희생을 선택 당한(선택한 것이 아니라) 꿀단지 개미들이었다고 말하면? 자신들의 유전자를 1,000분의 1, 또는 4천만 분의 1을 공유한 '한국인'을 위해, 곧 그만큼의 자기 유전자를 위한 '이타 행동'으로 자신들의 목숨을 버렸다고 말하면? 그들 역시 자신의 의지라기보다는 '유전자의 명령'에 복종했던 것일지도 모른다고 말하면?

알고 있다. 내게 보도 블록과 썩은 계란이 날아들리라는 것을. 조병준을 처단하라고 또 데모가 벌어지리라는 것과 극심한 사회 혼란을 미연에 방지하기 위해 또 최루탄이 남발되리라는 것을. 데모대의 선두에서 이런 외침들이 터져 나오리라는 것도 알고 있다.

"아무리 인간이 침팬지와 거의 99퍼센트의 유전자를 공유한다고 해도, 그래도 인간은 만물의 영장(靈長)이거늘! 영장이 무엇인지도 모르느냐? 영혼을 가진 최고의 존재라는 뜻 아니냐? 아무리 종교의 이름으로 셀 수도 없는 사람의 목숨을 파리 목숨보다 더 값어치 없게 날려보냈을망정, 엄연히 영혼을 지닌 인간이거늘! 아무리 인간이 생물종의 하나에 불과하다 할지라도, 그래도 자유 의지가 쌩쌩 살아 있고 문화가 펄펄 살아 있는 인간이거늘!"

보도 블럭에 맞아 죽을까 겁이 나서, 할 수 없이 꼬리를 사릴 수밖에 없다. 알았어요! 알았어! 누가 인간이 개미랑 똑같다고 그랬나요? 그냥 한 번 해 본 소리라구요! 그냥 한 번 재미나게 '비유'를 들어 보자고 했던 것뿐이라구요! 그만해요!

성난 데모대가 물러가고, 머리에서 흘러내리는 썩은 계란을 닦아 내며 집으로 돌아가는데, 또 내 두뇌 회로가 이상한 방향으로 움직인다. 가만 있자, 내가 바로 꿀단지 개미였나? 왜 4,700만 인구 중에 하필이면 내게 그런 생각이 떠올랐을까? 왜 나는 맞아 죽지 않으면 다행일 것을 알면서도 그런 헛소리를 지껄였을까? 도대체 누가 나에게 그런 짓을 하라고 시켰을까? 내 안에 혹시 그런 짓만 골라서 하게 하는 '유전자'가 있는 것일까? 정말 그것은 단지 비유일 뿐이었을까?

썩은 계란을 던졌어야 하는 것일까?

미국의 일부 주에서는 아직도 공립 학교에서 진화론을 가르치는 것을 금지시켜야 한다는 기독교 신자들의 주장 때문에 논란이 벌어지고 있다고 한다. 알다시피 미국이라는 나라는 대통령이 성경에 손을 얹고 취임 선서를 하는 나라다. 엄연한 '종교 국가'인 셈이다. 절대로 내 자식을 원숭이와 사촌으로 만들 수는 없다고 난리 치는 사람들이 아직도 많은 나라인 것이다. 그 나라에서 '해파리에서 인간까지' 사회성 생물들을 '한통속'으로 묶어 설명하려는 사회 생물학이 터져 나왔다.

다윈 이후 최대의 생물학적 '사건'이라고 이야기되는 사회 생물학의 창시자 에드워드 윌슨(Edward Wilson, 1929~)에게 퍼부어진 비난은 엄청났다. 그는 심지어 학술 대회장 연단에서 한 젊은 여자로부터 머리 위에 찬물을 뒤집어쓰는 봉변을 당하기도 했다. 데모대들이 외친 구호는 '윌슨, 당신은 글렀어!'라는 것이었다.(『자연주의자(Naturalist)』, 에드워드 윌슨, 민음사, 1996)

학술 회의장에서 윌슨에게 '당신은 글렀어'라고 외치며 '공격' 유전자를 마음껏 발휘한 사람들은 무식한 '광신자'들이 아니었다. 그들은 인종 차별과 성차별에 저항하는 '좌파 지식인'들이었다. 그들이 볼 때 사회 생물학은 모든 사회 문제를 유전자의 탓으로 돌려 사회 개혁의 가능성을 원천 봉쇄하는 천하에 몹쓸 이론이었다. 그들은 사회 생물학에서 나치즘의 망령을 보았던 것이다. (실제로 데모대는 나치 문장을 그린 플래카드를 동원하기도 했다.)

부부는 매일매일 싸우며 서로 닮아 간다고 했다. 어제의 민주 투사들은 오늘의 여당 날치기 부대가 된다. 광신적 창조론자들과 진보적 사회주의자들도 '두 적대 세력은 서로 닮아 간다'라는 일반적 경향에서 벗어나지 못했다. 양쪽 다 인간을 여타의 다른 생물들과 같은 선상에 올려놓는 이론을 참을 수 없었다. 양쪽 모두에게 인간은 무엇인가 '특별한' 존재여야만 했던 것이다. 자, 여기서 한 번 생각해 보자. 과연 그렇게 썩은 계란을 던졌어야 하는 것일까? 질문을 바꿔 보자. '과연 인간은 그렇게 특별한 존재일까?'

인간은 껌값일까? 아니면 천문학적 값어치를 지닐까?

인간을 특별한 존재로 내세울 때, 가장 확실한 증거는 바로 '문화'다. 인간의 행동은 유전에 의해서가 아니라 '환경'에 의해 결정된다고 주장할 때, 그 환경은 곧 문화와 동의어가 된다. 살인 강도를 만드는 유전자가 있는 것이 아니라, 살인 강도를 만드는 '문제 가정과 문제 사회의 문화'가 있다는 것이다. 이 두 가지 입장들의 승자는 아직 판가름나지 않았다. 동성애 유전자가 발견되었다는 소식도 있지만, 아직 많은 사람들은 프로이트의 오이디푸스 콤플렉스로 동성애를 설명하기를 더 좋아한다.

'문화 결정론자들' 때문에 홍역을 치른 윌슨은 '유전자와 문화의 공진화(coevolution)'이라는 개념을 도입해 '문화 유전자(culture-gene)'이라는 말을 만들어 내기도 했고, '이기적인 유전자'를 외쳤던 도킨스[Richard Dawkin, 1941~]는 유전자(gene)에 빗대어 '문화소(meme)'라는 말을 만들어 냈다.(『눈먼 시계공(The Blind Watchmaker)』, 리처드 도킨스, 민음사, 1994)

나는 사회학자도 아니고, 생물학자는 더더군다나 아니다. 게다가 이 짧은 글에서 사회 생물학의 중요한 개념들을 다 짚고 넘어갈 수도 없다. 이 글에서 내가 원하는 것은 한 가지뿐이다. 인간의 행동이 유전자의 명령을 따른다는 그 명제를 통해 우리가 얻을 수 있는 교훈이 무엇일까를 생각해 보는 것이다. 여기서 잠깐 내 어린 시절의 기억으로 돌아가는 것을 용서해 주기 바란다.

어린 시절, 아동 잡지에서 「사람의 값은 얼마일까?」라는 기사를 재미나게 읽은 기억이 난다. 사람 몸 안의 철분을 모두 합하면 쇠못 몇 개를 만들 수 있는데 그 쇠못의 값이 얼마, 칼슘으로 만들 수 있는 분필 값은 얼마 하는 식으로 계산을 해 보니, 세상에! 사람값이 그야말로 껌값에 불과했다! 어린 나이에도 그것은 참 기막히게 서글픈 일이었다. 사람값이 그렇게 싸구려 껌값이 아니라는 또 다른 계산법을 알게 된 것은 한참 세월이 지난 다음이었다. 사람 몸 안에 철분이 있는 것은 사실이지만, 그 철분들이 아무렇게나, 제멋대로 모여서 저절로 쇠못으로 만들어질 수 있는 것은 아니라는 얘기였다. 그 과정에 작용하는 온갖 물리적, 화학적 가공 작업들을 모두 임금으로 계산할 경우, 그렇게 만들어지는 쇠못 한 개의 값은 가히 '천문학적'이었던 것이다.

물질을 쪼개고 쪼개 원자를 찾아내고, 원자를 쪼개 소립자를 찾아내는 생각을 '환원주의'라고 부른다. 사람 몸을 쪼개고 쪼개 쇠못 몇 개 만들 철분을 찾아내는 것도 일종의 환원주의라 할 수 있다. 유전자의 발견 역시 그런 환원주의에서 비롯된 발견이다. 그 반대쪽에 '통합주의'가 있다. 개개의 철분이 모여 쇠못이 될 때, 거기에는 환원주의로는 설명할 수 없는 또 다른 원리가 있다는 얘기다. 전체는 부분의 합이지만, 그것은 단순히 '하나 더하기 하나는 둘'이라는 산수적 합이 아니라는 것이다. 인간의 값이 '껌값에서 천문학적 값어치'의 양극단을 오락가락하듯, 삼라만상을 설명하는 원리도 오락가락한다.

성급히 결론을 얘기하자면, 나는 인간이 껌값도 아니고 천문학적 값도 아니라고 생각한다. 동시에 인간은 껌값이기도 하며 천문학적 값이기도 하다고 생각한다. 환원주의와 통합주의, 어느 한쪽만으로는 인간을 설명할 수 없지만, 그래도 그 둘 다 인간을 설명하는 데 필요하다는 것이다. (너무나 흔하게, 귀에 못에 박히도록 들어 본 이야기일 것이다. 미안하지만, 할 수 없다. 세상은 음과 양, 곧 서로 완전히 다른 것들이 함께 만들어 간다!)

인간은 특별한 존재다. 그러나 그렇다고 해서 인간이 침팬지나 개미보다 더 특별한 존재일 수는 없다. 인간을 개미와 동일한 수준에 올려놓을 수는 없다는 주장이야말로 '나치주의자'의 논리다. 독일인과 유태인이 똑같이 특별한 존재이듯, 인간과 개미도 똑같이 특별하다. 사회 생물학이 우리에게 던져 준 가장 큰 교훈은 바로 그것이라고 나는 생각한다. 쇠못 한 개의 값으로 따지면 사람값이나 개미집 하나 속의 개미들을 다 합친 값이나 거의 다르지 않을 것이다. 그리고 세포 속의 철분을 모아 사람이나 개미를 만들기 위해 필요한 임금을 따져도 둘 사이에 별 차이는 없을 것이다. 결론은 분명하다. 모든 생명은 특별하다!

이타적인 유전자가 어때서?

에드워드 윌슨의 『사회 생물학』은 무척이나 골치 아픈 책이다. 두껍고 어렵다. 그래도 읽어 봐야 할 책이다. 두통약을 먹어야 할 정도로 골치가 아팠다면, 이번엔 그의 또 다른 책 『생명의 다양성(The Diversity of Life)』(까치, 1995)을 읽기 바란다, 아니 읽어야 한다. 인간을 개미의 수준으로 끌어내렸던 사회 생물학자 윌슨은 인간이 얼마나 못된 짐승(동물)인지를 샅샅이 밝혀 냈다. 생물 역사상 가장 끔찍한 대멸종 사태를 만들어 내고 있는 것이 바로 이 '특별한, 너무나 특별한' 인간이라는 종이다. 이 대멸종 사태가 '가장' 끔찍한 이유는, 그것이 혜성의 충돌이나 지각 변동 등의 불가항력적인 원인에 의해서가 아니라 '지금이라도 마음만 고쳐먹으면 막을 수 있는' 인간의 탐욕에 의해 진행되고 있기 때문이다. 생태학적으로 말하면, 인간은 개는커녕 개미만도 못한 짐승이다.

우리가 '이기적인 유전자'로 이루어져 있고, 그것이 전부라면 이 끔찍한 대멸종을 피할 길은 없다. 대멸종에는 물론 인간이라는 종의 멸종이 포함된다. 그러나 사회 생물학은 우리에게 희망을 남겨 준다. '이타적인 유전자'다! 타인을 위함으로써 나의 생존 가능성을 높이는 것이므로, 이타적인 유전자도 결국에는 이기적인 유전자다. 하지만 그 때의 이기적인 유전자는 오로지 저만 살겠다고 다른 유전자를 잡아먹기만 하는 나쁜 놈이 아니다. 이기적인 이유에서 출발하지만, 이타적인 유전자들은 멸종이 아니라 '공생'을 이끌어 낼 수가 있다.

공생, 곧 '더불어 함께 사는 것'이다. 그런 유전자가 우리 안에 있다. 아버지, 유관순 누나, 5월 광주의 시민들이 우리 안에 있다는 것이다! 기분 나빠해야 할 이유가 무엇일까? 나는 정말 그런 유전자가 우리 안에 있다면 대낮에 벌거벗고 춤추며 기뻐할 각오가 되어 있다. 박테리아로부터 고래에 이르기까지 모든 생물들, 그리고 산소 분자 하나에서 우주에 이르기까지 모든 무생물 또는 물질 역시 그렇게 '더불어 함께 사는' 유전자, 또는 정보를 지니고 있다.

인간은 쥐뿔만큼도 특별하지 않다. 하지만 또한 인간은 매우 매우 특별하다. '나'를 보면 알 수 있다. 생물들이 조화로운 생태계를 이룰 때 그들이 그것을 '의지에 의해, 또는 의식적으로' 하는 것은 아니다. 그런데 '나'는 그것을 의식하고 남들에게 떠들 수 있는 존재이다. 인간은 다른 인간을 위해, 다른 생명을 위해, 생물학적 강제에 의해서가 아니라, 자신의 '선택'에 의해 이타적인 유전자를 발동시킬 수 있는 생물이다. 이만하면 특별하지 않은가? 가만, 그것도 '자연 선택'의 일종일까?

〔『지성과 패기』, SK Group, 1997.02-03〕

〔2020.12〕 선경그룹의 사외보였던 『지성과 패기』는 내게 특별한 잡지다. 기업체 사외보였지만, 당대의 어느 잡지보다 다양하고 깊은 글들로 대상층인 대학생들은 물론이고, 일반인들에게도 큰 지지를 받았던 잡지였다. 그리고 어찌된 일인지 나는 그 잡지의 편집자 박상일로부터 분에 넘치는 총애를 받은 필자였다. 편집자가 던져 준 숙제들 덕에 공부를 해야 했고, 편집자를 실망시키지 않기 위해 죽어라 머리를 싸매고 글을 썼다. 그 덕에 글쟁이 조병준은 많이 컸다. 농담이 아니라 정말로 일취월장으로 성장할 수 있었다.

박상일이 얼마나 이상한 편집자인지 단적으로 알려 주는 예가 바로 이 글이다. 시인, 문화 평론가 타이틀을 건 자에게 사회 생물학과 관련된 글을 청탁한다? 그것도 박시룡, 최재천 등 당대의 석학들 틈바구니에 끼어드는 글을? 물론 평소에 교양 과학 책, 특히 생물학과 물리학 쪽 책을 즐겨 읽기는 했지만, 그 과제는 버거웠다. 글을 쓰면서 몇 번이나 포기할 생각을 했는지 모른다. 삼십 대 시절이 아니었다면 아마 포기했을 게다. 서른 살 시절은 무모한 도전도 어떻게든 끝장을 볼 수 있는 나이니까.

이 한 꼭지의 글을 쓰면서 자연 과학에 대한 흥미도 더 깊어졌고, 그렇게 자연 과학의 개념들을 빌려다 세상과 인간 이야기를 쓰고 싶다는 희망도 자리잡게 되었다. 열심히 교양 과학서를 읽으며 내 중고등학교 시절의 과학 교육이 얼마나 처참하게 한심했는지도 알게 되었다. 이렇게 재미있는 물리학, 화학, 생물학인데 그 선생들은 왜 그렇게 가르칠 수밖에 없었을까? 과학이라면 치를 떨게 만들어야 했을까? 그런데 같은 학교에서 같은 교육을 받은 친구들이 의사가 되고 이과 교수가 된 걸 보면, 뭐 결론은 또 내 탓이오다. 그래도 내가 읽은 교양 과학서들의 저자들처럼 친절한 선생들이 있었다면? 하는 질문마저 내 탓이오로 답해야 할까.

『지성과 패기』가 더 오래 이어졌더라면 이런 내용의 글을 더 많이 썼을까? 선경그룹이 SK그룹으로 바뀌면서 『지성과 패기』도 폐간되었다. 편집자 박상일에게도 내게 비슷한 글을 청탁할 지면이 자주 주어지지 않았다. 아쉬워라. 그래도 감사한다. 내 '지성과 패기'를 키우는 데 참 지대한 기여를 해 준 편집자, 박상일.

●

〔C-12〕

〔PG-0〕

조병준의 퍼스널 지오그래픽

|

연재를 시작하며 잠깐 짧게 한 마디

|

돈이 없어 새 책을 많이 사지는 못한다. 돈을 아끼느라 눈에 띄는 헌 책을 몽땅 사지도 않는다. 시간이 없어 사들인 책을 다 읽지도 못한다. 그래도 나는 『내셔널 지오그래픽(National Geographic)』의 그 노란 색 테두리 둘린 표지를 보면 가슴이 뛴다. 내가 언감생심 꿈도 꾸지 못하는 세상을 역시 언감생심 꿈도 꾸지 못하는 사진들과 함께 보여 주는 기사들을 읽고 보노라면 한숨이 푹푹 나온다. 다 아는 얘기겠지만, 『내셔널 지오그래픽』이 다루는 기사는 '세상의 모든 지리'다. 인체의 신비, 화석으로 남은 공룡의 역사, 수십억 광년 떨어진 우주의 한 구석에서 폭발한 초신성…. 인간의 두 발이 갈 수 있고, 인간의 생각이 갈 수 있는 우주의 모든 구석구석을 향한 한 걸음, 한 걸음.

물론 『내셔널 지오그래픽』의 '내셔널'은 미국인들의 오만을 보여 주는 단어라 가끔 기분이 나빠지는 것은 사실이다. 뭐 어쩌겠는가, 우리로 치면 외무부에서 주관하는 외교 업무도 미국에선 '국무성(State Department)' 장관이 담당하는 게 미국이라는 나라인 것을. 내 야무진 꿈 중의 하나는 언젠가 『내셔널 지오그래픽』에 내 사진과 글을 싣는 것이다. 사진도 안 될 것이고, 영어도 짧으니 이루어질 확률은 거의 제로에 가까운 꿈이지만, 뭐 꿈이라도 꿀 수 있는 것 아닌가. 그 꿈을 현실에서 조금이라도 이뤄 보려고 나는 「퍼스널 지오그래픽」을 시작한다. 내 발길이 닿을 수 있는 곳, 내 생각의 길이 뻗어 나갈 수 있는 곳, 내 독서와 경험의 지평선이 닿는 곳, 그리고 내 상상력의 무지

개를 넘어선 곳, 그 곳이 내 「퍼스널 지오그래픽」이 담고 싶은 내용이다. 글이야 한글로 쓰는 것이니 뭐 큰 문제 없지만, 사진은 아무래도 힘들 것이다. 읽는 분들이 그 자리를 상상력으로 메꿔 주기를 바랄 뿐이다.

자, 첫 번째 이야기는 책 속으로의 여행이다. 많고 많은 책 중에서 내가 무척 좋아하는 책들. 아직 많은 이들이 밟아 보지 못했을 미지의 세계에 속하는 책들. 내 상상력의 지평을 확 넓혀 준 책들. 그래서 '나의 우주'의 반경을 조금 넓혀 준 책들. 기대하시라! 개봉된다! (아 참! 내 「퍼스널 지오그래픽」의 테두리 색은 파란 색이다. 만약 디자이너가 파란 색을 칠해 주지 않았다면 독자들께서 그 파란 색을 상상해 주시면 된다. 이래도 디자이너가 안 칠해 준다면? 내 우주에서 아웃이지!) 〔2002.02〕

●

〔C-13〕

〔PG-1〕

여자, 남자, 인간
—몇 편의 페미니즘 SF를 읽으며 떠오른 짧은 생각—

|

SF 또는 상상과 진실

|

왜 우리 나라 사람들은 SF를 별로 좋아하지 않을까? 왜 여전히 SF는 '아이들'을 위한 장르로 천대받고 있는 것일까? 뭐, 이유는 뻔하다. 이 나라는 '아이들'을 존경하지 않기 때문이다. 어서 빨리 어른이 되라고 아이들을 닦달하고, 어른들만의 세상을 유지하기 위해 아이들을 쳐부수는 나라이기 때문이다. '빨간 마후라'를 찍었다고 온나라가 들고 일어나 아이들을 생매장해 버리는 나라, 심지어는 아이들을 불타는 술집과 불타는 '스파르타식' 입시 학원에 가두고 태워 죽이는 나라이기 때문이다. 이 나라가 아이들을 존경하지 않는 이유도 역시 뻔하다. 이 나라는 변화를 싫어하기 때문이다. 아이들에게만 가능한 상상력과 그 상상력이 일궈 내는 변화를 무서워하기 때문이다.

엄청나게 빨리 변하는 한국이지만, 사실 한국이라는 집단 생물의 정신은 하나도 변하지 않는다. 변하는 건 겉모습뿐이다. 아직도 전두환과 노태우가 사과 박스를 반납하지 않고 있음을 기억하면 된다. 아직도 세 명의 김씨가 나라를 장악하고 있음을 기억하면 된다. 노인들이 지배하는 나라. 할아버지의 수염을 뽑는 아이들을 가차없이 처단하는 나라. 그 나라에서 SF는 영원히 천대받는 장르일 수밖에 없다. 지금 있는 세상 말고 다른 세상을 꿈꾸라고 유혹하는 장르이기 때문에, SF는 이 나라에서 아주 불온한 장르다. 어쩌다 한국이라는 집단 생물이 이런 정신 상태—다른 말로 '문화'—를 갖게 되었는지는 나도 모른다. 알려면 또 많은 시간을 들여 머리를 싸매고 고민해야 할 것이다. 물론 고민해야 할 가치가 있고 필요도 있지만, 지금 이 자리는 그런 자리가 아니니 일단 넘어가자.

한국이 얼마나 변하지 않는 나라인지를 정확히 알려 주는 또 하나의 예가 있다. 여자들에 대한 생각. 또는 여자들 스스로 자신들을 바라보는 시선. 멀쩡히 일류 대학을 나오고 인물 좋고 집안 좋은 여자들이, 이제 겨우 스물 몇 살 꽃처럼 아름다운 여자들이 호텔 커피숍에 모여드는 것을 보면 된다. 값비싼 부틱(부티크)의 옷과 구두를 입고 신은 여자들이 맞선이라는 이름의 시장에 스스로를 급매물(急賣物)로 전시하는 모습을 보면 된다. '여자가 뭘' 같은 말이 한 마디라도 나올라치면 온몸을 부르르 떨던 여자들이 그렇게 호텔 커피숍에 나와 그들의 할머니, 증조할머니, 고조할머니들하고 똑같이 현모양처의 '여로(女路)'를 걷겠다고 다짐하는 것이다. 으으윽!

이 나라에서 SF 소설들이 팔리지 않는 이유와 마담뚜들이 수억 원을 벌 수 있는 이유는 똑같다. SF 소설에 중독된 '아이들'과 호텔 커피숍에는 죽어도 가지 않는 여자들이 물론 존재한다. 문제는 그들이 드러나지 않는다[목소리가 작다]는 것이다. 그들은 여전히 한국이라는 집단 생물의 피부에 돋아난 여드름 또는 종기에 불과하다. 그 여드름이 어느 날 외과 수술이 필요할 정도로 극심한 화농 상태로 진행될 수 있을까? 제발 그런 날이 와 주기를 바란다. 그래서 이 변하지 않는 나라에 변화의 바람이 불어 주기를 바란다.

상상은 진실을 드러내는 가장 강력한 힘이다. 상상하지 않는 정신은 현실의 껍데기만을 볼 수 있을 뿐이다. 지금 눈에 보이는 현실의 뒷면에 또 하나의 현실이 있다는 것을 볼 수 없다. 그 두 개의 현실이 합쳐져야 비로소 '진실'을 알 수 있다는 진리를 알지 못한다. 『모모』와 『끝없는 이야기』의 작가 미하엘 엔데[Michael Ende, 1929~1995]가 말했듯, 현실과 환상이 서로를 지탱해야 두 세계가 온전히 살아갈 수 있다는 것을 절대로 깨닫지 못한다. 상상하지 않는 정신, 상상하지 않는 사회는 곧 죽은 정신이고 죽은 사회다.

'아이들'이 소중한 것은, 그들이 상상할 수 있는 존재이기 때문이다. 눈에 보이는 현실에 구속되지 않고 상상의 힘으로 또 다른 현실을 꿈꿀 수 있는 존재이기 때문이다. 그래서 두 현실을 합해 진실을 알아낼 수 있는 존재이기 때문이다.

남자와 여자, 둘 또는 하나

어설라 르 귄(Ursula K. Le Guin)〔1929~2018〕〔출판사 표기는 '어슐러 르 귄'이다〕이라는 이름을 들어 보신 적이 있는지? 모르는 게 당연하니, 모른다고 주눅들 필요는 없다. 국내에는 그녀의 장편 『어둠의 왼손(The Left Hand of Darkness)』〔이 책은 2020년 기준, 우리 나라에서 4가지 판본으로 출판되었다. 『암흑의 왼손』(자유추리문고, 김수연 역, 1986년, 절판), 『어둠의 왼손』(시공사, 그리폰 구판, 서정록 역, 1995년, 절판), 『어둠의 왼손』(시공사, 신판, 서정록 역, 2002년 절판, 2009년 재간), 『어둠의 왼손』(시공사, 〈어슐러 K. 르 귄 걸작선 1〉, 최용준 역, 2014년).〕과 몇 편의 단편이 소개되어 있다. SF가 중요한 하위 장르로 인정되는 미국에서는 그녀를 노벨상 후보 작가로 꼽을 만큼 중요한 작가이지만, 그것도 역시 모른다고 창피해할 필요는 없다. 나도 그녀에 대해 잘 모르니까. 더군다나 나는 '남자'니까. 스스로 페미니스트라고 떠들었다가 여자들한테 박살난 경험도 있는 '남자'니까. 내가 그녀의 장편 『어둠의 왼손』을 빌려 읽었던 게 6년 전, 그러니까 1996년쯤의 일이었던가? 책이 우리 나라에서 찍힌 건 1995년의 일이다. 그리고 2002년 상반기 현재, 그 책은 여전히 초판 1쇄다. 그리고 그 책은 2쇄를 찍지 않아 절판 상태다. 안 팔린 책, 겨우 3천 부를 소화하고 더 이상 찍지 않는 책. 그러니 당신이 그 책과 저자를 모른다고 해서 전혀 부끄러운 일이 아니라는 얘기다.

제발, 그 책을 읽어 주기 바란다. 만약 당신이 이 지독한 성차별의 사회를 끝장내고 싶어 주먹을 불끈 쥔 사람이라면, 우선 주먹을 펴고 이 책을 집어들어야 한다. 특히나 당신이 '여자'라면, 남자와 여자가 서로 다르지만 같은 인간으로서의 권리를 가진 존재라고 믿는 '여자'라면, 더 말할 필요가 없다. 당장 이 글을 덮고 도서관으로 가든, 아니면 주변에 수소문을 하든, 그 책을 읽으라고 권유한다. 1969년에 나온 책. 30년이 지났다. 좀더 빨리 읽었다면 좋았겠지만, 어쩌겠는가. 책의 줄거리를 공짜로 얻어듣겠다는 그런 치사한 욕심은 부리지 않기를. 지금 내가 당신에게 들려 줄 수 있는 얘기는 아주 조금뿐이다. 잘 새겨듣기 바란다. 아주 조금뿐이니까. 나머지는 당신이 상상해야 하니까.

이 소설의 주인공은 한 남자와 한 여자가 아니다. 한 남자는 등장하지만, 그의 상대편은 남자도 아니고 여자도 아닌, 그러니까 우리 지구의 언어로는 표현할 수 없는, 그런 존재다. 암수동성? 양성구유? 남녀추니? 어지자지? 참 웃기는 단어들 아닌가. 남자와 여자라는 단순하고 아름다운 단어에 전혀 대응할 수 없는 황당한 단어다. 남자와 여자로 갈린 세상에서 살아야 하는 우리로서는 그렇게 남자와 여자로 갈리지 않는 존재를 표현할 수 있는 단어를 알지 못한다. 있다 해도 지독히 껄끄럽다.

주인공 남자는 지구에서 파견된 일종의 외교 사절이다. '겨울'이라는 이름을 가진 그 행성에서 주인공 남자를 괴롭히는 것은 행성의 추위와 함께 그 행성의 '성별 없음'이다. 남자는 남자답고 여자는 여자답다는 그 편리한 잣대가 없는 세계. 달의 주기에 따라 발정이 일어나고, 그 발정의 순간에야 남성과 여성이라는 성별의 구분이 일어나는, 그것도 상대가 선택하는 성의 반대편 성을 선택하는 사람들. 그리고 섹스를 위한 시기가 지나면 다시 남성과 여성이 한 몸에 존재하는 생을 살아가는 사람들. 태어나면서부터 남성과 여성이 갈려 키워지는 지구인이 그들을 이해할 수 없듯, 그들 또한 처음부터 끝까지 하나의 성으로 지내는 지구인을 이해하지 못한다. 언제나 섹스할 수 있는 준비가 갖춰진 지구인은 그들의 눈에 '성도착자'일 뿐이다.

자, 흥미진진하지 않은가? 그 지구인 남자가 어떻게 자신의 임무를 완수할지 궁금하지 않은가? 어서 가서 책을 사서 읽으시라. 모든 소설의 주인공이 그렇듯 우리의 주인공도 무진 고생을 거쳐서 결국 깨달음을 얻는다. 어떤 깨달음이냐고? 남성과 여성의 분리가 곧 지구인의 모든 행동과 생각과 세계관을 결정지었다는 깨달음이다. 우리 지구인이 모든 것을 이분법으로 나눠 사고하고, 거기에 맞춰 행동하는 것은 우리가 남자와 여자로 나뉘어 있기 때문이라는 깨달음이다. 소설의 마지막 부분에서 주인공 남자는 상대방에게 '태극'을 보여 준다. 지구인이 상상할 수 있었던 마지막 단계, 양과 음이 서로 구분되어 있지만 서로를 향해 움직임을 보여 주는 바로 그 상징이다.

빛과 어둠, 양과 음, 선과 악, 옳음과 그름, 정신과 육체…. 그 모든 이분법이 어쩌면 남자와 여자의 이분법에서 출발한 것인지도 모른다는 통찰력! 만약에 내가 남자이며 동시에 여자였다면, 내가 세상을 바라보는 방식은 지금 이대로였을까! 어설라 르 귄의 소설 제목을 다시 한 번 음미해 주기 바란다. 어둠의 왼손. 그 반대를 생각해 보기 바란다. 빛의 오른손. 행성 '겨울'에서는 어둠의 왼손과 빛의 오른손 사이에 차별이 존재하지 않는다. 한 인간 안에 여성과 남성이 공존하기 때문에….

차별 없는 세상을 위한, 차별 많은 세상에 대한 비명

어설라 르 귄의 『어둠의 왼손』은 행복한 소설이다. 주인공이 빛과 어둠, 오른손과 왼손의 통합을 깨닫는 지점에서 소설이 끝나기 때문이다. 행복한 세상을 만들어 내는 상상력. 그러나 모든 상상력이 그렇게 해피 엔드로 갈 수 있는 것도 아니고, 가야만 하는 것도 아니다. 해피 엔드는 상상력이 갈 수 있는 무수한 길 중의 하나일뿐이다. 어떤 상상력은 지독히 불행한 결말로 달려 간다. 어떤 작가들은 현실에서 지독한 불행만을 찾아내고, 그 불행을 더 끔찍한 불행으로 심화시키는 상상력을 발휘한다.

라쿠나 셸던(Raccoona Sheldon)〔1915~1987〕〔본명은 앨리스 브래들리 셸던(Alice Bradley Sheldon)이며, 제임스 팁트리 주니어(James Tiptree Jr.)라는 필명으로도 알려져 있다.〕의 상상은 소름이 끼치도록 무섭다. 그녀의 단편 「째째파리의 비법(The Screwfly Solution)」을 읽어 보라. 어느 날 남자들이 미치기 시작한다. 그들은 '신의 계시'에 따라 여자들을 살해한다. '남성이 여성이라는 자신들의 동물적인 부분을 제거해 버리면, 그것이야말로 하나님께서 기대하던 신호가 될 것'이며, '그 때가 되면 하나님께서는 종족을 번식시킬 수 있는 순결한 방식을 드러내 보여 주실 것'이라는 계시에 따라 전 지구적인 여자 사냥이 벌어진다. 끝까지 살아남은 여자가 마지막 순간에 진실을 알아낸다. 남자들을 미치게 만든 '천사'가 누구였는지를. 소설 속의 여주인공은 그것을 '부동산 중개업자'라고 표현한다. 지구를 송두리채 집어먹기 위해 남자들에게 '남자들만의 순결한 세상'이라는 망상을 불어넣은 외계인이다.

이 짧은 단편을 통해 라쿠나 셸던은 지구의 여자들이 당하는 차별과 폭력을 극단적인 상상력으로 드러낸다. 지나치게 극단적인 것 아니냐고? 오! 아직도 당신은 멀었다. 남자들이 얼마나 여자를 '더러워하는지'를 아직도 모르고 있는가! 저 해방된 서구에도 얼마나 많은 '남성 전용 클럽'들이 있는지, 여자이기 때문에 갈 수 없고 낄 수 없는 영역이 얼마나 많은지, 아직 모르고 있다는 말인가! 제도권 종교 치고 여성에게 남성과 동등한 사제(司祭)의 권리를 허용하는 종교가 단 하나라도 있는가? 쯧쯧. 미안하지만 라쿠나 셸던의 상상은 조금도 틀리지 않았다.

코니 윌리스(Connie Willis)〔1945~〕의 상상은 참혹하다. 「사랑하는 내 딸들이여(All My Darling Daughters)」는 지구의 섹스에 대한 참혹한 상상력이다. 아버지가 딸들을 강간하는 세상에 대한 상상력! 물론 거기서 아버지는 남성의 상징이다. 어리고 약한 여성들을 폭력으로 지배하는 남성의 상징. 심지어 남성들은 여성 성기를 닮은 작은 생물 '타쓸'을 만들어 내기까지 한다. '발톱도 없어 스스로를 보호할 수 없는' 작은 생물을 마음 놓고 유린하기 위해서. 등장 인물 중 한 여자는 아버지로부터 어린 여동생을 보호하기 위해 타쓸을 아버지에게 보낸다. 여성을 보호하기 위해 또 다른 여성을 남성에게 바쳐야 하는 여성! 자, 이만하면 충분히 참혹한 상상이 아닌가! 여기서 작가의 상상력은 일방적인 가해자/피해자라는 남녀 관계를 뒤집는다. 연대의 힘으로 남성의 폭력을 끝장내지 못하고 남성의 조력자가 되어 폭력에 가담하는 여성이 가차없이 폭로되는 것이다.

팻 머피(Pat Murphy)〔1955~〕의 상상 또한 암울하기로는 앞의 두 작품에 뒤지지 않는다. 「채소 마누라(His Vegetable Wife)」라는 단편은, 야채를 심듯 여자를 화분에 심어 섹스의 대상으로 삼는 어느 무지렁이 외계 개척자 남성의 이야기다. 씨앗을 심고 물을 주고 밧줄로 묶어 키운 채소 마누라. 남자는 그녀를 강간하고 매질하고 목을 조른다. 그러나 팻 머피의 상상력은 거기서 머물지 않는다. 그녀의 주인공, 채소 마누라는 남편이 그녀의 목을 조를 때 함께 남편의 목을 조른다. 그리고 남편이 묶어 놓은 밧줄을 끊고 남편을 땅에 심을 순간을 기다린다. 폭력을 폭력으로 끝내야 하는 우울한 세상에 대한 상상이다.

자, 지금까지 여자를 차별하는 세상에 대해 비명을 지르는 세 편의 단편 SF를 슬쩍 훑어보았다. 여기서 좋은 소식을 하나 전해 준다. 단 한 권의 책만 사면 그 세 편의 탁월한 상상력을 확인할 수 있다! 『세계 휴먼 SF 걸작선』(도솔. 1994). 탁월한 선별안은 아마 탁월한 상상력의 결과일 터, 편역자와 출판사에 찬사를 보낼 일이다.

여자, 남자, 인간

미안하다. 이 주제는 너무 큰 주제다. 여자와 남자라니! 세상의 전부 아닌가 말이다. 앞에 소개한 작품들 말고도 '페미니즘'이라는 단어로 묶을 수 있는 SF 작품들은 많지만, 이 짧은 지면에 그것들을 다 소개할 수는 없다. 여러분이 알아서(여기엔 '고생해서'라는 의미가 포함된다) 찾아 읽어 주기를 바란다.

행복한 상상력이었건 불행한 상상력이었건, SF 작가들의 상상력은 현실을 어느 리얼리즘 계열의 소설보다 더 정확한 모습으로 보여 준다. 존재하지 않는 세계를 통해 존재하는 세계의 문제를 보여 주는 것이다. 정말 헤아리기도 불가능할 만큼 많은 문제들이 널려 있는 세계가 우리의 지구임을 새삼 강조할 필요는 없겠지. 남자와 여자들의 갈등이 그 문제들 중에서 또 매우 큰 문제임을 모르는 사람은 없겠지(아니, 아직 무지하게 많은가?). 그리고 그 지구에서도 한국이라는 요상한 나라는 정말 요지경 세상임을 구태여 들먹일 필요는 더더욱 없겠지.

'남자'로 태어났고, '남자'로 교육받았기 때문에 나는 페미니즘에 대해 별로 아는 것이 없다. '남자'의 특권을 고스란히 누리며 살아 왔기 때문에 나는 '여자'들이 당하는 차별과 고통에 대해서도 별로 아는 것이 없다. 그러나 내가 확실히 아는 것이 하나 있다. 남자든 여자든 인간이라는 것, 그리고 인간은 세상의 그 무엇보다 소중하다는 것. 그게 내가 아는 것이다.

르 귄의 『어둠의 왼손』을 읽기 전에 나는 몰랐다. 남자와 여자로 세상 만물을 구분하지 않아도 되는 세상이 존재할 수 있다는 것을 몰랐다. 설령 그것이 상상이라는 이름의 우주에서의 일이라고는 해도, 어쨌든 그런 세상이 존재할 수 있다는 것을 몰랐다. 라쿠나 셸던과 코니 윌리스와 팻 머피의 단편들을 읽기 전에 나는 몰랐다. 세상의 여자들이 당하는 차별과 폭력이 얼마나 참혹한 것인지를 몰랐고, 그것이 그런 식으로 표현될 수 있다는 것을 몰랐다. 그 여자들(내가 지금까지 얘기한 작가들은 모두 '여자'들이다)의 상상력은 '남자'인 나로 하여금 세상의 '진실'을 한 귀퉁이나마 엿볼 수 있게 해 주었다. 대단한 '인간'[*주 : 원문에선 '여자'로 썼었다. 20년 후에 그걸 인간으로 바꾼다. 언어는 얼마나 지독한 수구 세력인가!]들!

내가 어릴 때 '꿈' 같았던 미래, 21세기가 이미 와 버렸다. SF 작가들의 상상이 현실에서 실현된 예가 부지기수라는 등의 하나마나 한 얘기는 하지 말자. 내가 얘기하고 싶은 건, 제발 이 사회에서도 SF가 존중받는 분위기를 만들자는 얘기다. 다시 내가 서두에서 떠들었던 얘기를 기억해 주기 바란다. SF 소설들이 초판도 팔리지 않는 것과 마담뚜들이 수억 원을 벌 수 있는 것은 똑같은 이유에서라고 했다. 상상력을 천시하고 변화를 두려워하기 때문이라고.

SF의 황당한(?!) 상상력을 천대하는 사회는 '좋은 남자'에게 시집가려는 여자들로 호텔 커피숍이 미어터지게 만든다. 여자들에게 그 이외의 수많은 미래가 열려 있다는 것을 알려 주지 못하기 때문이다. 다시 르 귄의 『어둠의 왼손』을 읽어 주기 바란다. 그 소설에 아주 중요한 열쇠가 하나 숨어 있다. 여자이면서 동시에 남자인 사람들의 이야기. 나는 행성 '겨울'의 인간들이 혹시 사춘기 이전의 '아이들'에 대한 은유가 아닐까 생각한다. 남자와 여자로 갈리지 않는 아이들 말이다. 물론 현실 지구의 진화는 어머니의 태중에서부터 호르몬으로 남녀를 갈라놓지만, 그래도 아직 섹스를 몰라 그런대로 남녀 모두를 조금이나마 한몸에 갖추고 있는 아이들.

'황당한' 상상을 펼칠 수 있는 사람은 '아이들'이나 자기 안에 '아이'를 남겨 놓고 있는 어른들뿐이다. 그 아이들 또는 '아이-어른들'만이 상상을 통해 또 다른 현실을 만들어 낼 능력을 갖고 있다. 이분법으로 단절되지 않는 통합의 세계가 그 또 다른 현실의 이름이다. 가만히 생각해 본다. 이 나라에서 SF가 인기 없고, 페미니즘이 인기 없는 이유는 혹시 나라 자체가 이분법으로 '단절'되어 있기 때문인 건 아닐까? 현재의 질서를 유지하려는 발악이 상상력을 억압하고 또 다른 세상을 꿈꾸지 못하게 차단하기 때문인 건 아닐까? 남자와 여자가 인간으로 통합되고, 정신과 육체가 통합되고, 인간과 자연이 하나의 우주로 통합되는, 그런 통합의 세계가 두렵기 때문에 악착같이 '아이들'을 대입 수능 고사의 노예로 몰아가는 것은 아닐까? 아이고, 아무래도 내 상상이 갈 데까지 갔거나, 아니면 아예 길을 잘못 든 건지도 모르겠다.

정말 엉뚱한 상상인가? SF 소설이 읽히는 나라가 되어야 여자들이 사람 대접을 받는 나라가 될 수 있다는 상상은, 정말 황당한 상상일까? 당신이 대답해 주기 바란다. 물론 내게 대답을 주기 위해서 당신은 그 SF 소설들을 읽어야 한다.

〔『Paper』, 2002.02〕

〔2020.12〕2002년, 새천년의 흥분이 아직 가라앉지 않았던 시간이었다. 사십 대에 갓 접어든 나도 아직 야망에 차 있었다. 몇 권의 책이 그런 대로 세상에 알려져 여기저기 잡지의 청탁도 많이 받다 보니 슬슬 욕심이 시작되었다. 나도 한번 큰 계획을 세워 보자! 『내셔널 지오그래픽』에 맞장뜨는 '퍼스널 지오그래픽'이라니! 하하하. 네 시작은 거창하였으나 네 끝은 미약하리니….

원래의 구상은, 요즘 말로 하면 인문학과 자연 과학을 뒤섞은 글을 써 보자는 것이었다. 『지성과 패기』에 사회 생물학과 연결된 이야기를 쓰면서 자라난 야망을 『페이퍼』 측에 제안했더니 오케이 사인이 떨어졌다. 에드워드 윌슨의 『통섭』이 2005년에 나왔다. 통섭이니 융합이니 지금은 거의 일상어가 되다시피 한 단어들이 나오기 전에 그런 야심찬 계획을 세웠다니 조병준, 기특하기도 해라. 흐흐흐. 원래의 계획은 최소한 2년 정도의 연재를 하고, 더 원고를 채워 그 주제의 책을 펴내는 것이었다. 시인이 자연 과학의 개념들을 끌어다 세상 이야기를 한다, 이거 좀 먹히지 않겠냐? 그런 야심이었다.

한 꼭지를 쓰다 보니 거기 쏟아부어야 하는 노동과 시간이 장난이 아니더라. 새 책 읽어야지, 읽었던 책 다시 훑어 봐야지, 원고지 40매에 어마어마한 이야기를 구겨 넣어야지, 한 달을 한 꼭지 쓰는 데 털어 놓아도 모자랄 판이었다. 그렇게 받는 원고료 40만 원으로 생활이 되나? 물론 불가능이었다. 그래서 격월로 연재를 바꾸기로 했다. 천천히 필생의 역작을 만들어 내리라. '말랑말랑한 에세이만 쓰는 시인'으로 굳어지는 '세상이 보는 내'가 싫었다. 나 이래 봬도 자연 과학 책도 열심히 읽는다고! 기껏해야 교양 과학 수준을 넘지 못하지만, 그래도 우주가 어떻게 굴러가는지, 지구의 생물들은 어떻게 왜 이 모양으로 살아가고 있는지, 알고 싶은 것도 많은 사람이라고!

첫 원고를 SF로 잡은 건 SF가 과학과 문학의 통합을 시도한 장르라고 믿었기 때문이다. 수많은 SF 중에서도 페미니즘을 선택한 건, 남성과 여성의 화합이 과학과 인문학의 통합에 어울리는 주제라고 생각했기 때문이었다. 전문화라는 이름 아래 갈기갈기 파편화된 학문이 빚어낸 나쁜 결과들과, 남성과 여성의 성역할이 구분되면서 빚어낸 수많은 폐해들은 서로 닮았다는 생각이었다.

20여 년 세월은 많은 것을 바꿔 놓았다. 나름대로는 양성 평등을 지향하는 '깨인 아저씨'를 자처하며 썼지만, 지금의 기준으로 보니 영락없는 '개저씨'의 표현으로 읽힐 위험이 적지 않은 부분도 있다. 가령 호텔 커피숍에서 벌어지는 중매 현장에 나가는 여성들에 대한 묘사는 비아냥처럼 보일 수 있다. 여전히 구시대의 풍습이 남아 있기는 하겠지만, 더 이상 그런 태도가 주류인 세상은 끝났다고 믿는다. '남자'로 태어났다는 이유로 내가 누린 특권을 특권이라 생각해 본 적이 별로 없던 세대, 그 '시대의 한계'에서 나 역시 자유롭지 않았음을 반성한다. 남자와 여자는 서로 다른 존재다. 그 다름이 차별의 근거가 되고 혐오의 이유가 되는 세상이 빨리 끝장 나기를 바란다.

첫 원고가 잡지에 실린 뒤 편집실을 찾아 독자 엽서(! 얼마나 고풍스러운 단어인가! 독자들이 엽서로 피드백을 보내 주던 시절이라니! 아, 옛날이여!)들을 들춰 봤다. 젊은 독자들의 반응은 뜨거웠다. 힘이 팍팍 솟았다. 그래, 갈 데까지 가 보자! 그래서 또 날밤을 새우다시피 열심히 다음 원고를 썼다.

●

〔C-14〕

〔PG-2〕

사촌들을 위하여

|

유인원의 행성

|

찰턴 헤스턴〔Charlton Heston, 1923~2008〕 주연의 〈혹성 탈출〉을 본 건 초등학생 시절이었다. 인간이 퇴화하고 원숭이(정확하게는 유인원)가 지배하는 미래의 지구는 어린 나이에도 엄청난 충격이었다. 30년이 지난 지금도 몇몇 장면들이 생생하게 기억날 정도니, 그 충격의 강도를 짐작할 수 있으리라. 팀 버튼〔Tim Burton, 1958~〕 감독의 리메이크 판 〈혹성 탈출〉은 별로 재미 없었다. 믿었던 팀 버튼에 발등 찍히다!

팀 버튼이 원작과 다르게 만들어야 한다는 강박증에 빠져 있었으리라는 건 얼마든지 이해할 수 있다. 하지만 강박증의 결과는 엉뚱했다. 유인원의 행성(Planet of the Apes, 영화의 원래 제목이다)은 사라지고, 호모 사피엔스의 할리우드만 남았다고나 할까. 원작의 장쾌한 상상력은 사라져 버리고 편협하고 옹졸한 할리우드식 상업 전략만 남아 있었던 것이다. 자, 이 자리는 영화를 얘기하는 자리는 아니다. 영화 얘기로 시작한 건, 그 제목 때문일 뿐이다. 일본식 단어(혹성의 우리말은 '행성'이다)가 뒤섞인 엉터리 우리말 제목은 잊어 버리고 원제를 생각해 보자. 유인원의 행성.

원작자의 의도는 어땠는지 모르겠지만, 아무튼 정말 정곡을 찌르는 제목이었다. 시건방진 얘기긴 하지만, 지구라는 행성의 현재 지배자는 어쩔 수 없이 인간이다. 인간은 버튼 하나만 누르면 이 행성 자체를 날려 버릴 수 있는 무시무시한 능력을 지니고 있으니, 지배자 치곤 참으로 더러운 지배자다. 그렇다면 차라리 인간의 행성이라고 하지, 왜 유인원의 행성이냐고? 인간이 유인원이니까. 이미 상식이 되어 버린 얘기지만, 인간과 침팬지의 유전자는 98.4%가 똑같다. 그래서 재러드 다이아몬드〔Jared Mason Diamond, 1937~〕라는 미국 학자는 인간을 '제3의 침팬지'라고 부르면서 아예 『제3의 침팬지(The Third Chimpanzee)』(문학사상사)라는 책을 쓰기도 했다. 우선 다들 잘 알고 있는 침팬지가 있고, 침팬지와 0.7%의 유전자 차이가 있는 피그미 침팬지(Pygmy Chimpanzee) 또는 보노보(Bonobo)가 있다. 그 다음 세 번째 침팬지가 바로 인간이라는 얘기다. 자존심이 상하는가? 자존심 아니라 그 무엇이 상한다 해도 어쩔 수 없다. 사실은 사실이니까. (나더러 실험실에서 98.4%라는 수치를 직접 확인해 봤냐고 묻는 치사한 짓은 하지 말기 바란다.)

인간이 신에 의해 창조되었다고 믿는 어떤 종교의 신자들에겐 매우 가슴아픈 얘기겠지만, 인간은 침팬지의 사촌이다. 지구 45억 년의 역사에서 정말 눈꼽만한 시간인 겨우 5백만 년 전에 딴살림을 차리기 시작한 사촌이다. 고릴라는 침팬지와 2.3%의 유전자가 다르고, 오랑우탄은 침팬지와 3.6%가 다르다. 1.6과 2.3과 3.6퍼센트의 차이. 뭐 정확히 하자면 침팬지는 사촌이고, 고릴라는 오촌이고, 오랑우탄은 육촌이라고 해야 어울릴 것이다. 하지만 우리 집안에선 오촌 당숙을 부를 때나 육촌 형제를 부를 때나 다 삼촌, 사촌이라고 부른다. 손이 귀한 집안인 탓에 친척들끼리 워낙 가깝게 지내다 보니 오촌, 육촌 따위의 호칭을 다 생략했다는 것이 아버지의 설명이다. 손이 귀하기로는 유인원 집안도 별다르지 않다. 지구상에 존재하는 수백만, 수천만(아직 아무도 정확히 그 숫자를 모른다)의 생물종 중에 유인원에 속하는 동물은 단 다섯 종뿐이다. 오랑우탄, 고릴라, 침팬지, 보노보, 인간. 그러니 이들을 그냥 사촌이라고 부르기로 하자.

우리는 누구인가

세상에는 두 가지의 사람들이 있다. '다름'에 집착하는 사람들이 있고, '같음'에 주목하는 사람들이 있다. 물론 크게 뭉뚱그려서 그렇다는 얘기다. 다름에 집착하는 사람들은 침팬지와 인간의 다름에 그치지 않고 백인과 흑인, 황색인과 갈색인의 다름에도 집착한다. 오로지 백인들만이 신의 형상을 띠고 창조되었다는 지독한 다름 집착증에 걸린 정신 병자 백인들은 지금도 지구 곳곳에서 인종 차별의 폭력을 휘두르곤 한다. 한국에서도 일부 멍청한 인간들은 동남아에서 온 피부색이 약간 짙은 이주 노동자들을 노예처럼 부리고 있다. 히틀러는 같은 백인에도 우월한 아리안과 열등한 유태인, 폴란드인, 집시가 있다고 극에 달한 정신 질환을 보여 주기도 했다. 그 반대편에 같음에 주목하는 사람들이 있다.

같음에 주목하는 이들은 영국인과 호주 태즈메이니아 원주민이 서로 다르지 않다고, 따라서 영국 이민들이 저지른 태즈메이니아 원주민 멸종은 끔찍한 죄악이었다고 주장한다. 인종 사이의 같음에서 더 나아가 어떤 이들은 오랑우탄, 고릴라, 침팬지, 보노보와 인간이 거의 같다고, 따라서 의학 연구를 위한 동물 실험은 당장 근절되어야 한다고 주장한다. 더 멀리 나간 같음주의자들은 아예 지구상의 모든 생물과 인간이 다 친척이라고 말한다. 그들에겐 연못물 속의 짚신벌레와 인간도 다 한식구다.

다름과 같음. 똑같은 침팬지 한 마리를 보면서 어떤 사람은 침팬지와 인간이 얼마나 다른지만 확인하는 반면, 어떤 사람은 침팬지와 인간이 얼마나 닮았는지를 확인한다. 자, 결론부터 얘기하자. 현명한 자세는 다름과 같음을 둘 다 보는 것이다. 세상에 똑같은 것은 하나도 없다. 일란성 쌍둥이조차 지문이 다르지 않은가. 인간과 침팬지는 다르다. 하지만 동시에 세상에 완벽히 다른 것도 하나도 없다. 짚신벌레도 세포 속에 미토콘드리아를 가지고 있고 인간도 그렇다. 바이러스조차 인간처럼 단백질이 있어야 생존을 유지한다. 진정으로 현명한 자세는 다름과 같음을 저울에 올려놓고 양쪽의 무게 균형을 정확히 잡는 것이다. 하지만, 또한 진정한 현명함은 언제나 현재 상황을 먼저 고려하는 것이다.

인간은 지금까지 너무나 지나치게 다름에 집착하며 살아 왔다. 지구를 수천 번 초토화시킬 수 있는 핵폭탄이 그 증거다. 21세기가 된 지금도 미국의 무서운 텍사스 카우보이 대통령은 '미국과 다른' 이란, 이라크, 북한 등 일곱 개 나라에 대항하고자 여전히 핵폭탄을 더 개발하겠다고 악악대고 있다. 한쪽 저울이 너무 아래로 처져 있을 때, 균형을 맞추려면 가벼운 쪽에 자꾸 무엇인가를 얹어 주어야 한다. 균형을 맞추기 위해 우리는 좀 더 같음에 주목할 필요가 있다. 당분간은 계속 그래야 할 것이다. 다름에 집착하느라 저지른 그 수많은 참혹한 범죄 행위, 곧 인종 학살과 생물 멸종을 반성하기 위해서라도 그래야 한다.

인간들은 인간만의 고유한 특성으로 언어를 들기도 했고, 도구의 사용을 들기도 했다. 돌고래들이 나름의 소리 신호(이것을 언어라고 하지 않는다면 무엇을 언어라고 불러야 할까)를 사용하는 것을 비롯해 생물들이 모두 고유한 방식의 커뮤니케이션 수단을 갖고 있다는 사실을 확인하면서 언어는 인간만의 고유한 특성에서 제외되었다. 해달이 조개를 까먹기 위해 돌맹이를 사용하거나 침팬지가 흰개미를 낚으려고 풀줄기를 사용하는 것을 보고, 도구의 사용 또한 목록에서 지워졌다. 아직까지 인간만의 고유한 특성 목록에서 사라지지 않은 것이 하나 있다. 자의식. 내가 누구인가를 묻는 유일한 생물이 인간이라는 것이다.

과연 그럴까? 인간은 다른 종의 생물은 그만두고 같은 인간의 의식을 제대로 들여다보는 방법도 아직 갖지 못하고 있는데? 침팬지가, 치와와 강아지가 자의식을 갖고 있는지 아닌지를 어떻게 증명할 수 있을까? 어쩌면 언젠가는 과학의 힘으로 모든 생물이 자의식을 갖고 있음을 밝히게 될지도 모른다. 아무튼, 인간이 '나는 누구인가'라는 질문을 몹시 자주 던지는 생물이라는 사실만큼은 맞다. 궁극적으로 그 질문은 자신의 생존 기회를 높이려는 의도에서 비롯된 질문이다. 현명한 사람들은 '나는 누구인가'라는 질문에서 머물지 않았다. '우리는 누구인가'라는 질문으로 넘어갔다. 그 현명한 사람들 중에 일부는 인간을 넘어서 사촌 유인원들로 접근했다. 인간의 행동을 설명하기 위해서 유인원들의 행동을 관찰한 것이다.

과거를 알려면 현재를 보라

오스트랄로피테쿠스, 라마피테쿠스, 드리오피테쿠스, 읽기도 힘든 이 이름들의 주인은 우리의 조상님들이다. 아프리카 동부 올두바이 계곡이라는 곳에 화석으로 남겨진 조상님들. 루이스 리키〔Louis Leakey, 1903~1972〕라는 이름의 후손은 평생을 걸고 땅 속에 묻힌 조상님들의 뼈를 캐냈다. 무지무지하게 자의식이 강한 사람이었다. 결국 '나는 누구인가'를 알아내기 위해 평생을 땅만 파면서 살았던 것이다. 그는 인간의 현재를 알기 위해서 과거를 파헤친 사람이었다. 그에게 아프리카 올두바이 계곡(Olduvai Gorge)은 지구가 기록한 역사책이었다. 그의 아들 리처드 리키〔Richard Leakey, 1944~〕는 아버지가 파헤친 인간의 역사를 『오리진』(학원사, 1995)이라는 책으로 요약해 놓았다. 세상 만물은 태극의 원리에 의해 돌아간다는 동양 철학은 아무래도 진리인 모양이다. 인간의 현재를 알기 위해 과거를 파헤치던 루이스 리키는 어느 순간, 과거를 알기 위해 현재를 들여다보기로 했다. 현존하는 인간의 사촌, 침팬지 사회에 인간을 들여보내기로 한 것이다.

1960년의 일이었다. 내가 태어났던 해. 아무리 생각해도 1960년대는 인류 문명의 황금기였음이 분명하다. 지독한 냉전의 시대였지만 어쨌든 평화를 부르짖는 히피들이 탄생했고, 인간을 좀 더 제대로 알기 위해 한 젊은 여인이 탄자니아[Tanzania]의 곰베(Gombe) 지역으로 들어갔던 것이다. 여러 권의 책이 국내에서 번역되었고 한국을 방문한 적도 있는 제인 구달[Dame Jane Morris Goodall, 1934~]이 그 여인이었다. (어떤 책에는 제인 굿올이고 어떤 책에는 제인 구달이다. 이토록 유명한 인물의 이름 하나도 통일시키지 못하는 한국 출판의 후진성! 요즘은 점차 구달로 굳어지는 모양이다.) '비서' 출신이었던 그녀는 교수들의 꼬붕 노릇에 길든 대학원생들이라면 꿈도 꾸지 못했을 방법으로 침팬지들을 관찰했다. 학자들이 침팬지들을 번호로 부를 때, 그녀는 용감하게 한 마리 한 마리의 침팬지들에게 이름을 붙여 주었던 것이다.

제인 구달의 침팬지 연구는 엄청난 반향을 불러일으켰다. 분가한 지 5백만 년만에 처음으로 사촌들의 삶을 들여다보게 되었으니 흥분은 당연한 일이었다. 루이스 리키는 제인 구달의 성공에 만족하지 않았다. 내친 김에 다른 사촌들까지 더 연구하기로 한 것이다. 다이앤 포시[Dian Fossey, 1932~1985]라는 여인이 마운틴 고릴라를 연구하기 위해 르완다[Rwanda]로 파견되었다. 어디 고릴라만 우리의 사촌이던가. 까마득히 멀리 떨어져 있기는 하지만 동남아시아의 밀림에는 아예 '숲 속의 인간'이라는 뜻의 이름을 가진 조금 더 먼 사촌 오랑우탄이 있지 않던가. 또 한 명의 여인이 보르네오[Borneo] 숲으로 들어갔다. 비루테 갈디카스[Birute Galdikas, 1946~]였다.

제인 구달, 다이앤 포시, 비루테 갈디카스. 뭔가 이상하지 않은가? 딩동댕! 맞다, 모두 여자였다. 루이스 리키는 호모 사피엔스 종의 '암컷'들만 골라서 유인원 사회로 보냈던 것이다. 침팬지도 인간보다 키는 작지만, 힘은 몇 배 더 세다. 1:1로 맨몸으로 싸울 때 사촌들을 이길 수 있는 인간의 수컷은 단 하나도 없다고 한다. 그런데 그 험한 아프리카와 보르네오의 숲 속으로 연약한 암컷을 보내다니! 여러 가지 이유가 있었다고 한다. 여성 특유의 세심한 관찰력도 그 이유 중의 하나였고, 루이스 리키 자신의 여성 애호증(?)도 있었다고 한다. 하지만 진짜 이유는 다른 데 있었다. 루이스 리키는 '수컷들의 공격성'을 염두에 두었던 것이다. 낯선 수컷들끼리 맞닥뜨릴 때 거의 필연적으로 발생하는 경계와 공격성을 최소화시키기 위해, 거부감이 덜할 지도 모르는 암컷들을 보냈다는 얘기다.

이 세 명의 여자들이 아프리카에서, 보르네오에서 관찰한 사촌들의 이야기가 혹시 궁금하지 않은가? 사람의 취향은 원래 다 다르고, 취향이 다르니 호기심도 다를 수밖에 없다는 거, 인정한다. 하지만 만약 당신이 인간의 특별함을 믿는 사람이라면, 그 특별함이 바로 '나 또는 우리가 누구인가'라는 질문을 던지는 데 있다고 믿는 사람이라면, 그 여인들이 쓴 책을 읽어 보기 바란다. 제인 구달은 내가 알기로 현재 세 권의 책이 우리 나라에 나와 있다. 『제인 구달—침팬지와 함께 한 나의 인생』(사이언스 북스), 『희망의 이유』(궁리), 『인간의 그늘에서』(사이언스 북스)가 그 책들이다. 비루테 갈디카스의 오랑우탄 이야기는 한 권이 번역되어 있는데 『에덴의 벌거숭이들』(디자인하우스)라는 제목의 618페이지짜리 책이다. (이 책은 현재 구하기가 쉽지 않다. 부지런히 발품을 팔고 운이 좋으면 구할 수 있을지도 모른다. 그런데 이 좋은 책이 왜 그렇게 안 팔렸을까?)

다이앤 포시의 고릴라 이야기는? 물론 그녀도 책을 썼다. 불행히도 내가 알기론 한국어 번역판은 아직 없는 모양이다. 더 불행한 것은 그녀가 이미 이 세상 사람이 아니라는 점이다. 그녀는 제인 구달과 비루테 갈디카스가 모두 그랬듯이 사촌들을 연구하는 자에서 사촌들의 멸종을 막고자 투쟁하는 전사로 변신했다. 하지만 다이앤의 운명은 제인과 비루테의 운명과 아주 많이 달랐다. 그녀는 밀렵꾼으로 추정되는 살인자들에 의해 잔인하게 살해되었던 것이다. 세상에서 가장 무서운 수컷인 인간 수컷들에 의해서 말이다. 고릴라들은 그녀에게 친절했지만 인간은 그렇지 않았다. 다이앤 포시의 책, 『안개 속의 고릴라(Gorillas in the mist)』가 빨리 한국어로 번역되기를 바란다. 그래서 그녀의 그 가슴 아픈 사랑과 투쟁의 이야기를 들을 수 있기를.
〔이 책은 2007년에 승산이라는 출판사에서 번역 출간됐다. 2003년에는 시고니 위버(Sigourney Weaver) 주연의 영화 〈정글 속의 고릴라〉가 국내에서 DVD로 발매되기도 했다.〕

사랑은 투쟁의 씨앗이다

루이스 리키가 여자들을 침팬지와 고릴라와 오랑우탄의 세계로 보낸 것은 백 번 생각해도 잘한 일이었다. 루이스의 아내 메리는 여자들만 감싸고 도는 남편 때문에 무척 스트레스가 심했다고 하지만, 그래도 루이스의 선택은 탁월했다. 과연 남자들이었다면 그 세 여자들처럼 객관적 연구자에만 머물지 않고 적극적인 투사들로 변신할 수 있었을까? 일단 낯선 존재와 부닥치면 으름장부터 놓고 보는 이 조폭 형님 또는 깍두기들이 말이다. 제인 구달은 그토록 평화롭고 우아해 보이던 침팬지 사회에 유아 살해와 영토 침략과 살인, 심지어는 식인 습관〔침팬지가 침팬지를 죽이고 먹은 것이니 살인(殺人), 식인(食人)이라는 말은 정확하지 않지만 달리 적당한 말이 없기도 하고, 인간이 제3의 침팬지라면 침팬지는 또 제3의 인간이기도 할 터이니 그냥 쓰기로 한다.〕까지 존재한다는 사실을 관찰하고 경악했다. 비루테 갈디카스는 인간의 여자를 강간하는 오랑우탄을 목격하고 기가 막혀 버리기도 했다.

구타, 살해, 강간…. 인간의 세 사촌들은 유전자만 닮은 게 아니었다. 아침 9시에 비행기를 납치해 보통 사람들이 일하는 뉴욕 세계 무역 센터 빌딩에 충돌시킨 오사마 빈 라덴과 북한에 핵폭탄을 퍼붓겠다고 위협하는 미국의 카우보이 대통령은 어쩌면 그렇게 침팬지 깡패를 닮았는지! 제인 구달의 침팬지 연구에서는 일부 암컷들 역시 폭력에 가담한 것이 관찰되었지만, 역시 폭력의 주체는 압도적으로 수컷들이었다. 인간의 폭력 역시 여성보다는 남성들에 의해 자행되는 경우가 압도적으로 많다. 오, 수컷들이여! 테스토스테론(남성 호르몬)의 힘이여!

소위 말하는 아카데미, 곧 학자 사회가 얼마나 끔찍한 정글인지 경험한 사람은 다 안다. 악착같이 넥타이를 매고 온갖 폼은 다 잡지만, 그들 역시 테스토스테론의 지배에서 한발짝도 벗어나지 못한 수컷들이긴 매한가지다. 알파 수컷(으뜸 수컷) 앞에서 끝없이 알랑거리다가 기회만 생기면 쿠데타를 일으키는 수컷들. 그 수컷들이 제인과 다이앤과 비루테를 대신해 침팬지, 고릴라, 오랑우탄의 사회로 들어갔다면 어떻게 되었을까. 남자들이 여자들보다 연구를 한심하게 하지는 않았을 것이다. 일부 진화 덜된 남자들이 믿는 것처럼 어쩌면 여자들보다 훨씬 더 뛰어난 연구 결과를 내놓았을 수도 있다. 하지만 그 세 여자들처럼 목숨을 걸고(! 다이앤은 정말로 목숨을 잃었다!) 자신의 연구 대상들을 살리려고 발버둥치게 되었을지는 의문이다.

너무 지나친 여성 편애요, 남성 혐오의 자세 아니냐고? 자기도 같은 남자이면서 왜 그러냐고? 어쩔 수 없다. 나는 남자를 믿지 않는다. 개인으로서의 남자가 아니라 '종' 또는 '집단'으로서의 남자를 믿지 않는다. 축구 한일전에 광분하는 남자들을 보면 소름이 끼친다. 자신의 권력, 또는 민씨 집안의 권력을 유지하려고 일본에 붙었다, 러시아에

붙었다 오락가락했을 뿐인 민비를 두고 대한제국을 지키려 목숨을 내건 명성황후라고 치켜올리며 하필이면 한일 월드컵을 코앞에 두고 대하 드라마를 만드는 그 남자들을 보면서 남자들에게 희망을 품을 수는 없다. 오사마와 부시를 보면서 희망을 품을 수 있는가?

아, 물론 남자 연구자들도 목숨을 걸고 침팬지와 고릴라와 오랑우탄을 보호하려는 운동에 뛰어들었을 수도 있다. 실제로 많은 남자들이 지금 생물종 보호를 위해, 환경 보호를 위해 목숨을 걸고 레인보 워리어〔Rainbow Warrior : 그린피스의 해양 감시선〕가 되기도 한다. 엉뚱한 상상이지만, 그 남자들에겐 아마 에스트로겐(여성 호르몬)이 조금 더 많이 흐르고 있지 않을까 싶다. 그들은 남성과 여성의 다름보다 같음에 조금 더 많은 시선을 두는 사람들이다. 그리고 인간과 다른 생물종들 사이의 다름보다 같음에도 역시 조금 더 많은 시선을 두는 사람들이다. 그런 포용력, 또는 사랑이 여성의 전유물은 아니라고 반박할 사람이 많을 줄로 안다. 정당한 반박이다. 인정한다. 개인적 차이를 무시하자는 것도 아니다. 다만 통계적으로 남자들이 여자들보다 더 폭력적이고 공격적이라는 사실을 무시하지 말자는 얘기다.

제인과 다이앤과 비루테는 자신이 연구하는 대상과 사랑에 빠졌다. 학자로서의 명예를 얻고 저자로서의 부를 얻는 데서 그치지 않고, 인간의 폭력 앞에서 멸종되어 가는 사촌들을 지키려고 팔을 걷어붙였다. 내가 그 여자들을 사랑하는 이유는 바로 그 때문이다. 세 여자들은, 사랑은 때로 투쟁의 씨앗이 되기도 한다는 사실을 우리에게 알려주었다. 사랑하는 대상의 생명이 위태로울 때 앞뒤 가릴 것 없이, 무조건 싸워야 한다는 진실을 알려 주었다. 남자들이 빼앗으려고 싸울 때 여자들은 지키려고 싸운다. 세 여자는 우리가 지켜 주지 않으면 침팬지도 고릴라도 오랑우탄도 모두 사라지고 말 것이라고 울부짖는다. 우리는 그 여자들의 울부짖음에 귀를 기울여야 한다.

그래도 희망 한 조각이 어딘가에 남아 있지 않을까?

다이앤의 책은 읽지 못했으므로 알 수 없다. 제인과 비루테의 책을 읽다 보면 어쩔 수 없이 감동한다. 두 사람 다 자연 과학자로서 출발했지만, 양쪽 다 영성의 길로 접어들었다. 아마 다이앤도 틀림없이 그러했을 것이다. 침팬지와 오랑우탄을 관찰하면서 그들은 영혼을 생각할 수밖에 없었다. 그것은 인간만이 신의 형상을 따서 창조되었다는, 그러니 인간은 얼마든지 다른 생물들을 착취하고 멸종시켜도 된다는, 어줍잖고 옹졸한 제도권 종교의 가르침과는 아무 관계 없는 영성이었다. 희망은 바로 그 지점에 있다. 우리의 사촌들이 아무리 우리와 비슷하게 폭력을 자행한다 해도, 어쩌면 우리의 폭력성이 우리의 유전자 속에 뿌리박힌 것처럼 보인다 해도, 그래도 희망은 있다. 심지어 그 희망의 증거도 있다!

루이스는 비루테를 보르네오로 보내는 데서 사촌 사회의 연구를 종결지었다. 루이스는 아마 몰랐을 것이다. 침팬지와 너무나 흡사해 피그미 침팬지로 불리던 어느 유인원이 사실은 종 자체가 다른 생물이었다는 사실을. 혼동을 피하기 위해 그 유인원을 보노보라는 별개의 이름으로 부르는 편이 좋겠다. 역시 아프리카 자이르에서 살아가는 또 다른 사촌. 그 사촌들을 찾아간 것은 리처드 랭엄〔Richard Wrangham, 1948~〕과 데일 피터슨〔Dale Peterson, 1944~〕이라는 두 명의 남자들이었다. (여자들도 어쩌면 보노보를 연구하러 갔을지도 모른다. 다만 내가 접할 수 있었던 책이 그 두 남자가 쓴 책일 뿐이다.) 이 남자들은 아마 나처럼 체내에 에스트로겐이 조금 많이 흐르는 별종들이었던 모양이다. 오죽하면 책 제목을 『악마 같은 남성 — 인간 폭력성의 근원을 찾아서』(사이언스 북스, 1998)라고 지었을까.

두 남자는 보노보라는 또 다른 사촌의 이야기를 통해 인간 남성의 폭력성이 절대로 탈출할 수 없는 운명이 아니라는 사실을 전해 주고 있다. 아주 느슨한 서열로 유지되는 사회, 암컷들이 수컷들에게 억압당하지 않는 사회, 폭력이 거의 없는 사회, 그것이 두 남자가 본 보노보의 사회였다. 보노보 사회가 아름다운 사회가 될 수 있었던 이유로 두 사람은 '암컷들의 연대'를 들었다. 자세한 이야기는 여기서 하지 않으련다. 그냥 읽어 보면 내가 말한 희망의 증거를 찾을 수 있을 것이다. 희망은 힘들여 찾아야 진짜 희망이 될 수 있다. 그러니 스스로 책을 구해서 읽기 바란다.

인간에겐 아직 희망이 있다. 루이스와 제인과 다이앤과 비루테와 리처드와 데일과 제레드 같은 사람들이 있기 때문에 아직 희망이 있다. 그들은 인간과 다른 유인원들의 다름에만 집착하지 않았다. 사촌들 간의 같음에 주목했다. 소유와 집착으로 망가지는 엉터리 사랑 말고 포용과 자유로 피어나는 진짜 사랑이 언제나 생명의 덩굴손처럼 널리 퍼져나가듯, 그들의 사랑도 유인원 사촌을 넘어 지구에 존재하는 모든 생명, 더 나가 지구 자체로 확산된다. 침팬지와 고릴라와 오랑우탄과 보노보만 우리 인간의 사촌이 아닌 것이다.

이 드넓은 우주에서 아직까지 생명이 확인된 것은 우리 지구뿐이다. 지구라는 집안은 참으로 손이 귀한 집안이다. 손이 귀한 집안에선 오촌, 육촌, 칠촌, 팔촌이 다 사촌으로 어울린다. 그깟 촌수의 많고 적음은 문제가 되지 않는다. 다 우리가 사랑해야 하고 지켜야 하는 사촌들이다. 사랑하고 지키기 위해선 먼저 사촌들이 어디 있는지부터 알아야 하지 않는가. 내가 소개한 일곱 권의 책은 사촌들이 어디 사는지 알려 주는 책들이다. 아주 많은 책들이 세상에 또 있을 것이다. 그렇게 희망을 얘기하고 있는데 내가 아직 모르는 좋은 책들을 알고 있다면 내게 알려 주기 바란다. 사촌 좋다는 게 뭔가. 서로 나누며 살 수 있다는 것 아니겠는가 말이다. 나누며 살아야 할 것들은 많고도 많겠지만, 그래도 역시 가장 소중하게 나눠야 할 것은 바로 희망이 아니겠는가 말이다.

〔『Paper』, 2002.04〕

●

〔2020.12〕 야심차게 출발한 기획이었다. 아직 젊은 나이였으니까 죽어라 책 읽고 며칠 밤 새워 글 쓰는 것도 가능했다. 인생에 가정법은 아무 짝에도 쓸모없지만, 그래도 또 상상해 본다. 이 기획을 계속 밀고 나가 책 한 권을 펴낼 수 있었다면 어떻게 됐을까? 윌슨의 책 『통섭』이 중고생의 필독서로 꼽힐 만큼 베스트셀러가 된 세상이니 나도 그 덕을 조금은 볼 수 있었을까? 자연 과학의 이야기를 세상사 이야기와 버무리는 시인이 되어 여기저기 강연도 좀 불려다닐 수 있었을까? 웃자고 하는 얘기니 너무 심각하게 받지는 마시라. 그냥 미완으로 끝난 프로젝트에 대한 아쉬움을 이렇게 푸는 것뿐이다.

어머니가 뇌졸중으로 쓰러지시는 바람에 동시에 진행되던 여러 프로젝트를 다 접어야 했다. 한 달에 몇백만 원을 벌어 어머니의 치료비와 간병비를 대기 위해 돈 되는 일에 몰두해야 했다. 그 시간이 그토록 길어질 줄을 몰랐다. 어머니의 투병은 5년을 이어졌고, 어머니가 돌아가시자 이번엔 아버지의 3년 병원 생활이 시작되었다. 국민 건강 보험의 도움이 없었던 건 아니지만, 지금과 비교하면 정말 턱없이 모자란 수준이었다.

도저히 원고 한 꼭지에 적어도 열흘은 써야 하는 '퍼스널 지오그래픽'을 계속할 여력이 없었다. 훗날을 기약하며 연재를 중단하는 수밖에. 세상만사 모든 것에 시가 있고 때가 있는 법. 야심차게 시작했던 기획도 어영부영 시간이 지나고 하니 흩어져 버린다. 언젠가라는 말은 이제 하지 않으련다. 아직 젊었고 야망에 차 있던 시절의 기획이었다.

한편으론 그 기획에 담겼던 야망이 사십 대의 치기처럼 보이기도 한다. 중2병부터 시작해서 모든 인생의 시기에는 저마다의 치기가 존재한다. 더 멋져 보이고 싶어서, 잘난 척하고 싶어서. 태극기를 휘날리며 광화문으로 몰려드는 노인들도 결국은 그 치기의 희생자들이다. 인문학의 중요성에 토 달고 싶은 마음은 정말 1도 없지만, 몇 년 전부터 사그라들지 않는 인문학 광풍에 슬쩍 의심이 가는 것도 비슷한 이유다. 다들 왜 그렇게 자기가 이만큼 알고 있다는 유세를 못 떨어 안달일까. 머리 팍팍 돌아가던 시절에도 결국 읽다가 집어던진 그 뭔 말인지 모를 프랑스 철학자 누구누구의 책이 어쩌다가 마치 전국민의 필독서인 양 자리잡게 되었을까. 뭐 다 나를 포함한 글쟁이들의 업보다. 내가 이렇게 많이 알아, 그러니 나를 존경해 봐, 그런 마음이 소화되지 못하고 흘러나온 설사처럼 세상을 어지럽힌다.

시간이 흐르니 한국에서도 이제는 과학 소설이 당당히 한 장르로 자리잡아 꾸준히 출판된다. 출판되는 모든 과학 소설을 다 구매하기도 벅찰 정도가 되었다. 어설라[어슐러] 르 귄의 책은 거의 모든 책이 한국어판으로 출간되었을 정도다. (이 위대한 여성 작가는 2018년 다른 별로 떠났다. 평안을 누리시길.) 서구에서도 여성 SF 작가의 활약은 눈부시다. 남자아이들은 SF를 읽고 여자아이들은 로맨스 소설을 읽던 시절은 적어도 태평양, 대서양 건넌 나라들에선 옛날 이야기다. 겨우 한두 권으로 목을 축여야 했던 페미니즘 SF도 더 큰 볼륨으로 몇 권이 나오더니 최근엔 무려 707쪽의 위용을 자랑하는 선집, 『야자나무 도적』(아작, 2020)으로 출간되었다. 국내 작가들의 SF도 당당히 서점의 한 코너를 차지하고 있다. 상전벽해! 교양 과학 분야의 책은 인문학이나 문학 분야 못지않게 쏟아져 이제 옥석을 가리기도 힘들 정도가 되었다. 이제 어디 가서 얄팍한 지식으로 아는 체하다간 큰일날 세상이 와 버렸다.

스스로를 위로하는 얘기긴 하지만, 내가 이제껏 썼던 모든 글이 다 '퍼스널 지오그래픽'의 정신이 담긴 글이었다고 생각한다. 꼭 자연과학과 인문학의 단어들을 나열해야 '나만의 지리학'이 되는 건 아닐 테니까. 내가 쓴 모든 글들이 결국 나라는 대지 또는 우주를 구성하는 일부분일 테니까. 그리하여 실패한 프로젝트는 이렇게 화려하게 부활했다. 더 부지런해지기만 하면 이십여 년 중단된 프로젝트에 다시 시동을 걸 수도 있을 텐데. 정말? 어쩌면…. 나는 공부하고 싶다. 나는 '문(과라서 죄)송'하고 싶지 않아!

●

〔C-15〕

제 친구 식물들하고 인사하실래요?

으아아아, 봄이다!

며칠 전 전화가 왔습니다. 지난 겨울에 마누라와 아이를 데리고 지리산 자락으로 휭 도망가 버린 스물아홉 살짜리 후배였습니다.
"형, 여긴 매화가 한창이에요. 언제 내려올 거에요? 벚꽃 필 때 오실래요?"

"그래, 급한 일만 끝내놓고 바로 내려갈게. 그런데 벚꽃이 언제 피지? 사월 아냐? 그 전에 가야겠다…."

전화를 끊고 기지개를 켰습니다. 꽃 소식을 들으니 괜히 기지개를 켜고 싶어지더라구요. 으아아아! 기지개를 켜다 보니 저절로 비명이 나오대요. 온몸의 뼈마디들이 아우성을 치는 것이었어요. 으아아아, 봄이다! 살았다! 즐거운 비명입니다.

즐거운 비명

알프스의 설선(雪線, snow line) 부근, 그러니까 일년 내내 눈이 쌓이는 높이 바로 아래에 있는 바로 그 부근에는 솔다넬라(Soldanella) 또는 알파인 스노벨(Alpine Snowbell)〔이 이야기가 나오는 책(『식물의 사생활』)에는 때죽나무로 번역되어 있으나 동명의 나무와 혼동을 피하기 위해 영어 명칭으로 바꿨다.〕라는 즐거운 식물이 있답니다. 얼마나 즐거운 식물이냐 하면요, 글쎄 주위는 온통 눈에 덮여 있는데 얼어붙은 눈을 뚫고 말이죠, 보라빛 어여쁜 꽃을 피운다는 것이에요. 우찌 그런 일이? 자, 사태의 전말은 이렇습니다. 워낙 높은 산에서 살다 보니 이 알파인 스노벨이 자랄 수 있는 기간은 아주 짧지요. 그러나! 이 용감한 알파인 스노벨은 짧은 여름이 끝날 무렵 꽃망울을 만들어 놓곤 긴긴 겨울을 버티는 거죠. 꽃망울들이 얼어 죽지 않느냐구요? 아뇨. 쌓인 눈이 오히려 꽃망울을 보호한다는, 그 기막힌 인생 말고 화생(花生)의 오묘함! 알파인 스노벨 꽃망울들은 포근한 눈 담요를 덮고 겨울 내내 푹 잠들어 있는 것이지요.

드디어 봄이 옵니다. 잠자는 숲 속의 공주 같은 알파인 스노벨 꽃망울에게 백마 타고 온 왕자 같은 봄 햇살이 키스를 하면!!!! 잠이 깬 알파인 스노벨 꽃망울은 기지개를 있는 대로 켠 다음에 자기의 그 예쁜 보라색 꽃망울로 눈을 뚫고 들어오는 햇살을 흡수해서, 그 열로 자기 주위의 눈을 녹이고, 그렇게 녹은 물을 열심히 빨아들여서, 쑥쑥 자라는 거죠. 그리고 어느날 갑자기 눈밭에서 뿅! 활짝 피어나는 거죠. 그야말로 '완벽한 공주병'이에요! 눈을 뚫고 피어나는 꽃이라니 말입니다. 아아아, 봄이로구나, 봄봄! 참 즐거운 비명이 아닙니까? 아니라고 말하는 사람과는 다시는 상종하지 않으렵니다.

꽃은 연약하다?

놀랍죠? 자, 꽃들은 절대로 연약한 존재가 아닙니다. 사무실에서 커피나 나르고 텔레비전에서 남자 MC 옆에 서서 방긋방긋 웃기만 하는 여자들을 '꽃'이라고 부르는 건 꽃들에 대한 모욕입니다. 북극에도 꽃이 핀다는 사실을 혹시 알고 계시나요? 그것도 그 이름도 아름다운 북극 '양귀비'가 핀다는 것을요?

북극의 꽃들은 아주 짧은 여름 동안 열심히 꽃을 피웁니다. 그래서 씨를 뿌리고, 그 씨들이 악착같이 1년의 3/4인 겨울을 이겨내고 꽃을 피웁니다. 운이 좋은 씨앗들은 겨울에 얼어죽은 길짐승의 몸에서 양분을 얻고 그 뼈를 바람막이로 삼아 찬 바람 속에서 꽃을 피우기도 한다는군요. 꽃들은 강합니다. 어머니처럼 강합니다. 사실 꽃들은 바로 어머니죠. 씨앗을 잉태해서 자기 몸을 나눠 주어 키운 다음 세상에 내보내는, 인간의 어머니와 똑같은 어머니입니다. 당연히 강하죠. 자, 여담입니다만, 이제 우리가 버려야 할 잘못된 언어 습관이 있습니다. '남자들 세상에서 여자는 꽃'이라는 말, 그건 틀린 말이 아닙니다. 틀린 말은 다른 것이 아니라, 그 꽃이 연약해서 남자가 보호해야 한다는, 그런 얼토당토 않은 남자들의 왕자병 증상에서 나온 헛소리입니다.

벼의 제국

정말 볼수록 아름답고 신비합니다. 데쳐 먹고 무쳐 먹고 볶아 먹고, 서까래 만들고 창호지 만들고 관 만들고, 꽃꽂이 하고 지점토 인형 만들고 베란다에 정원 만들고, 모닥불 피우고 저기 떠나가는 배 만들고 목련꽃 그늘 아래 노래 부르고… .우리는 그런 '아낌없이 주는 나무'로만 식물들을 생각하려 합니다. 너무나 너무나 잘난 인간이기 때문에, 오로지 내 배 채우고 내 등 따시게 하고 내 돈주머니 채워 주는, 그런 머슴 중에 상머슴으로만 식물을 생각합니다. 그런데, 잠깐만 발상의 전환을 해 보시면 정말 '놀랠 노'자가 튀어나옵니다.

이제 곧 모내기가 시작되겠죠. 가난한 농부들은 하루종일 허리를 구부리고 모를 심을 것이고, 웬만큼 사는 농부들은 이앙기를 쓸 것이고, 저 서해안 간척지에선 무지막지한 기계가 시커먼 연기를 뿜으며 모를 심겠지요. 사람들이 벼를 키우는 것이지요. 그러나 벼의 입장에 한 번 서 보시지요. 어쩌면 벼들은 이렇게 자신들의 역사를 기록하고 있을지도 모릅니다.

"우리 조상님들 중에 말야, 참 천재적인 분이 계셨단다. 어느날 인간

하나를 꼬신 거야. 당신이 키우신 씨앗을 미끼로 던지신 거지. 멍청한 인간은 그 씨앗들을 날름날름 받아먹다가, 종내는 우리 조상님들의 계획대로 우리를 잘 보살펴 온 세상에 널리널리 퍼뜨리는 노예가 되었단다. 우리 힘만 가지고 어디 아시아, 아프리카, 유럽, 아메리카를 다 제패할 수 있었겠니? 인간들이 다 우리 머슴살이 해 준 덕분이지. 잘 기억해 두거라. 인간들은 그저 배만 불려 주면 된단다. 그러면 종자 개량해, 비료 뿌려, 농약 살포하여, 튼실한 종자만 잘 보살펴, 그저 우리 벼들에게 죽을 때까지 봉사하는 한심한 종족이란다."

인간이 벼와 밀과 보리와 옥수수와 감자(여기서 줄일랍니다. 밤 새워도 그 리스트를 다 채울 수 없을 테니까요)를 길들인 것이 아니라 그 식물들이 인간을 길들여 가축화한 것이 아니라고, 그 누가 자신 있게 얘기할 수 있겠습니까. 이를테면 세상은, 최소한 쌀농사를 주로 하는 아시아권에 대해서 말하자면, 벼의 제국입니다. 인간은 그 벼에 봉사하는 노예들이구요.

볼수록 신비하고 놀라웁구나, 식물들의 세상

자, 지금까지 들려 드린 얘기는 정말 빙산의 일각이 아니라 태평양의 물 한 잔에 불과합니다. 식물은 참으로 놀라운 존재입니다. 그들은 같은 식물들끼리, 또 다른 동물들과 커뮤니케이션하는 존재입니다. 한 아카시아가 기린에게 공격 당하면 금새 다른 나무들에게 경고 신호를 발동합니다. 그러면 주변의 아카시아들이 몽땅 잎에다 독을 품기 시작합니다. 그뿐인가요. 식물은 움직이는 존재입니다. 동물(動物)은 식물의 반대말이 아닙니다. 움직일 동(動)은 식물에게도 고스란히 적용되는 단어이거든요. 잎, 꽃, 덩굴, 뿌리, 씨앗들은 언제나 움직여 다닙니다. 식물이 잔인한 동물들의 먹이감에 불과한 수동적 존재라구요? 그것도 역시 틀린 말입니다. 참으로 놀라운 얘기를 하나 더 들어 보십시오.

노르웨이의 레밍(Lemming) 쥐들이 호수나 바다에 뛰어들어 집단 자살하는 이유를 연구했답니다. 알고 보니, 레밍 쥐가 너무 많이 늘어나 풀의 씨가 마를 지경이 되면 사초과(科)〔Cyperaceae〕 황새풀속(屬)〔Eriophorum〕의 풀들이 레밍 쥐의 소화액을 중화시키는 화학 물질을 만들어 낸다는군요. 그 중화액 때문에 레밍 쥐들은 먹어도 먹어도 허기를 면치 못하고, 결국은 그 풀밭을 떠나 다른 풀밭으로 집단 이동을 하게 됩니다. 그렇게 이동하는 과정에서 호수에, 바다에 뛰어들어 대부분의 레밍이 죽고, 살아남은 레밍들이 겨우 자손을 남기게 된답니다. 잔인하다구요? 글쎄요, 잔인하지만 그래도 그 덕분에 풀들도 멸종을 면하고 레밍도 멸종을 면한다면, 조금 생각을 달리해도 좋지 않을까요? 만약에 풀들이 몽땅 없어져 버리면 레밍도 결국엔 몽땅 굶어 죽을 도리밖에 없으니까요.

겸손해집시다, 그리고 사랑합시다, 그러면 행복해집니다

자, 지금까지 제가 저지른 '잘난 척'을 용서해 주시기 바랍니다. 지금까지 제가 여러분께 들려드린 얘기는 몽땅 어떤 책에 실려 있던 얘기였습니다. 글쟁이의 자존심이 있어 책에 나온 그대로 옮기지는 않았습니다. 하긴 뭐 그 책의 저자 역시 남의 글들을 자기 식으로 풀었던 것일 테니, 저더러 표절꾼이라고 욕하진 말아 주십시오.

데이비드 애튼보로(David Attenborough)〔1926~〕라는 영국의 생물학자가 쓴 책입니다. 『식물의 사생활(The Private Life of Plants)』이라는 다소 야한(!) 제목의 책이지요. 개구리와 '동거'하는 벌레잡이 식물이 그 책의 표지 사진입니다. 야하죠!(하하하). 불행하게도, 제게 텔레비전이 없었던 험난한 시절(작년이었나요?)에 우리 나라 방송에서도 같은 제목의 영국 BBC 다큐멘터리가 방영되기도 했습니다(흑흑흑). 생물학을 전혀 공부하지 않은 일반 대중들을 위해서 쓰인 책입니다. 골치아픈 라틴어 학명(學名)도 본문에는 거의 등장하지 않습니다. 아주 쉬운 말로, 참으로 놀라운 식물의 세계를 보여 줍니다. 기막힌 사진들이 책을 가득 채우고 있어 아이들 그림책으로도 손색이 없습니다.

아쉬운 점이 있다면, 영국 사람의 시각으로 쓴 책이라 우리 주변에서 흔히 볼 수 있는 식물들의 얘기는 그리 많지 않다는 점이지요. 하지만 우리들이 어쩌면 평생 가 볼 수 없을 세상에서 살고 있는 식물들의 얘기를 들을 수 있다는, 그런 보너스도 있습니다. 우리 식물들 얘기를 그렇게 재미나게 들려 주는 그런 책이 나오기를 바라야죠.

저는 이 책을 지금까지 너댓 번쯤 읽은 것 같습니다. 머리가 나쁜 탓에, 읽을 때마다 전혀 새로운 이야기를 듣는 듯한 감동을 맛보았습니다. 사실은 그렇게 읽을 때마다 새로운 감동을 느낄 만큼 식물의 세계가 놀라운 것이었습니다. 그 경이로움 앞에서 저는 겸손해질 수밖에 없었습니다. 제가 아는 세상이라는 것이 얼마나 작은 것인지! 저 무한한 우주는 관두고 이 작은 지구 안에서 얼마나 찬란한 생명의 합창이 벌어지고 있는 것인지! 제가 이를테면 눈 멀고 귀까지 먼 우물 안 개구리, 아니 꿀단지에 빠진 개미만도 못한 존재에 불과했다는 것을 그 한 권의 책이 가르쳐 주었습니다. 제가 인간이기 때문에 걸려야 했던 왕자병을 깨닫게 해 준 책이었습니다. 인간이 만물의 영장이라구요? 아뇨. 숲이 다 사라지면 산소도 고갈된다는 걸 뻔히 알고 있으면서 온 세상의 숲을 다 갈아엎어 버리는 이 왕멍청이들이 무슨 만물의 영장입니까. 만물의 영장은 이 세상에 없습니다. 있다면 이 세상의 모든 생명이 다 평등하게 만물의 영장이지요.

허덕허덕 살다가 겨우 배운 겸손을 금방금방 잊어 버립니다. 그러다 다시 이 책을 읽으면 제 거실에 놓인 벤자민 나무가 달리 보입니다. 제 집 마당에 있는 목련이 달리 보입니다. 제가 사는 부천시의 그린벨트에 널려 있는 이름모를 풀들이 달리 보입니다. 참으로 아름다워서 도저히 사랑에 빠지지 않고는 견딜 수 없게 됩니다. 이 세상에 살아 있는 것이 나 혼자가 아니고, 때론 참혹하게 한심스런 인간들만이 아니라는 사실, 나와 함께 살아가는 생명들이 그토록 많다는 사실에 행복해집니다.

사랑에 빠지니 당연히 행복해지지요. 봄입니다. 사방에서 꽃들이 피어나겠죠. 여러분도 행복해지시기 바랍니다.

〔『행복이 가득한 집』, 2000.04〕

●

〔2020.12〕 어느 잡지에 이 글을 실었더라, 한참 찾았다. 이 잡지에 이런 글을? 식물의 세계를 건드리는 글을 여성지에? 칼럼 꼭지명을 보니 '읽으면 행복합니다'. 아하, 이 글이 이렇게 말랑말랑, '소프트'하게 나온 이유를 알겠다. 잡지 글쓰기는 그 잡지의 독자층을 고려해서 쓸 수밖에 없다. 글쓰기와 말하기가 가능하면 같아야 한다는 건 내 글쓰기의 큰 원칙 중 하나다. 반론을 펼칠 기회만 노리고 있는 독자들을 상대하는 글과, 가벼운 정보와 재미 또는 휴식을 원하는 독자들을 위한 글쓰기는 당연히 달라야 한다.

데이비드 애튼보로 할아버지는 지금 구순이 넘어서도 여전히 씩씩하게 세상을 돌아다니며 자연과 생물의 세계를 시청자들에게 인사시킨다. 당연히 요즘의 데이비드 할배는 환경 보호의 대변인 몫을 열심히 수행하신다. 노익장 호칭도 모자란 수준이다. 부러운 양반! 오대양 육대주를 다 섭렵한 자연학자에 탁월한 방송 진행자를 넘어 이제 생명의 대변인 역할까지 자처하는 할아버지! 그 어느 과학자보다 그에게서 생물과 자연의 신비를 배운 사람들이 많으리라.

애튼보로 경에 비하면 새 발의 피가 아니라 먼지 수준도 안 되지만, 나도 몇 번 텔레비전 방송의 초대로 남태평양과 아프리카의 오지를 방문할 수 있었다. 화면에선 오지로 소개되었지만, 그건 편집의 꼼수일 뿐이지 우리가 상상하는 진짜 오지는 이제 세상에 거의 남지 않았다. 아니, 없다고 봐도 무방하다. 브라질 정부에서 접촉을 법으로 금지한 극소수 아마존 부족을 제외하면 지구상의 모든 인간이 티셔츠를 입고 있다. 방송 카메라 앞에서 풀잎 치마로 갈아입는 것뿐이다. 역시 방송 촬영 덕에 방문한 서아프리카 코트디부아르의 국립 공원 촬영 중, 운 좋게도 침팬지를 연구하는 학술팀과 만날 수 있었다. 촉박한 일정이 아니었다면 침팬지도 실물로 만날 수 있었을지 모르지만, 침팬지 연구팀의 카메라에 잡힌 침팬지들을 보는 걸로 아쉬움을 달래야 했다. 고정시켜 놓은 카메라에 잡힌 야생의 침팬지들의 생활상은 경이로웠다. 자연 다큐멘터리를 통해 숱하게 본 침팬지들의 행동이었지만, 그 침팬지들은 바로 내가 발을 들여놓은 그 정글에 살고 있는 친구들이었다.

다음 생이란 게 정말 있다면, 생물학자가 되고 싶다. 분자 생물학에서 사회 생물학까지 무수히 가지 뻗은 생물학의 모든 분야를 다 섭렵하는 건 물론 불가능하겠지만, 그래도 악착같이 공부하면 도대체 왜 이 우주가 인간이라는 이상하고도 괴상한 생물을 탄생시켰는지 그 비밀의 한 자락은 끄집어낼 수 있지 않을까. 뭐 꿈은 대차게 꿔도 되니까. 꿈의 한 조각은 가끔 이루어지기도 하니까. 공부하자! 다음 생은 다음 생명의 것이니 건드릴 꿈도 꾸지 말고 현생에서 하자!

●

〔C-16〕

무너지는 다리들

모든 다리는 무너진다

실패에 대해 이야기하라고? 내가 정상적인 정신 상태였다면 당연히 '고맙지만 사양하겠소'라고 말했을 것이다. 나올 결론이 이렇게 뻔한 주제가 또 어디에 있겠는가. 실패를 두려워하지 말라. 실패는 성공의 어머니다. 실패에서 배워야 한다. 그런 결론 말고 또 무슨 얘기를 할 수 있을까? 그러니 실패에 대해 얘기해 달라는 청탁을 받아들인 것은 나의 '실패'다. 그 실패를 어떻게든 최소화시켜 보려고, 어떻게 해서든 이 지겨운 이야기를 조금이라도 덜 상투적으로 전달해 보려고, 이렇게 결론부터 미리 얘기한다. 모든 다리는 무너진다.

인간이 세운 것은 모두 무너진다. 피라미드도 언젠가 무너질 것이고, 63 빌딩도 언젠가는 무너질 것이다. 태양도 50억 년이 지나면 무너져 난쟁이별〔倭星(왜성)〕로 전락한다는데, 감히 인간이 세운 것이 억겁창생 서 있으리라고 헛된 꿈을 꾸지 말아야 한다. 공간을 차지하고 있는 모든 것은 시간의 힘을 당해 내지 못한다. 시간이 문제일 뿐, 모든 다리는 무너진다.

그렇긴 하지만, 어떤 다리들은 너무나 허망하게 무너진다. 모든 사람이 죽듯 모든 다리도 무너질 것을 알고 있기에, 사람들은 다리의 수명을 미리 계산하고 다리를 짓는다. 어떤 다리들이 그 계산을 무시하고 미리 제멋대로 무너져 버린다. 인생에 비유하자면, 요절해 버리는 다리들이 있다. 다리가 제멋대로 무너지면, 아까운 생명들이 억울하게 무너진다. 학교로 가던 여고생들의 생명이 함께 무너진다.

민족주의자도 아니건만, 한강대교를 건널 때마다 민족적 자괴감이

나를 괴롭힌다. 일본 사람들이 지은 다리는 한 번도 무너지지 않았다는데. 한강대교가 무너진 것은 '괴뢰군'의 남하를 막으려고 다이나마이트를 터뜨렸기 때문이라던데. 샌프란시스코의 금문교와 뉴욕의 브루클린 다리는 지은 지 백 년이 넘었다는데. 성수대교가 무너졌을 때 나는 독일의 어느 작은 마을에 사는 친구 집에 있었다. 인구 몇만도 채 안 되는 그 작은 동네의 지역 신문에도 무너진 성수대교의 사진이 실렸다. 그 독일 친구는 재작년에 서울에 왔었고, 지하철로 한강을 건널 때 '그 유명한 무너진 다리는 어디에 있느냐'고 물었다. 다리가 무너지면 민족적 자긍심이 동시에 속수무책으로 무너진다.

인간과 공학, 공학과 인간

꿀벌도 실패할까? 흰개미도 실패할까? 거미도 실패할까? 까치도 실패할까? 비버도 실패할까? 곤충들이 집을 짓는 것, 새들이 둥지를 짓는 것, 비버가 댐을 쌓는 것에 대해 '공학'이라고 부를 수 있을까? 도도한 인본주의자들이야 아니라고 하겠지만, 나는 인간은 만물의 영장이 절대로 아니라고 믿는 반(反)인본주의자이니, 그렇다고 하련다. 내 나름대로 공학을 정의하면 이렇다. 자연에 있는 물질을 이용해 새로운 형태의 물건을 공간 속에 만들어 내는 것이 공학이다. 꿀벌은 꽃의 꿀을 모아 육각형 방으로 벌집을 짓고, 비버는 나뭇가지를 주워다 댐을 만든다. 그러니 헨리 페트로스키(Henry Petrosky)〔1942~〕가 그의 책 『헨리 페트로스키의 인간과 공학 이야기—이카로스 후예들의 성공과 실패담』(도서출판 지호, 1997)의 원래 제목처럼 'To Engineer Is Human'라고 말했을 때, 만약 그가 인간만의 고유한 영역으로 공학을 생각했던 것이라면 나는 거기엔 동의하지 않으련다.

하지만 인간의 공학이 꿀벌이나 비버의 공학과 다른 점은 분명히 있다. 그 결정적인 차별성은 바로 '실패'의 여부다. 꿀벌이 벌집을 지으며 실패해서 벌집이 여왕벌과 새끼벌들을 담은 채 땅으로 무너져 내렸다는 얘기는 들어 본 적이 없다. 거미나 개미나 까치나 비버는 실패하지 않는다. 벌집이나 거미집이 무너지지 않는 이유? 그것은 그들의 공학이 항상 '똑같기' 때문이다. 유전자에 프로그래밍되어 있는 그대로 수만 년, 수십만 년 항상 똑같은 구조물을 짓기 때문이다. 인간은 그렇지 않다. 아, 물론 인간 중에서도 꿀벌이나 거미 수준의 성취 욕구를 가진 인간들이 많다. 그들은 매일 그 타령에 그 장단으로, 그 밥에 그 나물로 집을 짓고 다리를 만든다. 하지만 인간의 유전자에는 '새로운 것'에 대한 모험 욕구가 프로그래밍되어 있기라도 한지 어쩐 일인지 하여간 인간은 열심히 새로운 형태와 새로운 기능의 구조물을 '실험'한다. 바로 거기에서 인간의 공학이 특별해진다. 바로 실험이다.

실험을 시도하기 때문에 실패가 생겨난다. 그리고 이 지점에서 아주 재미있는 역설이 나온다. 성공에서는 배울 수가 없다! 페트로스키는 이렇게 말한다. "실패한 것에서 배우기를 원하는 사람은 없겠지만, 예술의 경지를 뛰어넘은 성공에서는 충분히 배울 수 없다." 성공한 것은 물론 좋은 것이다. 하지만 거기에서는 더 이상 새로운 실험을 시도할 건덕지가 없다. 따라서 배우고자 하는 열망, 실험하고자 하는 열망에 가득 차 있는 사람들에게는 "실패가 성공보다 낫다"는 해괴한 논리가 진리로 바뀌어 버린다. 공학은 인간의 것(To Engineer Is Human)? 오, 노우! 실패는 인간의 것(To Fail Is Human)!

모든 새로운 다리는 가설이다

페트로스키의 책 『인간과 공학 이야기』는 아주 잘 쓴 책이다. 집, 학교, 사무실, 지하철, 버스, 냉장고, 텔레비전…, 건설에서 전자에 이르기까지 공학이 없이는 단 한 순간도 살아갈 수 없는 주제에 우리는 공학 하면 머리부터 설레설레 흔든다. 겁부터 먹는다. 대학 입시 때 수학 공부 하느라 머리털이 다 빠질 뻔한 경험 때문이라면 할 말이 없지만, 하여간 공학과 인간의 뗄 수 없는 관계를 생각하면 우리의 공학 공포증은 분명히 문제가 있다. 페트로스키는 골치 아픈 수학 없이 공학을 이야기한다. 쉬운 일상어로도 얼마든지 공학 이야기를 할 수 있다! 이것은 보통 미덕이 아니다. 그 미덕만으로도 이 책은 읽어 볼 값어치가 충분하다. (불행히도 우리 나라엔 페트로스키 같은 사람이 별로 없다. 그래서 과학과 공학은 우리에게서 아주 멀다. 다 인간이 하는 일인데 말이다.)

페트로스키의 책 『인간과 공학 이야기』는 1981년에 벌어진 미국의 하얏트 리젠시 호텔 고가 통로의 붕괴에서 시작된다. (페트로스키의 책은 우리 '한국인'에게 선물을 하나 더 덤으로 준다. 민족적 자괴심으로부터의 탈출구를 열어 주는 것이다. 미국에서도 다리가 무너졌고, 호텔 로비에 있는 고가 통로가 무너졌다. 사람들도 죽고 다쳤다. 맙소사! 우리만 그런 게 아니래! 미국에서도 그랬대!) "고가 통로처럼 간단한 것도 엔지니어들은 제대로 만드는 게 힘든가 보지요?" 페트로스키의 이웃 사람이 공학자인 페트로스키에게 던졌다는 질문이다. 호텔 로비에 있던 고가 통로가 무너지면서 114명이 죽고 20명이 다쳤다. 왜 그런 일이 일어나는가? 왜 삼풍백화점은 제멋대로 무너져서 수백 명을 생매장시켜 버렸는가? 페트로스키는 이렇게 충고한다. "도대체 왜 그런 참사가 일어났는지 알고 싶다면 공학 설계의 본질을 조금이라도 알아야 한다." 그리고 바로 이어서 그는 공학의 본질을 이렇게 설명한다. "새로운 건물이나 다리는 그 자체가 이미 가설이다."

새로운 건물이나 다리는 가설이다. 그 가설이 검증을 거쳐 이론으로 전환될지, 아니면 엉터리 가설로 폐기 처분될지 사전에 미리 알 수 있는 방법은 없다. 지어놓고 봐야 알 수 있는 것이다. 엉터리 가설로 끝나는 경우, 때로 그 대가는 치명적일 수도 있다. 건물이나 다리의 경우, 막대한 인명과 재산의 손실이 생길 수 있는 것이다. 가설이란 본래 실패를 염두에 두고 세워지는 것이다. 검증되지 않았기 때문에 실패의 가능성이 항상 있는 것이다.

그런데 인간은 이상하게도 꼭 검증되지 않은 가설들을 실험해 보고 싶어한다. 다리만 해도 그렇다. "요즘 다리들은 우리 사회가 요구하는 기능, 아름다움, 경제적 필요들에 의해 콘크리트와 철근으로 신중하게 설계되었다. 하지만 더 크고 아름답고, 덜 비싼 다리를 만들기 위한 새로운 요구들이 언제나 '있을 수밖에 없기 때문에', 비록 설계자가 그렇게 하고 싶어도 예전에 잘 세워진 다리의 설계를 그대로 베껴 쓰는 것이 언제나 가능한 것은 아니다."

잘 세워진 다리의 설계를 그대로 베끼는 것, 곧 꿀벌의 집짓기와 다를 것이 없는 행위다. 꿀벌들은 유전자에 프로그래밍된 방식대로 집을 지을 수 없는 곳에는 아예 집 지을 생각을 하지 않는다. 하지만 사람들은 "본따 만들 본보기"가 없는 경우, 그러니까 더 넓은 바다 위에나 더 깊은 골짜기 위에도 다리를 세운다. 그러다가 어떤 다리는 무너지기도 한다.

꿀벌은 결코 할 수 없는 일이 바로 실패다. 인간에게만 가능한 일, 실패! 실패는 가설이 가설이기 때문에 빚어진다. 그리고 새로운 가설을 만드는 능력은 또 새로운 이론을 만들 수 있는 기본 능력이다. 실패를 각오하고 가설을 만들 수 있는 유일한 존재? 바로 인간이다!

우리가 실패의 기록을 남겨야 하는 이유는?

이카로스〔Icaros, Icarus〕의 날개에서부터 하얏트 리젠시 호텔 고가 통로의 붕괴에 이르기까지 페트로스키의 책에는 수많은 실패의 기록들이 담겨 있다. 공학자들은 심지어 그리스 신화의 이카로스까지 분석했다. 이카로스가 바다에 떨어져 죽은 이유는 아버지 다이달로스〔Daidalos, Daedalus〕의 경고처럼 깃털을 이어 붙인 밀랍이 태양열에 녹았기 때문이 아니라, 너무 높이 올라가 기온이 뚝 떨어졌기 때문이라는 결론이 나왔다. 밀랍이 얼어 딱딱해진 바람에 깃털들이 붙어 있을 수가 없었다는 것이다.

성수대교가 무너지고, 삼풍백화점이 무너지고, 당산철교가 철거당하고, 온갖 공학적 실패가 난무하는 '총체적 부실 공화국'인 한국이다. 페트로스키가 조금 더 늦게 이 책을 썼다면 틀림없이 그런 얘기들도 자세히 집어넣었을 것이다. 하얏트 리젠시 호텔의 고가 통로가 무너졌을 때 미국인들은 20개월 동안 그 사고의 원인을 조사했단다. 우리는 아직 생존해 있는 사람들이 더 있을지도 모르는데 삼풍백화점을 덮어 버렸다! 페트로스키의 말을 조금 더 들어 보자.

"다른 직업에 비해 엔지니어가 한 일은 모든 사람들이 볼 수 있기에 커다란 부담이 될 수 있다. 〔…〕 그는 의사가 하는 일과는 달리 자기 실수를 무덤에 묻어 버릴 수 없다. 그는 자기 실수를 흔적도 없이 사라지게 할 수도, 변호사가 재판에 진 뒤에 하듯이 판사를 비난할 수도 없다. 그는 건축가와는 달리 자기 실수를 나무나 덩굴로 가릴 수도 없다."

실패는 부끄러운 일이다. 어떤 실패에는 사람의 생명이 왔다 갔다 하지만, 그 이전에 일단 모든 실패는 당사자가 부끄러워 얼굴을 들고 다니지 못하게 만든다. 실패는 다리뿐만 아니고 체면까지 무너뜨리는 것이다. 그러나, 그렇지만, 하지만, 그럼에도 불구하고, 모든 부사를 다 동원해도 지나치지 않다. 실패는 소중한 것이다. 페트로스키는 성공보다 실패가 나은 이유를 멋지게 설명한다.

"결국 성공은 미적, 기능적, 구조적 실패를 만든다. 첫 번째 실패는 삶의 열정을 빼앗고, 두 번째 실패는 삶의 질을 빼앗고, 세 번째 실패는 삶 자체를 빼앗는다. (…) 실패는 적절한 건축 법규, 더 튼튼한 안전 계수를 쓰게 하며, 더 안전한 구조물을 쓰게 하고, 이런 식으로 실패는 새로운 성공을 이끌어 낸다. 이 과정은 계속해서 반복되기 마련이다."

성공보다 실패가 나은 이유는 또 있다. "실패한 건물은 공학자가 만든 가설에 반증이 되며 우리에게 무엇을 하면 안 되는지를 확실하게 보여 주는 반면에, 오랜 세월 동안 아무런 사고 없이 튼튼하게 서 있는 구조물은 다음에 설계를 하는 사람들에게 줄 교훈이나 경고가 전무하다." 전무(全無)! 교훈도 없고, 경고도 없다. 하나도 없다!

실패를 각오하지 않고는 새로운 실험이 시도될 수 없다. 또 실패에서 교훈을 얻지 않고는 새로운 성공이 나올 수 없다. 그러므로 우리는 실패를 기억해야 한다. 실패를 거듭하지 않기 위해서, 성공의 확률을 높이기 위해서, 우리는 실패를 기록해야 한다. 기억하고 기록해야 한다. 과연 우리는 그렇게 하고 있는가? "과거를 기억할 수 없는 자는 그것을 '되풀이할' 운명에 처한다." 페트로스키가 인용한 어떤 유명한 격언이다. 진부하기 짝이 없지만, 그 격언은 절대로 '실패하지 않을' 진리를 담고 있다.

7월에 새로 만든 성수대교가 그 이름 그대로 개통식을 한단다. 다리 이름을 바꾸자는 의견도 꽤 있었다고 한다. 무너진 성수대교를 잊지 말자는 의미에서 이름을 바꾸지 않았단다. 정말 잘 한 일이다. 실패를 덮지 말아야 한다. 우리는 너무나 열심히 실패를 덮는다. 민족적 자긍심을 되살린다고 조선총독부 건물을 와르르 무너뜨린다. 무너지는 것은 일제 식민지의 수치가 아니라, 한국 역사의 '실패의 기록'이다. 기록이 무너지면서 조선총독부 건물의 경고와 교훈도 함께 무너진다. 실패가 어디 조선 총독부 건물 하나뿐이며, 무너진 실패의 기록이 어디 그것 하나뿐인가? 얼마나 더 실패를 되풀이해야 이 사람들은 정신을 차릴까?

이 글은 실패한 글이다. 페트로스키가 재미있게 풀어낸 공학 이야기, 실패의 이야기를 그렇게 재미있게 전달해 주지 못했다. 내가 한 말도 있고 하니, 덮지 않고 그냥 내보이련다. 시간을 내서 헨리 페트로스키의 책 『인간과 공학 이야기』를 읽어 보기 바란다. 읽으면 왜 실패가 소중한 것인지를 알 수 있다.

〔『지성과 패기』, SK Group, 1997.06-07〕

●

〔2020.12〕 5월 중순에 출간된 책을 6-7월호 잡지에 소개했다. 그 시절 나는 날쌘돌이였구나! 재미난 책을 발견하면 사람들에게 알리고 싶어 부지런도 떨었구나. 세월이 흘렀으니 어쩔 수 없는 일이지만, 이 책은 더 이상 서점에서 살 수가 없다. 검색에는 나오지만 '품절'이다. 헨리 페트로스키의 다른 책 몇 권은 출판사를 옮겨 다시 출간되었다. 공학이 우리 삶과 어떻게 연결되는지 궁금한 사람들은 그의 책을 펼쳐 보시라. 『인간과 공학 이야기』의 원서가 출판된 후 25년만에 저자는 『실패한 디자인은 없다』(글램북스, 2014)를 펴냈다. 두 건의 우주 왕복선 폭발을 비롯한 공학의 실패를 다루는 책이다.

세상 사람 모두가 공학자가 될 수도 없거니와 그럴 필요도 없다. 그래도 우리가 공학의 'ㄱ'자의 한 획이라도 알고 있다면, 연필은 어떤 역사를 통해 지금과 같은 형태와 기능을 갖게 되었는지, 스테이크 조각을 찍는 포크가 왜 네 개의 갈퀴를 갖게 되었는지를 알게 된다면, 세상은, 그리고 삶은 조금 더 재미있어지지 않을까. 페트로스키는 당신의 공학 공포증을 치료해 줄 좋은 의사다. 강추!

사족 하나 더. 이 무렵이었는지 확실치는 않지만, 편집자 박상일이 '박가서.장'이라는 출판사를 차리고 내 첫 책을 내면서 언젠가 '실패한 총서'를 내자고 결의했더랬다. 세상에 넘치는 성공담 말고, 실패의 기록들을 책으로 내자! 아, 참 철없던 시절이었다. 그러나 눈부신 시절이기도 했다. 박가서.장의 짧은 역사 또한 실패의 기록이기도 할 것이다. 실험하려고 했던 청춘의 기록. 비록 실패했으나 적어도 새로운 설계 또는 디자인을 시도해 보기는 했으니, 남는 장사를 한 거라고 스스로 위안해도 되려나. 되고 말고. 세상에 없던 책을 내자며 설레었던 기억만으로도 남는 장사를 했고 말고.

●

〔C-17〕

사과의 전설

아담이 사과를 먹었다, 뉴턴이 사과에 머리를 맞았다. 그리고…

|

실낙원

|

⌜ 야훼 하느님께서 아담을 데려다가 에덴에 있는 이 동산을 돌보게 하시며 이렇게 이르셨다. "이 동산에 있는 나무 열매는 무엇이든지 마음대로 따 먹어라. 그러나 선과 악을 알게 하는 나무 열매만은 따 먹지 말아라. 그것을 따 먹는 날, 너는 반드시 죽는다."(「창세기」 3장 15~17절)

⌜ 그 뒤에 무슨 일이 있었는지 모두 안다. 뱀이 이브를 꾀었다.

⌜ "절대로 죽지 않는다. 그 나무 열매를 먹기만 하면 너희의 눈이 밝아져서 하느님처럼 선과 악을 알게 될 줄을 아시고 그렇게 말하신 것이다."(「창세기」 3장 5절)

⌜ 이브가 먼저 나무 열매를 따 먹었고 이브가 따 준 열매를 아담도 먹었다. 그 일이 벌어진 뒤 또 어떻게 되었는지 다 안다. 뱀은 죽을 때까지 배로 기어다니며 흙을 먹어야 했고, 여자는 아기를 낳을 때 몹시 고생을 하게 됐고, 남자는 죽도록 고생해야 먹고 살게 됐다. 그렇게 저주를 내리고도 야훼 하느님은 여전히 불안했다.

⌜ 야훼 하느님께서는 "이제 이 사람이 우리들처럼 선과 악을 알게 되었으니, 손을 내밀어 생명나무 열매까지 따 먹고 끝없이 살게 되어서는 안 되겠다"고 생각하시고 에덴 동산에서 내쫓았다.(「창세기」 3장 22절)

⌜ 자, 당신이 최소한의 정규 교육을 받은 사람이라면, 여기까지의 이야기를 어디서든 적어도 한 번은 들어 보았을 것이다. 문학, 미술, 음악,

영화, 연극 할 것 없이 '실낙원〔失樂園, Paradise Lost〕'이라는 주제는 끝없이 되풀이 되어 왔다. '하지 말라고 하면 더 하고 싶고, 그래서 해 버리면 그 다음엔 벌 받아 평생 고생한다.' 그것이 실낙원이라는 주제다. 그것은 인간이 조물주에게 저지른 최초의 명령 불복종, 또는 하극상 쿠데타였다. 일단은 성공을 거두었지만 결국 백담사로, 영등포 구치소로 추방당해야 했던 누구누구의 성공한 쿠데타처럼, 아담과 이브의 쿠데타도 '성공한 쿠데타'였다. 에덴에서 추방당했지만, 일단 금지된 나무 열매를 따 먹어 버림으로써 그들은 선과 악을 '알게' 되었다. '눈이 밝아져' 자기들이 알몸인 것을 알게 되었던 것이다. '지식'의 탄생!

왜 사과일까?

여자에게는 없는데 남자에게는 있는 것은? 아, 물론 아담이 무화과 나뭇잎으로 가렸던 그것도 있고 턱수염과 콧수염도 있지만, 또 하나가 있다. 턱과 가슴 사이에. 이제 알겠는가? 바로 울대뼈다. 소녀가 여인이 될 때 가슴이 봉긋해지듯, 소년이 남자가 될 때는 그의 목 한가운데가 볼록해진다. 후골(喉骨) 또는 결후(結喉). 성년 남자의 턱 아래, 목 중간 쯤에 후두의 연골이 조금 튀어나온 부분. 그것이 울대뼈에 대한 사전의 정의다. 그럼 그 울대뼈를 영어로 무엇이라고 부르는지 아는 사람! 삐, 아담의 사과(Adam's Apple)! 딩동댕, 정답!

성경의 창세기에는 아담과 이브가 금단의 열매를 따 먹었다고만 나올 뿐, 그 열매의 이름도 나오지 않고 열매를 먹다가 아담이 놀라 목에 열매가 걸리고 말았다는 얘기도 나오지 않는다. 전설에 따르면 아담이 막 열매를 베어 문 찰나에 하필이면 하느님이 아담을 불렀다고 한다. 화장실에서 담배 피우다 학생 주임 선생님에게 걸린 고등학생처럼 급한 마음에 꿀떡 삼키려다가 그만 목에 걸려 버렸다는 것이다. 그 다음부터 남자의 목에는 지은 죄를 항상 깨우치게 하기 위해 조그만 혹이 볼록 튀어나오게 되었다는 전설따라 삼만리…. 그런데 왜 하필이면 사과였을까? 복숭아도 있고, 배도 있고, 오렌지, 망고, 바나나, 파파야, 그 수많은 나무 열매 중에서 왜 사과가 운 나쁘게 걸렸던 것일까?

아담스 애플(Adam's Apple)〔영어〕, 아담스 압펠(Adams Apfel)〔독어〕, 폼므 다담(Pomme d'Adam)〔불어〕, 포모 디 아다모(Pomo di Adamo)〔이탈리어〕, 만사나 데 아단(Manzana de Adan)〔스페인어〕. 여기까지가 내가 확인한 울대뼈의 서구어들이다. 기독교 문명권에서 남자의 울대뼈는 예외 없이 '아담의 사과'로 불린다. 왜 하필이면 사과냐? 이탈리아 신부님, 스페인 신부님께 물어 봤지만, 불행히 그 분들도 모른다고 하셨다. 부디 독자들은 필자의 불충함을 용서해 주시라. 나중에 기회가 닿으면 알아내고야 말리라. 목에 혹이 또 하나 생겨 내 죄를 죽는 날까지 깨우칠 때 깨우치더라도 필히 알아내리라. 내게 금지된 열매, 그 달콤한 사과를 또 한 번 먹으리라. 또 사과야? 감이면 안 돼?

성서 신화가 태어났던 그 당시 중동 지방에서 사과가 제일 귀하고 맛있는 과일이었을지도 모른다. 복숭아가 중국 신선들의 과일이 되었듯, 사과도 그렇게 중동 지역 신들의 과일이 된 것일지도 모르고. 아니면 아예 나중에 유럽에 기독교가 건너온 다음, 성서에 그 이름이 밝혀지지 않은 열매를 사람들이 궁금해하다가 제일 흔하게 널린 사과로 이름을 붙여 버렸을 수도 있다. 왜 사과가 되었는지 그 문제는 이쯤에서 일단 접어 두기로 하자. 모두들 사과라고 하니 우리도 그냥 사과로 받아들이자.

사과, 지식의 열매 또는 고통의 열매

성경의 창세기 전설에서 사과는 무서운 과일이다. 그것은 인간으로 하여금 선과 악을 구분하는 무서운 능력을 갖게 해 주었다. 선과 악을 아는 것이 왜 무서운 능력인가? 간단하다. 무엇이 내게 좋은 것인지, 나쁜 것인지를 구분하기 시작하면 그 때부터 인생이 괴로워지기 때문이다. 좋은 것은 갖고 싶은데 가질 수 없고, 나쁜 것은 피하고 싶은데 달려오기 때문이다. 선과 악이 구분되기 시작하면 그 때부터 기쁨과 고통도 구분되기 시작한다. 사과를 먹었기 때문에 아담과 이브는 알게 되었다. 세상에 고통이 존재한다는 것을.

아담과 이브가 사과를 따 먹고 처음 알게 된 사실이 서로의 알몸이었다는 것을 생각해 보자. 사과를 먹기 전까지 두 사람은 서로가 다른 '성'이었음을 몰랐다는 얘기다. 앗! 나는 고추가 달려 있는데 이브에게는 그것이 없구나! 이럴 수가! 사과를 먹음으로써 남과 여가 구분되었다. 알게 되었다. (성서에는 나오지 않지만, 아담과 이브는 무화과나무 잎으로 옷을 만들기 전에 아마 최초의 섹스를 경험했을 것이다. 남과 여가 구분되었으니까. 사과를 먹기 전까지 아담과 이브는 섹스를 몰랐을 것이다.)

자, 사과는 지식의 열매였다. '안다'는 것은 '구분한다'는 것과 같은 말이다. 출근길 지하철에서 온몸이 서로 부딪치며 잠시 동고동락하는 그 사람들을 기억해 보자. 당신에게 그 사람들은 나쁜 사람인가, 좋은 사람인가? 좋지도 않고 나쁘지도 않다. 왜? 당신은 그 사람들을 모르니까. 지하철 문이 열리면 그 때부터 다시는 당신의 일생에 끼어들지 않을 사람들이니까. 당신을 슬프게 하거나 노엽게 하거나 외롭게 하거나, 당신에게 고통을 주는 사람들은 모두 당신이 '아는' 사람들이다. 당신이 아는 사람들은 당신이 '모르는' 사람들과 구분되어 있다. 당신이 모르는 사람들은 절대로 당신을 괴롭히지 못한다. 알면 그 때부터 고통이 시작된다. 지식의 열매는 곧 고통의 열매였다.

불행히도? 아니, 다행스럽게도!

여기서 잠깐 사과에 얽힌 창세기 이야기를 다시 한 번 가만히 읽어 보자. 야훼 하느님은 아담에게 에덴의 모든 과일을 마음대로 따 먹어도 된다고 말씀하셨다. 선과 악을 알게 하는 열매만 빼고. 그렇다면 '끝없이 살게 하는 생명나무 열매'도 역시 아담과 이브가 마음대로 따 먹을 수 있었던 열매였다는 얘기가 된다. 하느님은 인간이 영원한 생명을 얻는 것에 대해서는 전혀 개의치 않았다. 그런데 하느님이 아담과 이브를 결국 에덴에서 쫓아낸 이유는 생명나무 열매를 따 먹지 못하게 하기 위해서였다. 선악의 열매를 따 먹기 전에 아담과 이브는 생명의 열매를 따 먹지 않았다는 얘기가 된다.

이야기를 정리해 보자. 사과를 따 먹지 않았다면 아담과 이브는 언젠가 생명나무의 열매를 따 먹었을 것이 틀림없다. 그것은 하느님이 금지하지도 않은 일이었으니까. 사과를 먹기 전에 생명의 열매를 먼저 먹었다면, 인간은 하느님처럼 끝없이 살게 되었을 것이다. 불행히도(?) 아담과 이브는 생명의 나무 열매를 먹지 않았다. 그래서 우리를 죽어야 하는 존재로 만들어 버렸다. 그런데 만약에 아담과 이브가 생명의 열매를 먼저 먹은 다음에 뱀의 유혹이 시작되었다면? 아아악! 상상하기도 끔찍한 일이 아닐 수 없다. 고통스러운 인생을 끝없이 살아야 할 뻔했던 것이다. 참으로 다행스럽게도(!) 아담과 이브는 생명나무의 열매를 먹기 전에 사과를 먼저 먹었다. 그래서 고통은 알게 되었지만 그 고통을 영원히 겪지는 않아도 되었던 것이다.

왜 하느님은 사과를 먹지 말라고 했을까?

인간에게 영원한 생명은 얼마든지 주려고 마음 먹었던 하느님이었다. 그런데 왜 선과 악을 구분하는 지식은 주려고 하지 않았던 것일까? 창세기를 읽을 때마다 나는 그것이 궁금해진다. 그것이 알고 싶다. 그래서 또 한 번 그 금지된 열매 사과를 따 먹고 싶어진다. 다시 한 번 쿠데타를 일으키고 싶어진다.

성서에 나와 있는 답은, 사람들이 선과 악을 알게 하고 싶지 않았다는 것이다. 선과 악을 알게 되는 것이 고통이었기 때문에, 자식을 사랑하는 부모의 심정으로 하느님은 사과를 금지된 열매로 정했던 것인가? 아들이 세상의 생로병사를 모르게 하려고 성 안에만 가두어 기른 붓다의 부모와 같은 심정이었던 것인가? 틀린 답이다. 적어도 창세기의 하느님은 그렇게 자상한 존재가 아니었다. 사과를 따 먹었다고 그가 뱀과 인간에게 내린 벌만 봐도 그렇다. 그렇다면 답은 분명하다. 하느님은 인간이 '자신과 같아지는 것'을 원치 않았던 것이다. 비록 자신의 형상을 따라 흙으로 빚어 아담을 만들고, 아담의 살과 뼈를 살짝 빼내 이브를 만들긴 했지만, 하느님은 인간이 자신의 형상만을 닮기를 바랐다. 인간이 자신의 정신까지 닮게 하고 싶지는 않았다는 얘기다.

선과 악에 대한 지식은 하느님이 독점해야만 하는 것이었다. 그렇다면 애초에 하느님은 인간이 백치 상태로 살아야 한다고 생각했다는 것인가? 무엇이 좋은 것인지 나쁜 것인지 구분하지 못하는 '예쁜 인형', 흙으로 빚은 인형으로만 살기를 바랐다는 얘기가 아닌가? 자, 드디어 문제의 핵심이 나왔다. 아담과 이브가 사과를 따 먹었을 때, 그들은 인형으로서의 삶을 거부했던 것이다. 하느님이 하라는 대로 하고 먹지 말라면 먹지 않는 흙인형으로서의 삶을 거부했던 것이다.

자신들도 하느님과 같은 존재가 되고 싶어 했던 것이다.

하느님이 불같이 화를 낸 것도 당연하다. 예쁘다고 오냐오냐 했더니 어느 날 흙인형이 '이제부터 나도 당신처럼 지식을 갖게 되었어!' 당돌하게 선언했다. 벌을 내릴 수밖에. 집에서 쫓아낼 수밖에. 가만히 두었다가는 생명의 열매까지 따 먹고는 이렇게 선포할 텐데. "이제 나는 지식과 영원한 생명을 갖게 되었어. 이제 당신과 나는 하나도 다르지 않아. 나도 당신처럼 하느님이야!" 하느님으로서야 모골이 송연해지는 시나리오였을 것이 틀림없다. 왜 사과를 먹지 말라고 했냐고? 인간이 신이 될 수 있는 가능성을 처음부터 차단하기 위해서.

인간은 사과를 먹었다. 그래서 선과 악을 구분할 수 있는 지식을 얻게 되었다. 신으로 가는 첫걸음을 내딛었다. 하느님이 에덴에서 쫓아내고 죽어야만 끝나는 노동과 출산의 고통을 벌로 내렸지만, 그래도 인간이 신이 되기 위해 내딛는 걸음은 시작되었다. 돌이킬 수 없는 걸음이었다. 이브는 고통 속에서 아이들을 낳았고, 아담은 뼈 빠지게 일해 그 아이들을 먹여 살렸다. 아주 오랜 세월이 지나 아담과 '이브'〔* 주 : 이것도 원래 글에는 아담만 있다. 아담이 혼자 애를 낳은 것도 아니건만, 이브를 앞에 넣지는 못할망정!〕의 자손 중에 뉴턴〔Isaac Newton, 1643~1727〕이라는 아들이 나왔다.

사과는 왜 떨어졌는가?

뉴턴이 사과나무 아래 누워 자고 있었다. 틀림없이 아담 할아버지처럼 사과를 따 먹고 식곤증 때문에 잠들었을 것이다. 사과가 떨어졌다. 사과에 머리를 맞고 잠에서 깬 뉴턴은 우주의 신비를 깨닫게 되었다. 만유인력. 우주가 돌아가는 법칙을 찾아내 버린 것이다. 지구가 사과를 잡아당기고 사과는 지구를 잡아당기기 때문에, 그런데 지구가 사과보다 무지막지하게 더 크기 때문에, 지구가 사과로 떨어지는 것이 아니라 사과가 지구로 떨어진다는 법칙. 사과 한 알이 가르쳐 준 우주의 법칙.

다 아시겠지만, 뉴턴이 만유인력, 또는 중력의 법칙을 발견한 것에 사과는 아무 기여도 하지 않았다. 아담의 목에 걸린 열매를 사과라고 후손들이 이름 붙였듯, 뉴턴의 사과도 나중에 지어진 전설이다. (그렇다는 얘기를 어디선가 들었다. 이것도 혹시 전설일지 모른다.) 뉴턴의 사과 전설이 만약 사실이었다면, 사과는 또 한 번 지식의 열매가 되었던 셈이다. 인간은 선과 악에 대한 지식에 더해 우주가 돌아가는 지식을 얻게 되었던 것이다.

신으로 가는 두 번째 발걸음이었다. 신화의 시대가 끝나고 과학의 시대가 시작되는 순간이었다. 사과는 왜 떨어졌는가? 뉴턴이 사과나무 아래 누워 있었기 때문이었다. 뉴턴의 중력이 사과를 끌어당겼다. 뉴턴의 몸이 지닌 중력, 그리고 뉴턴의 정신이 지닌 중력. 우주의 크기를 생각할 때 뉴턴의 몸은 한 점 티끌도 못 되는 가벼운 것이었다. 그러나 우주의 법칙을 캐내려 했던 뉴턴의 정신은 우주보다 더 무거웠다. 우주가 뉴턴에게 끌려온 것이다. 우주가 뉴턴의 머리에 툭 떨어졌다. 우주, 사과의 또 다른 이름이었다.

사과에 머리를 맞고 나니

아담은 사과를 먹고 그 벌로 평생을 허덕이며 살아야 했다. 뉴턴의 경우에는 얘기가 달라졌다. 사과를 머리에 맞고 나서 뉴턴은 희희낙락 잘 살아가게 되었다. 과학의 시대가 펼쳐졌다는 얘기다. 힘들여 밭 갈지 않아도 트랙터와 탈곡기가 아담(남자)의 일을 대신해 주게 되었다. 이브(여자)도 물론 혜택을 받았다. 아담이 세탁기와 청소기를 만들어 이브에게 주니, 빨래하고 청소할 시간에 이브는 여성지도 읽고 텔레비전 드라마도 보게 되었다. 뉴턴의 자식들은 영양도 좋아지고 그러니 머리도 좋아지고, 게다가 시간도 많아지게 되었다. 열심히 공부를 했다. 뉴턴이 다 못 밝힌 우주의 비밀을 캐내기 위해서.

뉴턴의 아들 중에 아인슈타인〔Albert Einstein, 1879~1955〕이라고 무척이나 머리 좋은 아이가 또 비밀 하나를 더 밝혀내고 거기다 상대성 이론이라는 이름을 붙였다. 아인슈타인의 아들 중에 몇 아이들은 불확정성 이론이라는 비밀도 찾아냈고, 블랙홀도 알아냈다. 그러다 마침내는 자기들이 우주로 날아가기 시작했다. 달에도 가 보게 되었고, 아직 직접 가지는 못해도 어딘지 알지도 못하는 우주 속으로 메시지를 보내게도 되었다. "우리는 지구에 살고 있는 인간이라고 해요. 이 편지를 받으시면 연락 주세요."

사과를 머리에 맞고 난 인간은 우주가 하늘에만 있는 것이 아니라는 사실도 깨닫게 되었다. 티끌 속에 우주가 있다는 말이 거짓말이 아니라는 것을 알게 되었다. 분자, 원자, 전자, 소립자…. 인간의 몸도 우주라는 것을 알게 되었다. 유기체, 세포, 유전자….

사과나무에선 왜 사과만 열릴까

누구였는지 알려져 있지 않다. 누가 사과나무를 보며 '왜 사과나무에선 사과만 열리고 배나 복숭아는 열리지 않는 것일까'를 궁금해 했던 사람이 누구였는지. 없었던 것인지도 모른다. 그러니까 다시 한 번 사과의 전설이 만들어지지 않았을 것이다. 그런데 왜 콩 심은 데는 콩 나고 팥 심은 데는 팥이 나는지를 궁금해 한 사람은 있었다. 검은 콩과 흰 콩을 섞으면 어떤 콩이 나오는지를 궁금해 한 사람이 있었던 것이다. 그런 사람이야 한두 사람이 아니었겠지만, 멘델〔Gregor Mendel, 1822~1884〕이라는 사람의 이름이 제일 유명하다. 하여간 그도 뉴턴의 아들이었음은 틀림없다.

멘델이 아들을 낳았으니, 그 이름이 다윈이었더라. 다윈이 아들을 낳고 그 아들이 아들을 낳고…. 그 아들들이 저마다 먹고 살려고 학교에서 연구실을 만들고 회사를 만들었다. 유전 공학이라는 이름이 그래서 생겨났다. 그러나 유전 공학이라는 이름이 생기기 전에 이미 아담의 후손들은 유전이 무엇인지 알고 있었다. 그래서 국광, 홍옥, 딜리셔스(우리가 흔히 인도 사과라고 부르는 그 녹색 사과), 부사 사과를 만들어낼 수 있었다. 그러나 거기까지였다. 부사 사과나무에 열린 것은 사과였지, 복숭아나 배가 아니었던 것이다. 아직 전설이 생기려면 좀더 시간이 필요하다.

지금으로부터 몇백 년만 지나면, 또 하나 사과에 얽힌 전설이 생겨날지도 모른다. 아담의 사과, 뉴턴의 사과에 이은 세 번째 사과의 전설. 전설은 이렇게 이야기될 수도 있다.

"어느 날, X가 식탁에서 어머니에게 야단을 맞았다. 왜 엄마가 사 온 사과를 먹지 않느냐고. X는 어머니에게 항의했다. 자기는 사과보다는 바나나가 훨씬 더 맛있다고, 게다가 사과는 농약 때문에 껍질을 깎아야 하는데 그게 귀찮아서 먹기 싫다고. 어머니에게 야단을 맞고 혼자 방으로 올라간 X는 생각했다. 엄마한테 시달리지 않으려면 사과를 먹는 척이라도 해야 할 텐데, 모양은 사과에 맛은 바나나, 그리고 농약 걱정 없이 그냥 먹어도 되게 아예 벌레는 접근도 못하는 물질을 분비하는 사과를 만들어 볼까….

인간이 신으로 가는 세 번째 발걸음. 생명을 창조하는 능력을 갖게 되는 것. 생명을 창조할 수 있다면, 생명을 영원히 연장시키는 일이라고 못할 것도 없다. X는 이렇게 말한다. "생명의 나무 열매? 하느님이 우리더러 먹지 못하게 아예 우리를 쫓아냈었지. 그 동안 그것 때문에 얼마나 많이 울고 괴로웠나 말이야. 이제 그 고생 끝났어. 생명의 나무 열매? 까짓것 만들면 되지, 뭐가 아쉬워?"

그것이 마지막 사과일까?

아담이 사과를 따 먹은 그 날 이후, 아주 오랜 세월이 흘렀다. 아담의 후손들은 이제 조만간 사과를 만들어 낼 힘을 갖게 되었다. 지금도 배나무에서 사과를 열리게 만들 정도의 지식은 갖고 있다. 아직은 SF에서나 가능한 얘기지만, 물과 몇 가지 비타민, 설탕, 무기질만 있으면 그것들을 몽땅 사과 제조기에 넣고 버튼을 눌러 사과를 만들어 내게도 될 것이다. 그 사과에 영원한 생명을 약속하는 신약 '비아그라 울트라'를 넣을 수도 있을지 모른다. 그 때 하느님은 이렇게 한탄할 것이다. "인간들이 마침내 우리와 같아졌구나. 생명의 나무를 지키는 이 불칼도 소용없어졌구나…."

아담이 사과를 따 먹었을 때, 그는 선과 악을 구분하는 지식을 얻게 되었다. 그것 때문에 고통을 알게 되었다. 뉴턴이 사과에 머리를 맞았을 때, 그는 우주의 비밀을 알게 되었다. X가 사과를 만들어 내게 되었을 때, 그는 무엇을 알게 될까? X가 사과를 만들어 내는 그 순간, 드디어 모든 고통을 끝내고 영원한 기쁨과 무한한 지식으로 가득찬 에덴이 다시 돌아오게 될까? 그러면 사과에 얽힌 전설의 행렬도 거기서 끝나게 되는 것일까? 아무도 모른다. 나도 모른다. 그리고 나는 그것을 알고 싶다.

사과가 무엇이냐고 묻는다면, 나는 대답하련다. 알려고 하는 욕망이 열매 맺힌 것이라고. 그것이 어떤 고통을 가져오게 될지도 모르면서, 먹으면 죽는다고 하느님이 분명히 말했는데도 결국 사과를 따 먹은 아담이었다. 우리는 누구나 아담의 자손이다. 그 아버지에 그 아들들. X의 사과가 만들어지는 그 순간부터 아담의 자손들은 더 이상 인간이라는 이름으로 불리지 않게 될 것이다. 그 날이 올까?

만약 그 날이 온다면, X의 후손들은 아마 에덴이라는 이름의 낙원을 만들 것이다. 그리고 거기에다 아담이라는 이름의 인간을 만들 것이다. 그리고 이렇게 말할 것이다. 여기 있는 열매들은 다 먹어도 돼. 그런데 저 사과는 절대로 먹으면 안 돼…. 아담은 또 이브의 꼬임에 넘어가 사과를 먹겠지. 다시 시작되는 사과의 전설.

〔『한우리』, 현대화재해상보험, 1998.09–10.〕

●

〔2020.12〕 1998. 어느 새 '응답하라, 19××'의 무대가 된 시절이다. 기업체 사외보에 이만한 분량의 글을 실을 수 있었던 시절. IMF 혹한이 몰아치긴 했어도 아직 '문화 평론가' 타이틀을 건 글쟁이들에게 일감이 완전히 마르지는 않았던 시절. 기업체들이 소비자에게 좋은 이미지를 심어 주겠다며 '잡지'를 돈 들여 만들던 시절. 좋았던 시절….

베네치아, 피렌체 같은 이탈리아 도시 국가들에서 르네상스가 시작될 수 있었던 건 그 도시들이 부유했기 때문이다. 결핍이 창작의 자극제가 되긴 하지만, 지식과 예술은 부자들의 후원이 없이는 스스로를 지탱하지 못한다. 문화 평론? 그게 먹고 사는 데 무슨 쓸모가 있는데? 솔직히 말하자. 지식과 예술은 잉여가 있어야 꽃핀다. 먹고 살고 남는 게 있으면 그 다음에 할 수 있는 일이다. 한 맺힌 씻김굿과 흑인 영가조차 거기서 예술성을 발견한 유한 계급의 후원과 소비가 없었다면, 예술의 반열에 오르지 못했다.

IMF 사태가 없었다면 한국의 문화 지평은 지금과 어떻게 달라졌을까? 기업들이 돈 안 되는 잡지에 펑펑 예산을 쓰던 시절이 계속되었다면? 안타깝게도 가정법은 아무짝에도 쓸모 없다. 비용을 줄이는 것이 최고의 가치가 된 세상은 IMF 사태가 진정된 후에도 그냥 물리 법칙처럼 고착되었다. 홍수를 이뤘던 기업체 사외보들이 사라진 자리에 무엇이 들어섰는지 아는 사람? 명품 광고로 지면의 70~80%를 채운 소위 명품 잡지들이다. 나도 몇 번 그런 잡지의 청탁을 받아 봤지만, 집에 날아온 잡지를 받아볼 때마다, 명품 사진들 사이에 옹색하게 끼어든 내 글을 볼 때마다 서글퍼졌다. 그 잡지의 구독자들이 눈여겨 읽지 않을 게 눈에 보이는데 어떻게 안 서글퍼지겠는가. 캐비어와 샴페인이 노는 자리에 끼어든 노가리와 소주 신세라고나 할까.

사외보는 말할 것도 없고, 마지막까지 살아남을 것 같았던 여성지들조차 속속 문을 닫는 시대가 왔다. 이제 잡지는 '여러 가지가 뒤섞인' 잡이 아닌, 매우 좁고 깊은 영역의 무엇으로 변했다. 나같이 잡스러운 글을 쓰던 글쟁이에겐 가혹한 세상이 와 버린 것이다. 한 우물을 파라던 어른들의 말을 안 들은 죗값을 치르는 셈이지만, 그래도 여전히 '제너럴리스트(Generlist)=두루주의자'가 되고 싶다고 했던 내 젊은 날의 꿈은 버려지지가 않는다. 그게 즐겁고, 그게 내가 조금 잘할 줄 아는 일이니 어쩌겠는가. 인생 뭐 있다고! 지금껏 그렇게 잘 살아왔으니 그리 살다 가면 되는 거지 뭐!

●

〔C-18〕

점, 혼돈 속에서 질서를 찾아내다

내 운명을 엿보다

장난이 아니었다. 난생 처음 별자리 점이라는 것을 보던 날, 나는 거의 까무라치는 줄 알았다. 선배의 집에서 기분 좋게 술을 마시던 어느 날의 일이었다. 형수님도 함께 있었다. 갑자기 선배가 형수님에게 말했다. "여보, 병준이 별자리 좀 봐 주지." 형수님은 엄청나게 두꺼운 영어책을 두 권 들고 오시더니 내 생일을 물었다. 두 권의 책에서 몇 페이지에 걸쳐 내 과거와 현재와 미래가 펼쳐졌다. 모년 모월 모일에 태어난 사수좌 사내의 인생 이야기. 수성, 금성, 화성, 목성, 토성 중 어느 행성들이 만나고 헤어지는 시기에 내가 태어났다는 얘기며 이런저런 얘기들이 많았지만, 이제 다 잊어 버렸다. 중요한 몇 가지 이야기들을 기억할 뿐이다.

그 해 그 날 사수좌로 태어난 내 인생을 지배하는 세 가지 단어가 있다고 했다. 첫째, 이동(movement). 진리를 찾아 끝없이 세상을 떠도는 인생이라는 것이었다. 정말로 내가 진리에 목말라 본 적이 있는지는 모르겠으나, 하여간 내 인생이 바람처럼 구름처럼 떠도는 인생이라는 건 자타가 공인하는 바였다. 음, 이거 심상치 않은데. 둘째, 커뮤니케이션. 이럴 수가! 커피 한 잔을 마시면서 대여섯 시간은 너끈히 수다를 떨고 들으면서 보낼 수 있는 내가 아니던가! 셋째, 창조(creation). 으윽, 졌다! 국민학교 2학년 때 이미 장래 희망란에 '작가'라고 썼던 놀라운 아이가 나였다. 시인이 되겠노라고 잘 다니던 좋은 직장 때려치우고 월수입 5만 원의 극빈층에 스스로 뛰어들었던 내가 아니었던가.

형수님이야 나를 잘 안다고 쳐도, 그 두꺼운 영어책을 쓴 미국 사람이 나에 대해 무엇을 알 수 있었겠는가. 내 인생을 지배하는 세 가지 단어에 이어진 내 과거와 현재와 미래, 내 못된 성격에서 빚어지는 환난의 이야기, 내가 가진 장점을 잘 살려 살아갈 때 내 앞에 펼쳐질 찬란한 미래의 이야기는 나를 전율케 했다. 쪽집게. 다른 말이 필요 없었다. 그 날 이후 나는 더 이상 점성술을 할 일 없는 인간들의 부질없는 장난이라고 무시할 수 없었다. 그 날 내 앞에 펼쳐졌던 내 운명에서 나를 슬프게 했던 것 하나만 더 얘기하고 별자리 점 얘기는 그만하자. "사랑은 이제 그만, 우정으로 땡(No more love, just friendship)!" 흑흑흑!

지난 여름 마드리드에 놀러갔다가 또 내 운명을 얘기해 주는 사람을 만났다. 친구의 친구였던 카르멘은 내게 맛있는 점심을 대접해 주는 것만으론 모자랐는지 커피를 마시며 내 생년월일과 이름의 철자를 물었다. 그리고는 그것들을 모두 숫자로 전환시키는 것이었다. 더하고 빼고 올리고 내리고, 내가 전혀 이해하지 못하는 일련의 과정을 거쳐 그녀는 내 인생을 요약하기 시작했다. "지난 2～3년이 몹시 힘들지 않았느냐?" 맞는데요, 제대로 되는 일이 별로 없었거든요. "30대 초반에 인생의 큰 전환점이 생겨나지 않았느냐?" 그것도 맞는데요, 그 때 직장을 때려치우고 처음 여행을 시작했거든요. 이때 저때에 이러저러하지 않았느냐? 그것도 맞고 저것도 맞는데요. 도깨비에 홀린 기분이었다.

카르멘의 긴 설명 중에는 내 전생의 이야기도 들어 있었다. 전생에 나는 수도승이었다는 것이다. 이번 생에서도 전생에 대한 미련이 남아 있어 자꾸 그쪽 동네를 기웃거린다고 했다. 내가 캘커타 마더 테레사의 집에 뻔질나게 들락거리게 된 것도 아마 그 때문일 것이라고 했다. 30대가 끝나는 시기가 그토록 힘든 건, 전생의 영향력이 소멸되고 다음 생을 위한 준비가 시작되어야 하기 때문이라고 했다. 그러면서 내가 '선생'이 될 것이며 또 되어야 한다는 것이었다. 내가 가을 학기에 대학에서 강의를 하게 될 거라는 걸 어찌 알고! 내가 작가가 된 것도 다 그 '선생'의 운명에 따른 일이라고 했다. 아, 얼마나 많은 독자들이 내 글을 '꼰대'의 글이라고 비판했던가!

카르멘이 내 운명을 알아낸 방법의 이름은 수비학(數秘學) 또는 수점(數占, numerology)이라는 것이었다. 그녀는 '만물은 수(數)다'라고 말했던 피타고라스의 후예였던 셈이다. 놀라운 일이었다. 만약 내가 내 이름의 영문 철자를 다르게 썼다면, 예를 들어 마지막 자 '준'을 JOON이 아니라 JUN이라고 썼다면 카르멘의 내 인생 풀이는 전혀 다른 것으로 나왔을 것이다. 교육부의 로마자〔외국어〕 표기법을 무시하고 내 멋대로 영문 이름을 쓴 것도 결국은 내 운명이 시킨 일이었는지 모른다.

양의 간에서 미래를 엿보다

고대 메소포타미아에는 점성술과 함께 점간술이 있었다고 한다. 양의 간을 가지고 미래를 예언했다는 것이다. 자, 한번 상상해 보자. 양의 뱃속에서 간을 꺼내들고 그 간의 모양과 색깔에 따라 길흉을 예언하는 점간술사의 모습을. "대왕마마, 이 양의 간이 퉁퉁 부어 있사옵니다. 이는 이웃나라의 왕이 간이 부어서 군사를 일으켜 우리 나라를 침략할 조짐이오니, 대왕마마께서는 하루속히 방어 준비를 갖추셔야 할 것입니다.…" 만약 점성술 대신 점간술이 아직까지 살아남아 잡지마다 '오늘의 간 운세' 페이지가 실려 있다면 어떨까. "당신에게 황달의 기운이 뻗쳐 있으니 연애운은 아예 기대하지도 말라.…" 불행하게도 점간술의 전통은 완전히 사라져 버렸다. 아까워라!

고대 페르시아에서는 양의 창자를 점치는 데 사용했다는 얘기도 있다. 익히 알다시피 중국 사람〔정확히는 동이족의 후예〕들은 거북의 등껍질에서 주역의 팔괘(八卦)를 찾아냈다. 그리스 델피 신전의 여사제는 바위 틈에서 불어오는 바람 소리에서 신의 목소리를 들었다. 고대 로마인들은 새들의 행동에서 미래를 보았고, 갈리아의 침공으로 로마가 불탔을 때 주피터 신전의 거위들이 먼저 맥을 못추었다는 이야기를 기록으로 남기기도 했다. 21세기가 된 지금 미아리에 가면 밥상에 흩어진 쌀알에서 사람들의 미래를 알아차리는 쪽집게 보살들이 손님을 기다리고 있다.

하늘의 별, 양의 간과 창자, 거북의 등껍질, 바위 틈으로 불어오는 바람 소리, 새들의 날개짓, 흩어진 쌀알, 타로 카드, 수정 구슬, '산통 깨진다' 할 때의 그 산통〔算筒 : 점쟁이가 점을 치는 데 쓰는 산가지를 넣어 두는 통〕…. 사람들이 미래를 훔쳐보기 위해 사용한 수단들의 일부다. 사람들은 왜 그렇게 미래를 알고 싶어 할까. 보이저 우주선이 태양계를 벗어난 지 이미 오래다. 그런데도 사람들은 해와 달과 수성, 금성, 화성, 목성, 토성 등 다섯 개의 행성밖에 모르던 시절에 생겨난 점성술에 귀를 기울인다. 현대 과학의 집약체라고 해도 좋은 컴퓨터에 사주팔자 프로그램을 깔아놓고 짭잘한 수입을 올린다. 자녀의 대학 입학 같은 자질구레한 집안 일을 미리 알려 주건, 아니면 인류의 종말을 미리 알려 주건, 하여간 미래를 '예언'하는 성직자들 앞에는 신도들이 구름떼같이 몰려든다. 사람들은 왜 그렇게 미래에 매달리는가.

답은 별로 복잡하지 않다. 인간이 온갖 수단을 동원해 미래를 미리 알아내려고 하는 이유는 '혼돈'의 불안을 견딜 수 없기 때문이다. 과거는 이미 벌어진 일이고 존재하는 것이기 때문에 이리저리 짜맞추고 엮어 '질서'를 만들어 낼 수 있다. 하지만 미래를 대상으로 해서는 그 질서를 만들어 낼 수 없는 것이다. 아무 것도 알려진 것이 없고, 모든 가능성이 고스란히 살아 있기 때문에 미래는 언제나 '혼돈'이다. 그런데 생명은 혼돈 속에서 생겨난 질서다. 따라서 모든 생명은 어떻게 해서든 질서를 만들어 내려 발버둥친다. 질서를 만들어 내지 못하면 '죽기' 때문이다. 간단히 말해, 인간이 미래를 알고 싶어하는 것은 '죽음'이 두렵기 때문이다. 양의 간을 통해 미래를 엿보면 미래에 질서를 부여할 수 있게 되는 것이다. 그 질서를 통해 생명을 연장할 수 있는 기회를 조금이나마 늘릴 수 있게 되는 것이다.

혼돈에서 질서를 만들어 내다

밤하늘의 별을 올려다본 적이 있는 사람은 다 알 것이다. 별들이 얼마나 무질서하게 흩어져 있는지를. 조금이라도 철이 든 사람은 다 알 것이다. 인생이 얼마나 무질서한 우연들로 가득 차 있는지를. 우주는, 인생은 거대한 혼돈이다. 그러나 밤하늘의 별을 올려다본 적이 있는 사람은, 인생을 돌아본 적이 있는 사람은 또 다 알 것이다. 별들이 얼마나 절묘하게 자리를 잡고 있는지를, 그리고 인생이 얼마나 기이한 인연들로 점철되어 있는지를. 우주는, 인생은 또 거대한 질서이기도 하다.

과학자들이 이미 밝혀냈다. 질서가 혼돈의 한 부분이라는 사실을. 생명은 혼돈 속에서 질서를 만들어 내는 우주의 본능이 만들어 낸 산물이라는 것을. 단순한 생물/무생물의 이분법을 버리면, 이 우주 안의 모든 것은 살아 있다. 수소 원자와 산소 원자가 살아 있지 않다면 물은 만들어질 수 없고, 탄소 원자가 살아 있지 않다면 다이아몬드가 만들어질 수 없다. 쿼크들이 살아 있지 않다면 아예 원자들이 만들어질 수 없다. 쿼크들은 미래를 예측한다. 그래서 수소부터 우라늄에 이르는 원소를 만들어 낸다. 지금 내 몸은 결국 아득한 빅뱅 이후 소립자들이 계속해 온 미래 엿보기, 다른 말로 '점치기'의 결과라고 해도 틀리지 않다.

점을 친다는 것은 결국 혼돈 속에서 질서를 찾아내는 것이다. 밤하늘에 흩어진 별들에서 곰의 모양을 만들어 내고, 화살을 든 사냥꾼 켄타우로스의 모양을 만들어 내는 것, 결국 질서를 찾아내는 일이다. 미아리의 보살님들은 밥상에 흩어진 쌀알들을 연결해 어떤 그림을 그려낼 것이다. 조금 유식한 말로 해서, '패턴'을 찾아내는 것이다. 무질서하게, 혼돈스럽게 뒤섞여 있던 점들을 잇다 보면 어느 순간엔가 숨겨져 있던 그림이 드러날 때가 있다. 패턴이 드러나는 것이다. 그 순간 혼돈 속에서 질서가 태어난다. 질서가 태어나면 그 때부터 생명이 시작된다. 밤하늘에 빛나는 별들이 사냥꾼이 되고 큰곰과 작은 곰이 되어 우주라는 광야를 달려가기 시작한다. 밥상에 흩뿌려진 쌀알들이 돈 잘 버는 남편감이 되고 현모양처가 되어 아들딸 낳고 잘 살아가기 시작한다.

점을 치다, 꿈을 꾸다

"나는 죽어야 할 인간이고 내 목숨은 하루살이와 같으나, 자신의 길을 순환하는 수많은 별들의 길을 따를 때 나의 발은 더 이상 땅을 밟지 않나니. 제우스 그 분에게로 올라가 신들의 음식을 드노라."

서기 2세기 알렉산드리아의 천문학자이자 지리학자였으며 점성학자였던 클라우디우스 프톨레마이오스〔Claudius Ptolemaeos, 83?~168?〕가 그렇게 얘기했단다. 프톨레마이오스는 다 아시겠지만, 코페르니쿠스〔Nicolaus Copernicus, 1473~1543〕의 지동설이 나올 때까지 서양 사람들의 우주관을 지배했던 천동설을 처음 체계적으로 주장했던 사람이다. 과학과 신비가 서로 헐뜯고 싸우지 않던 시대, 밤하늘 별들의 움직임이 인생의 움직임과 연결되어 있던 시대였다. 하루살이 인간이 제우스와 함께 신들의 음식을 먹을 수 있는 가능성이 존재했던 시대였다. 프톨레마이오스의 말을 조금 비약해 해석하면, 점성술은 신이 되고자 하는 인간의 꿈이었다. 영원한 생명에의 꿈.

사자에 쫓기는 영양은 다음 순간 어느 방향으로 틀면 사자가 따라오지 못하리라는 것을 예측해야 한다, 곧 미래를 '점쳐야' 한다. 잘못된 예측, 곧 틀린 점은 영양에게 죽음을 의미한다. 사자 역시 영양이 바로 다음 순간 어느 방향으로 틀어 도망갈지를 점쳐야 한다. 틀린 점만 계속 치는 사자는 굶어 죽을 수밖에 없다. 인간이라고 무엇이 다를까. 인간도 살아남기 위해서는 끝없이 미래를 점쳐야 한다. 그리고 자신이 바라는 대로의 삶을 위해서 끝없이 미래의 자기 모습을 그려야 한다. 미래라는 혼돈 속에서 패턴, 곧 질서를 만들어 내는 것이다.

사랑은 없이 우정만 남았다는 내 불행한 별자리 점의 결과, 이제 수도승의 운명은 접고 선생의 운명으로 넘어가야 할 시기라는 수점의 결과, 그것들은 결국 내가 꿈꾸는 내 미래의 질서다. 내 의지와 상관없이 우주가 시작된 그 순간부터 계속된 어떤 꿈이 있었다. 순수한 에너지 상태로 시작되었건, 무한히 작은 소립자에서 시작되었건, 그 꿈은 끝없이 미래의 자기 모습을 점쳤다. 회전하는 수소 가스 구름의 모습이, 활활 타오르는 거대한 태양의 모습이, 초신성으로 폭발해 우주 공간에 다시 흩뿌려진 무수한 원소의 모습이, 그 원소들이 결합해 이루어진 170cm, 63kg의 인간의 모습이, 그 꿈 속에 그려진 패턴들이었을 것이다. 꿈과 점은 하나였던 것이다.

모든 생명이 그러하듯, 나 또한 영원히 점을 칠 것이다. 언젠가 제우스의 옆자리에서 그와 함께 암브로시아와 넥타르를 먹고 마실 때까지. 언제? 우주가 완성되는 날! 그 날이 오면 나는 또 제우스와 함께 점을 칠 것이다. 우주의 완성 다음엔 무슨 일이 벌어질지에 대해서.

〔『**ttl**』, SK Telecom, 2001.01〕

〔2020.12〕 많은 사람들이 그러하듯, 나도 한때 영성, 신비, 이런 단어들과 친해지려 애쓰던 시절이 있었다. 그런 단어들을 이야기하는 책들과 사람들을 만나며 즐거웠던 시간들이 있었다. 거기까지였다. 신과학 또는 정신 과학으로 일컬어지는 책들을 만나며 새로운 세계를 만나는 경이로움에 빠진 적도 있었다. 역시 거기까지였다. 타고 나기를 회의주의자 또는 의심병 환자로 태어난 탓인지 내겐 그들이 말하는 신비의 체험이 찾아와 주지 않았다. 전생과 환생이라는 단어를 꽤나 자주 말로 하고 글로 쓰지만, 비유와 은유일 뿐, 진짜로 그런 것들을 믿지는 않는다, 또는 못한다. 왜? 내가 체험하질 못했으니까.

물론 내가 체험하지 못했다고 해서, 그 신비 체험을 겪었노라고 말하는 사람들을 무시할 수도 없고, 그럴 마음도 없다. 그저 내가 몸으로 겪지 않았기에 믿을 수 없다는 얘기일 뿐이고, 거칠게 요약해서 나는 '알 수 없다'는 쪽에 내 몫의 판돈을 걸었을 뿐이다. 점성술과 수비학의 점괘가 신통하게도 내 삶의 일부를 보여 주었지만, 그건 많은 과학자들이 밝혀 낸 것처럼 통계와 확률의 법칙에 따라 가능한 조합이다.

애초에 이 우주에 한 자리에 고정된 천체는 단 하나도 없는데, 달조차 지구에서 매년 3.8cm씩 멀어지고 있다는데, 까마득한 미래에는 우리 은하와 안드로메다 은하도 충돌해서 합쳐진다는데, 과거의 별의 위치를 기반으로 한 예측이 미아리 보살들의 산통점 이상의 신뢰를 얻어야 할 까닭은 없다. 그냥 믿거나 말거나, 재미로, 또는 실낱 같은 끈에라도 매달리는 마음으로 들으면 된다. 인생의 중요한 사건은 거의 다 우연, 또는 우주의 확률 게임에 따라 벌어진다. 그리고 확률은 100%가 아닐 땐 사건의 당사자에겐 결국 반반이 된다. 벌어지거나 안 벌어지거나.

아직 과학이 밝혀내지 못한 우주의 현상들이 많다는 주장에는 얼마든지 동의한다. 하지만 그렇다고 해서 달이 멀어지는 것조차 중력의 법칙이 아니라 하느님이 지구를 창조한 증거라고 우기는 소위 '창조과학'의 주장에는 콧방귀나 뀌고 말련다.

진정한 신비는 결국 다른 인간, 또 다른 생명체들과의 공동체를 꿈꾸고 몸으로 실천하는 행동과 과정이라고 나는 믿는다. 내가 놓아 준 사료 한 줌에 새끼들 젖을 물릴 수 있는 길고양이와 나의 공동체, 내가 물 주어 키운 상추가 쌈이 되어 내 몸에 들어올 때의 합일보다 신성한 신비가 어디 또 있으랴.

패턴을 찾는 건 필요한 일이고, 중요한 일이다. 그래야 나도 살고 나 아닌 다른 생명들도 함께 살 수 있으니까. 거기까지! 자기가 찾은 패턴만이 진리라고 강요하는 건 제발 그만! 그저 내가 찾아 봤더니 이런 패턴이 나오더라, 재미있더라, 그 패턴을 인생의 다른 부분에 적용해 봤더니 신기하게도 들어맞더라, 그 정도에서 그만! 우리는 아직 모른다. 우주의 아주 작은 부분을 정말 조금 알아냈을 뿐이다. 인생에 대해서도 마찬가지인 걸 굳이 말할 필요는 없지.

●

조병준의 집에서 잠시 머물렀던 길냥이 너울이. 조병준을 캣대디로 만든 주인공이다. 지금은 괴산 어느 시골집의 집냥이로 살고 있다.

Photo © JO Byoung Joon

미국으로 입양되어 양부에게 살해된 세 살 현수를 기리기 위해 역시 입양인인 토마스 박 클레멘트 씨가 제작 · 기증한 동상. 서울 다니엘학교 교정에 있다.

〔D-19〕

세상의 모든 가족

|

oppa

|

내게 여동생이 하나 있다. 나를 오빠라고 부르는 여자. 나와는 한 방울의 피도 섞이지 않았지만, 나는 그녀에게 이 세상에 단 하나뿐인 오빠다. 이야기는 조금 길다. 한국에 와서 영어 강사로 일하는 인도 친구의 집들이 초대를 받았다. 미국, 영국, 캐나다, 멕시코, 온갖 다양한 국적을 가진 집들이 손님들 중에 조금 이상한 여자가 하나 있었다. 그녀의 얼굴은 한눈에 봐도 알 수 있는 한국 여자였고, 그녀의 언어는 완벽한 미국 영어였다. 서양식의 파티가 그렇듯, 그저 서로 이름을 주고받고 몇 마디 말을 나누다가 다른 사람과 인사하고, 뭐 그러다 보니 그녀와 별다른 이야기를 나누지는 않았다.

파티의 손님 중에 토머스라는 미국 청년이 있었다. 인도 친구가 나를 글쟁이라고 소개했을 때, 그는 자신도 소설가를 꿈꾸고 있다며 반가워했다. 가재는 게 편이라고 그 날 토머스와 제일 많은 이야기를 나누게 되었고, 다시 만날 약속을 하게 되었다. 강남의 어느 패밀리 레스토랑에서 토머스를 다시 만났을 때, 그 자리에 태미가 함께 있었다. 한국 여자의 얼굴에 미국 영어를 완벽히 구사하던 그 여자였다. 고기와 술을 마음껏 먹을 수 있는 레스토랑이었다. 태미는 줄곧 '원샷!'과 '건배!'를 외치며 잔을 비웠다. 그녀의 모습은 밝고 쾌활했다. 그리고 소주병이 두 병째인가 세 병째인가 비워졌을 때부터 그녀는 어둡고 작아졌다. 한국에 온 지 얼마 되지 않은 그녀는 소주의 위력을 전혀 모르고 있었다.

예상했던 대로였다. 미국에 입양된 한국 고아. 혹시라도 가족을 찾을 실마리라도 건질 수 있지 않을까 싶어 한국에 왔다고 했다. 갓난아이 때 길거리에 버려진 채로 발견되었기 때문에 입양 기관에서도 가족에 관한 아무런 기록을 갖고 있지 않다고 했다. 발견된 장소가 춘천이라는 사실만 남아 있다고 했다. 왜 가족이 자신을 버려야 했는지 그것만이라도 알고 싶다고 했다. 태미를 입양한 미국 가족의 집은 완전히 백인들만 살던 동네였다고 했다. 어릴 때는 자신이 백인인 줄 알았다고 했다. 어느 날 거울에 비친 자신의 얼굴이 백인의 얼굴이 아니라는 진실을 깨달았던 날을 영원히 잊지 못할 거라고 했다. 끝내 그 눈에서 눈물이 흘렀다.

사람이 사람에게 해 줄 수 있는 일은 그리 많지 않다. 약속하지만, 할 수 없다. 세상의 누구도 타인의 고통을 대신 짊어질 수는 없다. 그나마 다행한 일은, 사람은 사람의 손을 잡아 줄 수 있다는 것이다. 내가 힘들어 할 때 내 손을 잡아 주었던 사람들이 그랬던 것처럼, 나도 태미의 손을 잡아 주었다. 그리고 그녀를 위해 내가 할 수 있었던 단 한 가지의 일을 했다. 그녀에게 말했다.

"태미, 들어봐. 나도 네가 친가족을 찾는 일에는 아무런 도움이 될 수가 없어. 하지만 내가 너의 오빠는 되어 줄 수 있을 거야. oppa, 그래, 오빠. 이제 한국에도 네 가족이 최소한 한 명은 있는 거야…."

그 후 얼마 되지 않아 나는 캘커타로 떠났다. 떠나기 전에 밥이라도 한 번 더 먹자고 약속했지만, 우리 두 사람의 시간이 다 어긋나 그 약속은 지켜지지 못했다. 두 달 만에 서울에 돌아와 태미의 집으로 전화했을 때, 룸메이트는 그녀가 이미 서울을 떠났다고 알려 주었다. 토머스에게 전화했지만, 토머스 역시 이미 서울을 떠나고 없었다. 서울은 때로 사람들에게 아주 잔인한 도시다. 세상 그 어느 도시보다 돈이 신성시되는 곳, 세상 그 어느 도시보다 이방인에게 배타적인 곳, 서울. 서울은 친구가 없으면, 최소한 가족이라도 없으면, 그 누구도 살아남을 수 없는 도시다. 왜 그들이 서울을 떠나야 했는지 그리 궁금하지 않았다. 내가 서울을 떠나 있었던 것이, 그들이 서울을 떠날 때 배웅이라도 나가지 못한 것이 미안할 뿐이었다.

몇 번의 이메일을 주고받았다. 토머스는 타이베이로 가서 역시 영어 강사 일을 하며 잘 살고 있다고, 그리고 태미는 미국에 돌아가 고향에서 직업을 잡고 잘 살아가고 있다고 소식을 전해 왔다. 태미의 메일은 언제나 oppa로 시작했다. 그저 그녀가 행복하게 살아가기를 바랄 뿐이다. 내 친여동생 셋과 마찬가지로 행복하게 좋은 상대 만나서 예쁜 가정을 누리며 살아가기를. 그래서 그 가족의 사랑으로 자신의 상처를 다 치유받을 수 있기를. 태미, 내 누이. 세상의 모든 누이들.

our dearest Korean son

그렇게 태미의 이야기를 들려 주었다. 안네의 두 눈에서 눈물이 흐르고 있었다. 딕의 눈에서도 눈물이 흘렀다. 그래서 어쩔 수 없이 나도 울었다. 안네가 나를 안았다. 식당에 있던 사람들은 우리 세 사람의 우는 모습을 보며 무엇을 상상했을까.

한 달여에 걸쳐 순전히 두 발로 걷는 스페인[에스파냐] 성지 순례 중간이 조금 지났던 때였다. 무슨 기운이 뻗친 날이었는지, 아니면 뜨거운 태양에 조금 머리가 이상해졌던 건지 이틀에 끝내야 했을 거의 40km의 길을 하루에 걸어 버렸다. 어쩌면 안네와 딕 부부를 만나려고 그랬던 건지도 모른다. 인연이라는 건 원래 그렇게 이어지는 법이니까. 오후 내내 나무 그늘 하나 없는 길을 걸어야 했다. 카스트로헤리스(Castrojeriz)라는 이름의 작은 마을에 도착했을 때는 그야말로 일사병에 걸리기 일보 직전이었다. 순례자 숙소에 들어서니 이미 침대는 다 차 있었고 바닥에 매트리스를 깔고 자야 했다. 그래도 이튿날 갈아

입을 셔츠와 양말을 빨아야 했고, 저녁밥을 지어 먹어야 했다.

빨래를 널려고 정원에 나갔다. 몇몇 순례자들이 정원에 앉아 휴식을 취하고 있었다. 빨래를 널고 일기장을 꺼내 와 테이블 한구석에 앉았다. 옆자리에 앉아 있던 중년 부인과 눈인사를 했다. 순례길 내내 동양인은 나 혼자였으므로, 어디에서건 순례자들은 내게 물었다. 어디에서 왔느냐고. 그 중년 부인도 내게 물었다.

"어디에서 왔니?"
"한국에서요."
"정말?"
"그런데요, 왜요?"
"어쩌면 이럴 수가! 나도 한국 딸이 있는데."
"한국 딸이요?"
"여보, 딕, 이리 와 봐요. 이 청년이 한국에서 왔대요!"

그렇게 안네, 딕 부부와의 인연이 시작되었다. 50대 초반의 네덜란드 부부였다. 네덜란드 암스테르담에서 조금 떨어진 작은 도시에 집이 있다고 했고, 네덜란드에서 스페인 국경까지 계속 히치하이킹으로 차를 얻어 타고 내려왔다고 했다. 공식 거리 725km, 에둘러 가는 길을 다 합치면 족히 800km는 되고도 남을 그 먼 순례길을 50대 부부가 천천히 천천히 걷고 있었다. 함께 음악 학교를 다니다가 아주 젊은 나이에 결혼을 했고, 아들 하나와 딸 둘을 낳아 기른 다음 한국에서 또 딸아이를 입양해 길렀다고 했다. 고등학교 졸업반인 막내딸의 이름은 유희라고 했다. 언젠가는 딸아이와 함께 한국을 찾아오고 싶다고 했다.

세 사람 다 너무 피곤한 날이었기 때문에 일찍 잠자리에 들어야 했다. 해가 뜨거워지기 전에 순례 일정을 시작하려면 전날 일찍 자고 일찍 일어나야 하기도 했다. 다음 날 함께 출발한 것도 아니었지만, 언덕 위에서 해돋이를 보며 쉬다 보니 안네, 딕 부부와 함께 걷게 되었다. 걸으며 이런저런 이야기를 나누었다. 두 부부의 삶, 유희의 이야기, 그리고 내 삶의 이야기들. 이야기는 따뜻하고 행복했지만, 아무리 행복한 이야기도 몸을 위로해 주지는 못했다. 드디어 발바닥에 물집이 잡혔는지 한 발짝을 내딛을 때마다 대못 위를 걷는 것 같았고, 거기다 배까지 아프기 시작했다. 전날 무리했던 벌이었다.

아픈 건 나만이 아니었다. 해가 높이 떠오르고 길이 운하 옆으로 이어지면서 안네가 다리의 통증을 호소하기 시작했다. 운하 옆에 배낭을 내려놓고 한참을 쉬다가 결국 내가 먼저 출발하기로 했다. 점점 더 심해지는 복통을 참기 어려웠다. 안네와 딕 부부는 조금 더 쉬었다가 오겠다며 어서 먼저 가라고 했다. 꼭 아픈 식구를 남겨 놓고 떠나는 것처럼 마음이 편치 않았다.

마침내 24km를 다 걸어 프로미스타(Fromista)라는 작은 도시의 순례자 숙소에 도착했다. 짐을 풀고 화장실을 들락거리며 복통을 가라앉히고 옆 침대의 순례자 친구들에게 발바닥의 물집을 따 달라고 부탁하고, 오지 않는 안네와 딕을 걱정하다 보니 한참 시간이 흘렀다. 침대에 누웠다 나도 모르게 잠이 들고 말았다. 어느새 해가 기울고 있었다. 일기장을 들고 물집이 닿지 않게 어기적어기적 걸으며 식당으로 내려갔다. 안네와 딕 부부가 거기 있었다.

"준!"

"안네! 딕!"

"배 아픈 건 어떠니?"

"이제 조금 괜찮아졌어요. 안네 다리는 어때요?"

"이제 괜찮아. 딕이 먼저 여기로 와서 차를 불렀어. 병원에도 갔다 왔고. 넌 병원에 가 봤니?"

"아뇨, 그냥 오늘밤만 넘기면 괜찮을 것 같아요."

아무 것도 먹지 말고 뱃속을 비우려 결심했지만 결국 안네, 딕 부부와 함께 포도주를 마시고 말았다. 좋은 약이었다. 어느 것이 좀 더 큰 효과를 낳은 약이었을까? 그 포도주였을까, 아니면 그 착한 부부와 함께 나눈 이야기들이었을까. 빈 속에 들어간 포도주는 나를 쉽게 취하게 만들었다. 어쩌다가 태미의 이야기를 시작했는지는 기억나지 않는다. 한참을 울고 난 안네가 내게 말했다.

"사실은 너한테 유희 얘기를 한 다음에 조금 걱정했어. 한국 사람들이 입양에 대해서 별로 좋게 생각하지 않는다는 소릴 들었거든. 그런데 니 얘기를 들으니 이제 마음이 편해졌어. 고마워."

안네와 딕 부부에게 말해 주었다. 한국 사람들이 다 그런 건 아니라고. 그래도 많은 사람들이 우리 아이들을 잘 키워 주는 것에 고마워하고 있다고, 우리 아이들을 우리가 키우지 못하는 것에 미안해 하고 있다고. 태미도, 유희도 어쩌면 내 누이일 수도 있었다. 우리 가족이 조금 더 가난했다면, 우리 엄마가 조금 더 약한 여자였다면, 내 여동생 셋 중의 누군가 태미가 될 수도 있었고 유희가 되었을지도 모른다. 그런데 그 고마운 사람들에게 곱지 않은 눈길을 보낸다고? 누가? 무슨 권리로, 무슨 체면으로? 몇몇 나쁜 양부모들이 있다는 이유로?

포도주 탓이었을 게다. 나는 일기장에 끼워져 있던 그림 엽서 한 장을 꺼냈다. 거기에다 '내 누이 유희에게'라고 한글로 쓰고 다시 영어로 썼다. 너의 아빠와 엄마를 길 위에서 만났다고. 먼 한국에 오빠가 하나 있다고 생각하라고. 언제든 서울에 오면 그 오빠를 만나 달라고…. 순례가 끝나고 집으로 돌아가면 유희에게 전해 달라고 안네에게 건넸다. 엽서를 받으며 안네와 딕은 나를 다시 안았다. 그러면서 말했다.

"준, 이제 넌 우리의 새 아들이야."

새 아빠와 새 엄마는 그 날 나를 근사한 식당으로 데려갔다. 배탈이 두려워 새 모이처럼 조금만 먹을 수밖에 없었지만, 그 먼 곳에서 엄마 아빠가 사 주신 저녁이었다. 엄마 아빠가 사 주신 모든 밥처럼 맛있었던 저녁. 다음 날 안네와 딕은 하루 더 휴식을 취한 뒤 출발하겠다고 했고, 나는 물집 터진 발바닥을 붕대로 감고 다음 목적지로 출발했다. 아버지의 칠순 잔치 전에 서울로 돌아와야 했으므로 시간이 많지 않았다. 순례가 끝나는 곳 산티아고에서 만나자고 약속했지만, 끝내 안네와 딕을 다시 만나지 못했다. 편지와 이메일들이 오고갔다. 언제나 '우리의 사랑하는 한국 아들 준에게'로 시작하는 편지들.

세상의 모든 가족

너무 감상적인 이야기였는가? 미안하다. 태미를 생각할 때면, 유희와 안네와 딕을 생각할 때면 나도 어쩔 수 없이 감상에 빠져 버린다. 가족이란 게 원래 그렇지 않은가. 끝없이 지긋지긋해 하면서도 틈만 나면 콧물 훌쩍, 눈물 훌쩍 할 수밖에 없는 게 가족 아닌가. 어차피 누구에게나 힘든 삶, 그 삶의 짐을 가족처럼 성큼 대신 짊어져 주는 사람이 어디 그리 많은가. 그런데 세상에 그 가족이 없는 사람은 또 얼마나 많은가. 부모 형제 없는 아이들에게 부모가 되어 주고 형제를 만들어 주는 사람들처럼 착한 사람이 또 있겠는가. 세상이 하도 험하다 보니 착한 사람들을 만나면 괜히 눈물부터 핑 돌지 않는가 말이다.

세상의 모든 생물이 다 한 조상에서 왔다고 했다. 연못 물 속의 짚신벌레도 다 우리의 친척이라고. 지구상에 살아가는 모든 생물은 어차피 다 지구라는 한솥밥에서 지어진 밥을 먹고 살아가는 존재들이라고. 가족. 세상의 모든 사람, 모든 생명이 어차피 다 한 가족이다. 힘들고 고단한 세상 쓰러지지 않게 부축해 주고 밥 떠먹여 주는 가족. 세상의 아주 많은 가족들….

〔『**ttl**』, SK Telecom, 2001.05〕

●

〔2020.12〕 해외 입양인에 대해 관심을 갖게 된 건 그 해 태미를 만나면서부터였다. 살다 보니 태미와는 소식이 끊어졌다. 결국 또 나쁜 오빠가 된 셈이다. 그래도 태미가 짧은 한국에서의 시간 동안 잠시 오빠로 부른 한국인이 하나 있었음을 좋은 기억으로 간직해 주었으면 좋겠다.

안네와 딕 부부의 아들로 입양(?)된 덕택에 이메일로나마 서로를 잊지 않고 연락을 이어갔다. 그리고 7년만인 2007년에 네덜란드에서 재회했다. 부부의 한국 딸 유희도 만났다. 언젠가 이 네덜란드 가족의 이야기는 다시 길게 풀어 놓을 기회가 생길 것이다. 여기서 짧게 몇 가지만 살짝 얘기하자. 유희를 처음 만났던 날, 그녀는 자기 어깨에 새겨진 문신을 보여 주었다. 최 유 희. 한글로 새긴 문신. 그녀가 물었다. 스펠링이 맞냐고. 입양 서류에 적혀 있던 이름을 본떠서 '그린' 것이라고. 먹먹했다. 뿌리가 뭐라고, 자신을 그 먼 곳으로 보낸 나라가 뭐라고 바늘로 피부를 찌르면서까지 자기 한글 이름을 몸에 새겼을까.

네덜란드에서 만난 뒤 1년 만에 안네와 딕, 그리고 유희가 다른 네덜란드 입양인 가족들과 함께 모국 방문으로 한국을 찾았다. 당연히 그들과 몇 일정을 함께 했다. 그 가족을 집으로 초대할 땐 미역국을 포함한 생일상을 차렸다. 한국에서 처음 경험하는 집밥이니 미역국을 꼭 먹여 주고 싶었다. 그리고 생부모를 찾는 일에 나선 다른 입양인 가족들과 함께 어느 입양 기관에 갔다. 입양 기관 몇 미터 앞에서 발걸음을 계속하지 못하고 하염없이 눈물 흘리던 유희, 그리고 안네와 딕의 기억은 지금도 아프다.

친 가족의 기록은 기관에 남아 있다고 했다. 그러나 그 기록을 입양인에게 보여 줄 수는 없다고 했다. 심지어 기록에 남아 있는 그 친족의 신상이 진짜인지 거짓인지도 알 수 없다고, 설령 진짜라 해도 먼저 친족에게 연락해 그 친족이 원할 경우에만 기록을 보여 주고 상봉을 주선할 수 있다고 했다. 한참을 아무 말없이 앉아 있던 유희가 마침내 입을 열었다. 괜찮다고, 자기 옆에 앉아 있는 두 분이 자신의 부모님이라고. 친 가족을 찾지 않겠다고….

유희네 가족과의 인연은 현재 진행형이다. 유희의 남편은 '강남 스타일'에서 잘못 배워서 나를 'oppan'이라고 부른다. 오빠도 아니고 오판은 또 뭐냐. 오빤 강남에 안 살고 강북에 사는데. 지난 해 다시 네덜란드를 찾았을 때 그들의 첫 아이 보아즈를 위해 돌맞이 한복을 선물했다. 유희네 가족을 만난 적 있는 한국 친구 호야가 들려 보낸 선물이었다. 한국의 돌잔치 풍습도 알려 주었더니 나중에 보아즈의 첫 생일날 찍은 돌한복 입은 사진과 실 꾸러미, 연필, 청진기 모형, 유로 지폐를 늘어 놓은 생일상 사진을 보내왔다. 태미에게 못한 오빠 노릇을 유희에겐 조금이라도 할 수 있어 참 좋았다.

●

〔D-20〕

피의 노래, 뿌리의 노래

|

현수, 하얀 국화 속의 아이

|

여기 한 사내아이의 사진이 있다. 파란 옷을 입은 아이. 아이의 얼굴을 둘러싼 사각형 액자에는 하얀 국화가 촘촘히 꽂혀 있고, 하얀 국화 위에 검은 리본이 드리워져 있다. 만 나이 세 살을 겨우 넘기고 엄마 품을, 엄마의 나라를 떠났고, 끝내 세상을 떠난 아이. 1급 살인죄로 기소된 양부에 의해 살해당했건, 아니면 양부의 주장대로 사고를 당했건, 아이는 세상에 없다. 아이의 사진은 선명하지 않다. 아마 어느 스냅 사진에서 아이의 얼굴 부분을 편집해 확대했을 것이다.

Madoc Hyunsu O'Callaghan. 아이의 영문 이름을 검색창에 넣어본다. 사진의 원본이 쉽게 찾아진다. 아이는 백인 여인과 얼굴이 모자이크 처리된 백인 소년과 함께 앉아 있다. 아이가 입은 파란 민소매 셔츠에는 Pororo라는 영문이 찍혀 있다. 뽀로로. 내 어린 조카들을 포함해 나는 뽀로로 셔츠를 입은 아이들을 아주 많이 보았다. 내 조카가 입었던 뽀로로 셔츠와 현수의 뽀로로 셔츠가 내 머릿속에서 오버랩된다. 머릿속으로 지독한 미세 먼지가 밀려든다.

|

청운동, 뿌리의 집

|

그 봄날, 인왕산 자락도 미세 먼지에 포위당해 있었다. 서울 종로구 자하문로 125-10, 청운동, '뿌리의 집'에서 그녀를 만났다. 제인 정 트렌카. 『피의 언어(The Language of Blood)』(도마뱀출판사, 2012), 『덧없는 환영』(창비, 2013)의 작가. 〈진실과 화해를 위

한 해외 입양인 모임(Truth and Reconciliation for the Adoption Community of Korea, TRACK)〉의 대표.

그녀를 만나기 전에 먼저 그녀의 책을 만났다. 『피의 언어』. 나는 그 제목을 조금 느슨하게 풀어 옮기고 싶다. 피가 들려 준 말. 피가 하는 말. 그녀는 자신의 책에서 스스로를 '추방자'라고 불렀다. 그녀의 책을 읽으며 나는 노래를 듣고 있다고 느꼈다. 뿌리를 찾아, 생의 근원을 찾아 멀고 험한 길로 나선 어느 '추방자'의 노래. 피 같은, 피처럼 진하고 붉은 노래. 타인이 섣불리 간추려 전달할 수 있는 그런 이야기가 아니다. 그 노래를 들으려면 당신도 책을 읽어야 한다. 한국어판 초판에 실린 작가의 말을 옮기는 것에서 책 이야기는 마무리하련다.

"태어난 곳으로 돌아가는 것은 죽음인 동시에 부활이다. 이런 죽음을 경험하는 것은 삶을 긍정하게 만든다. 그리하여 참된 정체성을 찾고 긍정적인 자아로 돌아오기까지 지구의 반 바퀴를 오가며 걸어 온 여정이 실은 행복한 길이었다는 걸 깨닫는다."

그녀는 자신이 처음 뿌리를 내렸다가 뽑혀 '추방'되었던 그 땅으로 돌아와 다시 뿌리를 내렸다. 모국어, 엄마의 언어를 다시 배우고, 글을 쓰고, 같은 상처를 공유한 다른 입양인들을 위한 싸움, 똑같은 상처가 되풀이되지 않게 하려는 싸움을 시작했다. 그녀는 「입양 특례법」의 개정을 위해 여러 입양 관련 풀뿌리 단체와 연대했고, 입양인에 대한 부당한 대우에 항의하기 위해 국회와 광화문 광장에서 피켓을 들었고, 정부가 제정한 '입양의 날'에 맞서 '싱글맘의 날' 행사를 기획했고, 제네바 유엔아동권리위원회 회의에 참가했고, 유엔인권위에 NGO 제안서를 공동 제출했다. 가족을 찾아 한국에 온 입양인들에게 친구가 되어 함께 돌아다녔다. 현수의 죽음이 알려졌을 때 영정 사진을 직접 만들어 들고 거리에 섰다. '지켜 주지 못해 미안해'라는 피켓과 함께.

우리의 대화는 거의 영어로 진행되었지만, 한국에 돌아온 이유를 말해 줄 수 있냐고 물었을 때, 그녀는 한국어로 답했다. "연어가 고향으로 돌아오는 것과 같은 거?" 한국에 돌아온 지 9년째, 그녀의 한국어는 여전히 영어 액센트를 담고 있었다. 유년기가 지난 후에 배운 언어는 끝내 '외국어'일 수밖에 없다. 그래도 그녀는 'salmon, 쌔먼'이라 말하지 않았다. 연어라고 말했다. 피의 언어.

대화를 나누던 중, 그녀가 양해를 구했다. 스위스 대사관에서 회의가 있어 일어나야 한다고. 점심이라도 함께 먹었으면 좋겠다고 하자 그녀는 친절하게도 '뿌리의 집'에서 함께 식사하자고 제안해 주었다. 고향을 찾아온 연어들이 식탁에 둘러앉아 있었다. 미국에서 프랑스에서 스웨덴에서, 오대양 일곱 바다로 흩어졌던 연어들이 인왕산 자락까지 숨겨진 물길을 거슬러 올라와 밥과 국과 나물과 김치를 나누고 있었다.

2002년 김길자 씨가 무상 임대로 제공한 주택을 개조해 문을 연 '뿌리의 집'은 한 해 200명에서 100명을 넘나드는 입양인들이 모국을 찾아와 머무는 '고향의 집' 구실을 하고 있었다. 김도현 목사를 비롯한 3명의 스태프와 자원봉사자들이 게스트하우스 운영을 비롯해 다양한 입양인 지원 활동을 이끌어 가고 있다. 돌아갈 집이 있다는 것이 얼마나 큰 축복인지, 집을 떠나 보지 못한 사람은 모른다.

식당의 벽에는 세 점의 유화가 나란히 걸려 있었다. 포대기에 싸여 잠든 여자 아기들, 그리고 한복 같기도 하고 아닌 것 같기도 한 옷을 입은 소녀들, 설명을 듣지 않아도 한눈에 알아볼 수 있는 그림들이었다. 포대기에 싸여 모국을 떠난 아이들, 자신들을 '추방'한 모국을 그래도 잊지 못해 찾아온 아이들…. 햇살 환한 거실에는 세 개의 벽시계가 암스테르담, 서울, 미네소타의 시간을 가리키고 있었다. 16만 명이 넘는 아이들이 다른 시간대의 나라로 흩뿌려졌다. 민들레 홀씨처럼 날아갔던 아이들은 이제 연어가 되어 고향으로 돌아온다.

"가족을 찾아온 입양인들은 지금 시간과 싸우고 있어요. 죽음과의 싸움이에요. 입양인들이 친부모를 찾을 수 있는 시간이 얼마 남지 않았다는 뜻입니다."

6.25 전쟁 직후부터 시작된 한국 고아들의 해외 입양은 1970년대와 1980년대에 절정에 달했다. 전쟁으로 초토화되었던 시기보다 눈부신 경제 성장이 이뤄지던 시기에 오히려 폭발적으로 늘어난 해외 입양을 어떻게 설명할 수 있을까. 이제 그 때 한국을 떠났던 입양인들이 뿌리를 찾아, 친가족을 찾기 위해, 가족을 찾지 못하면 적어도 '나는 누구인가?'라는 가장 원초적인 질문에 답을 찾기 위해 한국에 돌아오고 있다. 30대, 40대가 된 입양인들의 친부모는 이제 노년에 접어들었다고 봐야 한다.

"입양 관련 기록도 우리 입양인들이 원한다고 볼 수 있는 게 아닙니다. 입양 기관들은 그 기록이 자기네 소유물이라고 주장해요. 친부모가 원치 않으면 기록이 남아 있다 해도 보여 줄 수 없다며 거절해요. 입양인은 가장 기본적인 인권조차 누리지 못하고 있습니다."

아현동, 실내 포장 마차

두어 시간 후 제인에게서 연락이 왔다. 스위스 대사관에서의 회의가 끝났다고. 서대문 근처의 커피숍에서 기다리겠다고. 커피숍에는 제인과 TRACK의 활동을 함께 하는 동료 입양인이 있었다. 날도 저물어 가는데 막걸리 한 잔 어떠냐고 묻자 제인은 흔쾌히 동의했다. 아현동 뒷골목 허름한 식당에서 막걸리잔을 부딪쳤다. 스위스 대사관에는 무슨 일로 갔냐고 물었다.

"스위스 대사관에서 기금 지원이 가능한지 알아보는 회의였어요. 지금 기획하고 있는 프로젝트가 있어요. 미혼모들을 위한 상담소, 베이비 박스에 아기를 맡기러 오는 여성들을 위한 상담소를 만드는 일이에요. 아기를 베이비 박스에 넣기 전에 한 번 더 생각해 볼 기회를 주고 싶어요. 한국 사회는 바뀌어야 해요. 미혼모가 아기를 기르는 게 왜 문제가 되나요? 아기는 엄마가 키워야 하는 거잖아요. 미혼모가 아기를 기를 수 있도록 사회가 도와 주는 게 먼저 아닌가요? 아무리 좋은 양부모를 만난다 해도 입양된 아이의 삶은 아플 수밖에 없어요. 해외 입양은 이제 멈춰야 해요. 얼굴이 다른 사람들 속에서 자란다는 건 트라우마로 남을 수밖에 없어요. 베이비 박스에 아이를 두고 가면, 심지어 아무런 기록도 없이 아기를 버리고 가면, 그 아기는 나중에 성인이 되어 부모를 찾고 싶어도 아무 것도 할 수 없잖아요."

베이비 박스에 온정이 밀려온다는 이야기를 들었던 터였다. 첫 베이비 박스의 성공(?!)에 힘입어 전국 각지에 베이비 박스를 설치할 계획이라는 이야기도 어디선가 들었다. 제인은 단호했다. 기금을 다 모으면 베이비 박스가 놓인 곳 바로 근처에 상담소를 열 거라고 말했다. 막걸리의 힘으로 나도 인터뷰어의 자세 따위 잊어 버리고 내 이야기를 늘어놓았다. 내가 만났던 두 명의 입양인 친구들, 가족을 찾으러 한국에 왔던 그 친구들의 눈물 앞에서 내가 느껴야 했던 그 지독한 죄책감, 그리고 그들을 위해 해 줄 수 있는 것이 아무 것도 없었던 무력감을 털어놓았다. 막걸리 병이 몇 병째 비워졌을까. 우리는 입양과 관계없는 각자의 삶을 이야기하기 시작했다. 그녀가 기르는 개 이야기, 내가 먹이는 길고양이 이야기까지. 그리고 헤어져야 할 시간이었다. 그녀는 다음날 입양 관련 사회 단체들이 함께 모이는 회의가 있다고 했고, 나도 원하면 얼마든지 참관할 수 있다고 말했다.

바람이 다시 차가워져 있었다. 아현동 철길 옆 골목길을 걸어갔다. 그녀는 핸드백도, 배낭도 아닌 쇼핑 카트를 끌고 걸어갔다. 노트북과 이런저런 서류들로 채워졌다는 그녀의 쇼핑 카트는 어쩌면 그녀의 삶을 상징적으로 보여 주는 소품이었다. '나는 누구인가'의 답을 찾아 떠도는 자의 초상….

종로, 서울역 앞, 후암동, 명동

그 다음날도 제인은 쇼핑 카트를 끌고 나타났다. 서울 글로벌 센터의 회의실에서 그녀는 입양 관련 사회 단체의 구성원들과 긴 토론을 나눴다. 입양인들과 그들과 연대한 한국인들이 함께 모인 자리였다. 회의가 영어로 진행된 탓도 있었지만, 그 자리의 토론을 내가 온전히 이해하기란 애초에 불가능한 일이었다. 단어 하나가 빠지고 들어가느냐가 너무나 중요한, 누군가에게는 그토록 절실한 문제가 내게는 '하나도 몰랐던' 문제였다. 당신이라고 많이 다르지 않을 것이다. 혹시 '중앙입양원'이라는 이름의 정부 기관이 있다는 얘길 들어봤는가? 16만 명의 아이들을 먼 나라로 보내 놓고 우리는 그처럼 편리하게 잊어 버렸다. 그리고 외면했다.

종로에서 긴 회의를 마친 제인과 동료는 서울역 앞으로 이동했다. 스웨덴에서 온 사람들을 만난다고 했다. 미국 다음으로 많은 한국인 입양아를 받아들인 나라가 스웨덴이라고 했다. 입양을 받아들이는 나라에서 보내는 나라로 정부 직원들을 보내 현지의 상황을 살펴보는 것이라고 했다. 보내 놓고는 그저 눈 감아 버린 어느 나라의 정부를 생각하지 않을 수 없었다. 보내 놓고 까맣게 잊고 있다가 어느 날 어느 입양인이 장관이 되고, 스포츠 스타가 되고, 유명한 예술가가 되었다는 소식이 들리면 피가 어쩌고 저쩌고 떠드는 어느 나라의 국민을 생각하지 않을 수 없었다.

내게는 그 자리의 대화에 끼어들 자격 같은 건 없었다. 나는 그저 제인을 취재하는 글쟁이로서 그 자리에 있었을 뿐이다. 그런데 주제넘게도 몇 마디를 끼어들었다. 한국에서 국내 입양이 여전히 쉽지 않은 문화적 이유에 대해, 베이비 박스와 어쩌면 관련이 있을지도 모르는 옛날 업둥이의 전통에 대해 조금 설명을 거들었다. 그리고 스웨덴 사람들에게 썰렁한 농담을 한 마디 덧붙였다. 제인을 부르고 싶은 별명이 하나 생겼다고. 쟌 다르크처럼 제인은 전사 같다고. 그녀는 제인 다르크라고. 나는 제인 앞에 '내 친구'라는 수식어를 덧붙였다.

스웨덴 사람들과 미팅을 끝내고, 제인과 동료 입양인과 나는 후암동의 추어탕 집에서 저녁을 먹었다. 반주로 시작했던 소주와 맥주였는데, 한 병씩으로 끝나지 않았다. 하루종일 입양 문제 가지고 씨름했으니 이제 좀 풀고 놀자고 제안했다. 명동의 내 단골 술집으로 자리를 옮겼다. 맥주잔이 오고가고, 음악이 오고갔다. 다시 술의 힘을 빌어, 제인에게 얄궂은 질문을 하나 던졌다. 제인이라는 이름과 경아라는 이름 중에 어느 이름이 더 좋으냐고. 제인의 대답도 술의 힘을 빈 것이었을까.

"경아가 좋지만, 위험해요. 누가 나를 경아라고 부르면 난 그 사람을 사랑할 수밖에 없어요."

지슬 또는 감자, 그리고 SNL KOREA

이틀 후 우리는 다시 '뿌리의 집'에서 만났다. '뿌리의 집'에서 매달 한 번씩 열리는 한국 영화 감상회에 동참했다. 그 날의 영화는 〈지슬〉이었다. 제주 4.3에 관한 초청 강사의 역사 소개가 끝난 후, 두 시간여 영화가 상영되었다. 이미 한 번 보았던 영화였다. 영화가 끝나고 그 자리에 모인 입양인들 사이에 토론이 시작되었다. 첫 질문이 나왔다. 영화의 스토리가 어떤 건지 이해한 사람 누구 있어요? 할 수 없었다.

오지랖 넓은 짓인 줄 알면서도 나서야 했다.

영화의 줄거리만 설명하려고 했지만, 하다 보니 영화에 사용된 온갖 내러티브 장치며 상징들까지 언급해야 했다. 영화에 제주 방언과 서울 표준어, 경상도 사투리와 평안도 사투리가 다 나온다는 걸 알아차린 입양인은 물론 한 사람도 없었다. 입양인 친구들은 내 지루했을 설명을 귀 기울여 들어 주었다. 스펀지처럼 빨아들인다는 표현이 무엇인지를 그 날 새삼 실감했다. 이 땅의 사람들도 잘모르는, 관심 별로 주지 않거나 아예 부정하려 애쓰는 모국의 역사에 모국어를 모르는 입양인들은 눈과 귀를 크게 열어 '알려고' 노력하고 있었다. 뿌리에 관한 것이라면 그 무엇이든 알고 싶은 갈증, 허기가 아니라면 무엇이 두 시간 동안 영어 자막도 없는 영화를 보게 만들었겠는가.

며칠 뒤, 제인 없이 혼자 '뿌리의 집'을 찾았다. '뿌리의 집' 김창선 간사를 만났다. 어쩌다가 이 일을 시작하게 되었는지, 호주 유학 시절 우연히 길에서 마주친 입양인 소녀에서 시작된 인연의 이야기를 들었다. '뿌리의 집'의 활동에 대해서도 좀더 자세한 이야기를 들었다. 김창선 간사는 좋아서 하는 일이지만, 경제적으로 힘든 건 사실이라고 털어 놓기도 했다.

나중에 그와 페이스북 친구를 맺고 나서 알게 되었지만 제인을 비롯한 입양인 활동가들에게 김창선 씨는 참으로 소중한 친구였다. 해외 입양인을 웃음거리로 삼아 입양인들에게 모욕과 상처를 안긴 케이블 TV 코미디 프로그램의 대사를 영어로 번역해 입양인들에게 알려준 사람도 바로 그였다. 빗발친 비판 여론에 방송사는 꼬리를 내리고 해당 프로그램을 재방송과 인터넷에서 지웠지만, 입양인들이 받은 상처도 과연 지워질 수 있었을까.

그 코미디 프로그램은 사회적 약자를 아무렇지 않게 조롱거리로 삼는 이 땅의 폭력적인 문화가 상징적으로 드러난 것이라고 한다면 과연 지나친 확대 해석일까. 제인과 몇몇 입양인들의 홈페이지와 페이스북은 한동안 그에 관련된 코멘트로 채워졌다. 구역질 나는, 고통스러운, 이해할 수 없는…. 입양인들이 남긴 단어들이었다.

'뿌리의 집' 스태프들과 자원 봉사자, 그리고 SNL KOREA, 우리 사회가 입양인을 대하는 태도의 양극단일 것이다. 입양인들은 그 두 극단 사이를 오가며 상처받고 위로받을 것이다. 어느 편에 서야 할지 굳이 말로 해야 할까. 제인을 처음 만난 날, 그녀가 자신의 책에 써 준 말을 당신에게 들려 주련다.

"나의 새 친구 준에게. 언젠가 당신이 내 오랜 친구가 되기를 소망합니다."

〔『인권』, 국가인권위원회, 2014.03-04〕

●

〔2020.12〕 제인의 소망이 이루어졌다. 그 인터뷰 이후 제인과 나는 자주는 못 봐도 서로의 집에서 집밥을 함게 먹는 친구가 되었다. 제인을 만난 이후 여러 해외 입양인들을 새로 만나게 되었고, 그 중 몇 사람과는 친구가 되었고, 또 한 명의 입양인 친구에게 오빠가 되기도 했다. '뿌리의 집'에서 부탁을 받아 입양인 20여 명과 함께 광주 5.18 묘역과 진도 팽목항 세월호 현장을 방문하는 남도 여행을 인솔하기도 했다. 또 다른 입양인 누이동생이 된 로라가 해외 입양인과 국내 싱글맘들의 시를 묶어 펴낸 시집 『어머니나라(The Motherland)』(로라 왁스 엮음, 토담미디어, 2018)에는 번역자로 참여하기도 했다.

힘 닿는 대로 입양인들과 친구가 되었다. 그들에게 집밥 한 끼 먹이는 사소한 일밖엔 못하지만, 그게 내가 할 수 있는 전부이니 어쩌겠는가. 입양된 나라에 살 때보다 더한 이방인의 느낌을 한국에서 받았다는 어느 입양인의 이야기가 여전히 마음을 아프게 한다. 입양인 친구 몇 명의 친생 가족 찾기에 통역자로 따라갔을 때 부닥친 벽들의 기억도 여전히 명치를 갑갑하게 누른다.

아주 오래 전 내 또래의 딸을 미아로 잃어버렸던 막내이모를 기억한다. 식음을 전폐하다시피 딸을 찾아 헤맸지만 끝내 찾지 못했다. 마지막 날까지 그 딸을 그리워하며 눈을 감으셨다. 너무 어린 나이였기에 나는 조금도 기억할 수 없는 내 이종사촌 누이도 어쩌면 그렇게 미아에서 고아가 되어 수수료를 남기며 어느 낯선 나라로 입양되었을지도 모른다. 만에 하나 그렇다면 그이도 많은 입양인들처럼 어머니를 찾아 한국에 왔을지도 모른다. 말도 통하지 않고, 입양 서류 한 장 제대로 보여 주지 않는 입양 기관 앞에서 통곡하다 쓸쓸히 입양된 나라로 돌아갔을지도 모른다.

6.25 직후 동유럽 국가들로 입양되었던 전쟁 고아들을 북한은 모두 모국으로 돌아오게 했다는 이야기를 얼마 전에 읽었다. 이럴 때 참 부끄러운 나라다, 대한민국은…. 코로나 사태가 벌어지자 문재인 정부에서 해외 입양인들에게 마스크를 보냈단다. 그 소식을 서로의 SNS에 퍼나르며 기뻐하던 입양인들을 생각한다. 피가 뭐길래. 이 나라 정부가 좀더 입양인들에게 친절해지기를 바란다. 이 나라 입양 기관들이 그동안 거둔 입양 수수료와 후원금에 부끄럽지 않을 만큼이라도 입양인들의 권익에 신경 써 주기 바란다. 더 많은 시민들이 이 문제에 관심을 기울여 주고, 입양인들에게 친구의 손길을 내밀어 주기를 바란다.

제인을 처음 만나고 3년 후, 2017년 4월 3일에 장애아들을 위한 '다니엘 학교' 교정에 현수를 위한 조각상이 세워졌다. 제인과 몇몇 입양인들과 함께 현장을 찾았다. 그 날 짧은 글을 하나 블로그와 페이스북에 올렸다. 도저히 길게 쓸 수가 없었던 글….

현수의 나비

어린 현수가 손에 나비 한 마리 담고 고향에 돌아왔습니다.
장애를 가지고 태어났고, 낯선 땅으로 보내졌고,
자기를 입양한 남자의 손에 죽임을 당했을 때
현수는 겨우 세 살배기였습니다.
그 비극이 벌어진 뒤 3년의 세월이 흘렀지만,
아직도 저는 제 감정을 제대로 표현할 말을 찾지 못합니다.
슬픔, 분노, 공포, 죄책감…
기억하는 일은 정의를 다시 세우거나 또 다른 비극을 막는 데
별로 큰 힘이 될 수 없을지도 모릅니다.
그래도 우리가 할 수 있는 일이 기억하는 일뿐이라면,
기억하려고 애써야 한다고 저는 믿습니다.
이제 어린 현수는 고향에 돌아왔습니다.
나비를 햇살 따뜻한 봄 하늘로 날려보냅니다.
현수에게 바치는 추모 동상을 만들고 한국으로 데려온
조각가 토마스 박 클레멘트 씨께 깊이 감사합니다.
현수는 이제 제 마음 속에서 영원히 살아 있습니다.〔2017.4.3〕

●

〔D-21〕

어떤 코리언 드림

낯선 도시의 지하철에서 노선도를 읽는 기분을 아시는지. 마치 미로 속에 갇힌 듯한 그 이상한 불안을 아시는지. 동서남북이 모두 사라지고 내게 주어진 정보는 오직 행선지의 이름뿐일 때 그 이름을 찾기 위해 거미줄처럼 얽힌 노선도를 눈으로 헤매고 다니면서 느끼는 그 막막함을 아시는지. 그런 경험이 아주 많았다. 그 뒤로부터 서울의 지하철에서 노선도를 읽는 외국인들을 볼 때마다 'May I help you?'라는 말이 입속에 맴돌았다. 정말로 그 말을 입 밖으로 꺼낸 적은 거의 없었지만.

3년 전의 어느 일요일이었다. 구로에서 수원행 전철을 탔다. 갈색 피부의 외국인 청년이 지하철 노선도를 읽고 있었다. 그가 고개를 돌렸을 때 나는 미처 내 눈길을 그에게서 돌리지 못하고 있었다. 재빨리 눈길을 거두지 못한 죄로 그에게 안산으로 가는 방법을 알려 줘야 했다. 금정에서 내려서 갈아타라고, 나도 안산 방향으로 가니 나를 따라오라고.

떠듬떠듬 우리 말을 하고 있었다. 나를 위해서나 그를 위해서나 영어로 하는 편이 편했다. 어디서 왔느냐고, 한국에서 무엇을 하고 있느냐고 물었을 때 그의 대답은 내 예상과 아주 달랐다. 나는 그의 얼굴과 옷차림을 통해 그가 방글라데시 또는 파키스탄쯤에서 왔을 것이며 불법이든 합법이든 어딘가의 공장에서 일을 하고 있으리라고 짐작했다. 그리고 그는 자신이 싱가포르에서 왔으며 의사이며 전공은 음악 치료이며 한국에는 현지 조사 연구를 하러 왔노라고 대답했다.

상록수역에서 먼저 내린 내 손에는 그의 삐삐 번호가 적힌 종이가 들어 있었다. 그리고 그를 너댓 번쯤 더 만났다. 그의 영어에 싱가포르

액센트가 없다는 사실을 모르고 지나가기엔 나의 싱가포르 친구들이 너무 많았다. 음악 치료를 전공으로 하는 의사라는 말을 그대로 믿기엔 나의 음악 지식이 너무 많았다. 그리고 그에게 진실을 얘기해 달라고 말할 수 있는 용기는 내게 없었다. 어느 밤, 그에게서 전화가 왔다. 함께 지내고 있는 파키스탄 친구들이 잠시 숨어 지낼 수 있는 집이 필요하다고, 도와줄 수 있냐고 물었다. 거절할 수밖에 없었다.

그것이 그와의 마지막 통화였다. 내 영악한 기억력은 재빨리 그의 이름을 지웠다. 멍청한 내 양심이 내게 가끔 물었다. 그 때 무슨 이유에서든 피난처가 필요했던 그 파키스탄 청년들은 어디로 갈 수 있었을까. 만약 그가 내게 진실을 얘기했다면 나는 그의 부탁을 들어 줄 수 있었을까. '외국인 노동자'라는, 지독한 배타와 멸시의 냄새를 푹푹 풍기는 단어를 아무렇지 않게 사용하는 이 더러운 사회로부터 나 역시 단 한 발짝도 떨어져 있지 못했던 것이 아닌가. 스물 몇 살, 어린 그 청년이 끝내 가면을 벗지 못하게 만든 사람은 바로 나 아니었을까.

2000년 12월 10일, 다시 일요일이었다. 날은 몹시 추웠고, 망년회라는 핑계로 술과 노래와 춤으로 토요일 밤을 새웠던 탓에 몸이 물 먹은 솜보다 무거웠다. 집에 돌아가 이불 속에 파묻히고 싶었지만 경기도 마석에 가야 했다. 일 년 가까이 미뤄 왔던 약속이었기 때문에 취소할 수가 없었다. 지난 겨울, 바라나시(Varanasi)에서 캘커타(Calcutta)〔2001년 1월 도시 이름이 캘커타에서 콜카타(Kolkata)로 공식 변경됐다.〕로 돌아오던 기차에서 만났던 양만호 씨와의 약속.

그는 마석에서 외국인 노동자들을 위한 상담소를 운영하고 있다고 했다. 방글라데시에서 어느 민간 기구와 회의를 마치고 잠시 인도를 여행하던 길이라고 했다. 캘커타에서 이틀을 함께 보냈다. 서울에 돌아가면 꼭 한 번 마석에 들르겠노라고 약속했다. 일 년이 다 지나간 다음에야 양만호 씨를 우연히 길에서 다시 만났다. 다시 내 전화 번호를 적어 주며 마석에 갈 때 데려가 달라고 얘기했다. 전화가 왔다. 12월 10일에 마석으로 오라고. '이주 노동자 문화제'가 열린다고.

마석 조금 못 미쳐 성생가구공단 앞에서 버스를 내리면 된다고 했다. 한 번도 눈이 내리지 않았지만, 길 건너편 천마산 스키장에는 이미 흰 눈이 깔려 있었고 적지 않은 사람들이 휴일의 스키를 즐기고 있었다. 언덕을 올라 오른쪽으로 돌자 시멘트 외벽을 그대로 드러낸 교회가 보였다. 성공회 마석 교회. 교회 앞 공터에 붙은 가구 전시장에서 바자회가 벌어지고 있었다. '이주 노동자 겨울나기'를 위한 바자회. 갈색 피부의 청년들이 천 원 이천 원을 외치며 겨울옷들을 팔고 있었다. 추운 겨울날 오후 네 시. 교회 앞마당에 피워진 드럼통 모닥불가에도 갈색 피부의 청년들이 모여 있었다.

양만호 씨를 찾았지만 보이지 않았다. 아는 얼굴 하나 없는 그 곳에서 나는 온전히 이방인이었다. 갈색 피부의 청년들의 언어는 내게 아주 익숙한 언어였다. 내가 마음의 고향이라고 떠드는 캘커타의 언어와 같은 방글라 말이었으므로. 내가 아는 몇 마디 방글라로 말을 건네면 그 청년들이 기뻐할 것이고, 영어로든 한국어로든 얼마든지 그들과 이야기를 나눌 수 있다는 것을 알면서도 입이 열리지 않았다. 춥고 졸렸다. 빨리 집으로 돌아가고 싶었다.

한참을 떨고 있다가 양만호 씨를 만날 수 있었다. 행사를 준비하느라 이리 뛰고 저리 뛰던 그는 나를 상담소 사무실로 안내해 주었다. 인도의 기차에서 양만호 씨와 함께 만났던 서선영 씨를 그 곳에서 다시 만났다. 이제는 매일 마석에 상주하지 않고 금토일 사흘만 일하고 있다고 했다. 서선영 씨 역시 행사 준비 때문에 나를 챙겨 주지 못한다고 미안해 했다. 그녀가 컴퓨터 앞에 붙어 있는 동안 나는 사무실 벽에 붙어 있는 포스터들을 둘러보았다. 체불 임금을 받기 위한 절차, 상담소에서 주최하는 한글 교실과 노래 교실, 가정 방문 등의 프로그램에 대한 안내…. 그리고 일손이 모자라 12월에는 체불 임금 해결을 위한 상담을 접수하지 못한다는 안내문. 서선영 씨에게 물었다. 외국인 노동자라는 말 대신에 '이주 노동자'라는 말을 쓰는 이유가 무엇이냐고. 서선영 씨는 외국인이라는 말 자체에 이미 배타와 경멸이 담겨 있지 않느냐고, 어차피 사람들은 모두 고향을 떠나 살고 있지 않느냐고 대답했다.

짧은 겨울해가 떨어졌다. 사물놀이패의 길열기를 시작으로 이주 노동자 문화제가 시작되었다. 예닐곱 명의 방글라데시 청년들이 사물놀이패를 따라 춤을 추었다. 그리고 두 시간여. 다시 사물놀이패의 길닫기를 끝으로 이주 노동자 문화제가 끝났다. 행사만 끝나면 바로 양만호 씨에게 인사하고 집으로 돌아가려던 내 계획은 사라졌다. 추위와 배고픔과 졸리움도 사라졌다. "때리지 마세요." 방글라데시 청년들이 준비한 연극에서 나왔던 그 대사가 겨울 바람보다 더 매섭게 나를 찔렀기 때문에 더 이상 졸고 있을 수가 없었다. "때리지 마세요." 밖으로 나오려는 눈물을 윽박지르며 자동 카메라 셔터만 눌러댔다. 전날 밤 광란의 망년회를 기록에 남기려고 들고 나섰던 카메라였다. 방글라데시 청년들과 필리핀 청년들, 겨울이 없는 나라에서 온 이방인 청년들이 서툰 한국말로 연극을 하고 노래를 불렀다. 작고 소박한 교회의 예수는 십자가에 걸린 채 위에서 그들을 내려다보고 있었다.

상담소의 대장이신 이정호 신부님과 이런저런 이야기를 나누었다. 귀가 찢어지도록 사람을 두들겨 패고도 끝내 치료비 한 푼 내놓지 않은 어느 가구 공장 사장의 이야기를 들었다. 그 사장은 에쿠우스 자가용을 몰고 다닌다고 했다. 해병대 출신인 신부님에게 같은 해병대 선배라는 사람이 했다는 이야기도 들었다. 베트남에서 민간인들을 죽이고 힘없는 여자들을 윤간했다는 참혹한 이야기를 너무나 자랑스럽게 늘어놓더라는…. 때로 자신이 한국인이라는 사실이 너무 부끄럽다고…. 그 때 어느 방글라데시 청년이 사무실로 들어왔다. 드럼통에 손을 데었다고 했다. 사람들이 그의 손에 응급 처치를 해 주는 동안 그는 서툰 한국말로 중얼거렸다. "내일 일 있어요. 일할 수 있어요?"

전철이 끊어질 시간이 되어서야 마석을 떠났다. 청량리로 가던 좌석버스 안에서, 청량리에서 운좋게 올라탄 인천행 마지막 지하철에서, 자꾸 그 어린 방글라데시 청년이 내게 물었다. 내일 일해야 해요…. 그러다 잠이 들었다. 누군가에게 두들겨 맞는 꿈을 꾸었다. 맞다가 너무 아파서 꿈에서 깨어났다. 소사역이었다. 문이 닫히기 직전에야 내릴 수 있었다. 몹시 추웠다. 칼바람을 맞으며 집까지 걸어가는 동안 정말 오랜만에 그를 기억했다. 싱가포르에서 온 음악 치료 전공 의사 친구. 그것이 진실이었음을 깨달았다. 외국인이라는 이유로, 합법적인 '산업 연수생'이 아니라 불법 노동자라는 이유로, 월급을 주지 않고 사람을 두들겨 패는 사회에서 멸시당하지 않기 위해, 사람 대접을 받기 위해, 만들어 낸 진실이었다. 나라도 그러했을 것이다.

밤새 꿈을 꾸었다. 일제 강점기 시절 만주로, 러시아로, 일본으로 떠났던 사람들의 꿈. 해방 후 미국으로 떠났던 사람들의 꿈, 베트남으로 독일로 중동으로 떠났던 사람들의 꿈, 그리고 이제 마석과 안산과 김포와 동두천과 부천과 내가 알지 못하는 수많은 한국의 작은 공장들로 떠나오는 사람들의 꿈. 방글라데시에서, 필리핀에서, 몽골에서, 나이지리아에서, 페루에서…. 그 모든 사람들이 내 꿈 속에서 다시 꿈꾸고 있었다. 아무도 사람을 때리지 않는 세상에 대한 꿈.

〔『Paper』, 2001.01〕

「 〔2020.12〕 20년 전에 이런 글을 썼구나. 강산이 두 번 변했을 때 우리가 이주 노동자를 대하는 태도와 방식은 조금 나아졌을까? 잊을 만하면 여전히 들려오는 차별과 학대의 뉴스들, 그나마도 메이저 언론들은 이제 뉴스 가치가 없다고 판단했는지 별로 언급도 없다.

「 네팔에 갈 때마다 젊은 친구들을 만나면 내게 그를 초청할 자격이 없다는 걸 이해시키는 데 진땀을 흘려야 했다. 한국에 가서 몇 년만 고생하면 집 한 채를 지을 수 있다는, 코리안 드림에 빠진 젊은이들이 한국어 시험을 치르러 몇 백 미터의 긴 줄을 서 있는 장면도 목격했다. 미국으로, 일본으로 밀입국해서 밑바닥 생활을 하며 돈을 벌어야 했던 한국인들이 얼마나 많았는지 편리하게도 기억에서 지워 버린 한국인은 왜 이리 많은지. 우리 모두는 자기 땅에서 먹고 살기 어려워 고향을 떠난 이주민 조상의 후손임을 잊어 버린 선택적 기억 삭제 증후군은 왜 이리 팬데믹 수준으로 퍼져 있는지….

「 20년 전 마석에서 만났던 그 젊은 이주 노동자 친구들도 이젠 중년이 되었겠구나. 모쪼록 그들의 꿈이 이루어졌기를. 지금 한국에서 살고 있는 이주 노동자 친구들이 그 어떤 차별도 겪지 않기를. 그들이 훗날 자식들에게 한국에서의 시간을 이야기할 때 그 내용이 어둡고 아픈 것만은 아니길….

「 상록수역 가는 길에 만났던 청년의 이야기는 나중에 시 한 편이 되었다. 시집에도 실었지만, 여기 다시 옮겨 본다.

「그의 살색은 연한 밀크초콜릿 색이었다」

「 어느 일요일 구로역 플랫폼에서

그는 상록수로 가던 내게 고잔으로 가는 길을 물었다.

구로에서 금정을 거쳐 상록수까지 가는 동안
그는 몇 가지를 말했고, 몇 가지를 말하지 않았다.
싱가포르 출신의 음악치료사가 왜 김포에 살고 있는지,
고잔역에 내려 어디로 가는지,
그가 말하지 않은 것들을 내가 궁금해 할 필요는 없었다.
나는 그저 내 살색이 보호색이 될 수 없었던 나라들에서
내게 잠시 친절했던 현지인들의 얼굴을 기억했다.

어느 일요일 오후 그에게서 커피를 얻어마셨고
어느 토요일 저녁 그에게 저녁을 대접했다.
그는 바흐와 모차르트에 대해 말하고 싶지 않아 했다.
그의 영어에는 내가 아는 싱글리시 액센트가 없었다.
그의 살색은 연한 밀크 초콜릿색이었다.
진실을 캐묻는 건 때로 불친절한 일이다.
나는 잠시 친절했던 현지인으로 남기로 했다.

오랜 친구가 아니라면 실례가 될 이른 시간에 전화가 왔다.
단속이 끝날 때까지 파키스탄 친구 몇 명을
잠시 내 집에 머물게 해줄 수 있겠느냐고 그가 물었을 때
나는 잠시 고민했고, 정중하게 거절했다.
그가 진실을 말해주었다면 모든 것이 달라졌을 것이라고
나는 신호 끊어진 수화기에 대고 중얼거렸다.

어쩌다 상록수로 가는 날

연한 밀크 초콜릿색 살색의 수많은 그를 다시 만난다.
그는 내게 고잔으로 가는 길을 묻지 않는다.
나는 상록수에 내린다.

나는 잠시 친절했고, 영원히 불친절해진
살구색 살색의 현지인이었다.
확인된 진실은 그것뿐이다.

〔『나는 세상을 떠도는 집』, 샨티, 2007〕

●

〔D-22〕

코시안은 없다

누이 같은 싱가포르 친구가 있었다. 그녀의 이름은 쏘화였다. 인도 콜카타(Kolkata) 마더 테레사의 집에서 역시 형제 같던 내 독일 친구 그레고르를 만나 사랑에 빠졌고, 남편의 고향인 독일의 시골 마을에 둥지를 틀었다. 그 작은 시골 마을에 쏘화를 포함해 세 명의 아시아 여자들이 있다고 했다. 나머지 둘은 태국에서 시집온 여자들이라고 했다. 2000년 여름, 하필이면 내가 친구 부부를 만나러 간 즈음에 한 태국 여자가 스스로 목숨을 끊었다. 같은 아시아인이라는 이유만으로 그 태국 여자는 쏘화를 찾아와 눈물 흘리며 하소연을 했단다. 마을 사람들의 눈길이 너무 차갑다고, 남편의 손찌검이 너무 아프다고…. 독일 못지않게 잘 사는 싱가포르에서 온 자신 역시 독일인들의 눈에는 가난한 아시아인일 뿐이라고 말하던 쏘화의 젖어 있던 눈빛을 나는 지금도 기억한다.

어쩌다 시골길을 달릴 때 펄럭이는 현수막을 볼 때면 쏘화를 기억했다. 베트남 처녀와 결혼하세요. 필리핀 처녀와 결혼하세요. 몽골 처녀와 결혼하세요…. 텔레비전에서 한국으로 시집온 아시아 여자들에 관한 리포트가 나올 때면 독일의 시골 마을에서 스스로 생을 접은 태국 여자의 이야기가 떠올랐다. 그 때 쏘화가 나를 다른 마을 사람들에게 '오빠'라고 소개했던 것이 떠올랐다. 독일인들의 눈에는 한국인이나 싱가포르인이나 다 똑같이 보였겠지.

나주. 해남 땅끝으로 가던 길에, 영암 월출산으로 가던 길에 스쳐 지나가던 곳이었다. 스쳐 지나가는 자에게 보이는 건 풍경뿐이다. 그 풍경 속에 어떤 사람들이 어떤 표정으로 살고 있는지 보이지 않는다. 이 글을 쓰게 되지 않았더라면 내가 끝내 볼 수 없었을 얼굴들, 표정들. 필리핀에서, 베트남에서, 몽골에서, 우즈베키스탄에서, 중국에서, 일본에서, 인도네시아에서, 미얀마에서… 참 멀리도 시집온 여자들. 시집온 새색시가 시댁의 김치 맛을 익혀 가듯 그 여자들도 김치 담그는 방법을 배우고 있었다. 내 입에도 매운, 그 고춧가루 듬뿍 들어간 갓 담근 김치를 하얀 쌀밥에 얹어 먹고 있었다. 여자들의 서툴거나 능숙한 한국어에는 전라도 사투리가 양념처럼 배어들어 있었다.

"나주 지역에 공식적으로 등록된 결혼 이민자가 201명이에요. 드러나지 않은 사람들까지 합치면 아마 500명은 될 거예요." 우리의 길잡이가 되어 준 나주 가족여성상담센터 오수진 씨의 설명이었다. 그이가 건네 준 통계 자료에는 1990년부터 2004년까지 총 197,634건의 국제 결혼이 있었고 128,762명의 외국인 아내가 한국 남자와 결혼했다고 나와 있었다. 2005년 한 해, 또 얼마나 많은 외국인 아내들이 한국 땅에 들어와 살게 되었는지는 내년이 되어야 알 수 있을 것이다. 잠실 종합경기장을 두 번은 가득 채울 만큼의 외국인 아내들이 이 땅에 살고 있다는 얘기였다.

몇몇 여자들의 품에는 어린 아이들이 안겨 있었다. 틀림없이 아주 오랜만에 시골 마을에 아이 울음소리가 들리게 했을 아이들. 동행한 사진가 임종진이 폴라로이드 사진을 찍어 한 여자에게 건네자 여자들은 너나 할 것 없이 아이를 안고 카메라 앞에 몰려든다. 친정집에 보낼 거라며 폴라로이드 사진을 곱게 지갑에 넣은 그 여자들의 모습은 내 누이동생들의 모습과 하나도 다르지 않았다. 내가 알아들을 수 없는 언어로 깔깔대며 수다 떠는 여자들, 그 곳에선 내가 이방인이었다. 그러나 나는 알고 있다. 한국어 수업과 문화 강습 시간이 끝나고 집으로 돌아가는 순간, 그 여자들이 낯선 언어와 낯선 관습에 포위당한 이방인이 될 것이라는 사실을.

오수진 씨는 우리를 필리핀에서 온 로나와 실비아 자매에게 소개해 주었다. 동생 실비아 씨가 먼저 한국으로 시집을 왔고, 뒤이어 언니 로나 씨가 지난 4월에 서창열 씨에게 시집을 왔다고. 알콩달콩 재미나게 행복하게 사는 부부라고. 택시 한 대에 나와 사진가, 로나와 실비아 자매, 그리고 또 한 필리핀 여자가 구겨 탔다. "아저씨, 다시 터미널이요." 로나는 뒤이어 내 핸드폰을 빌려 남편에게 전화를 건다. "자기야, 빨리빨리 와." 트럭을 몰고 다시 터미널로 온 로나의 남편, 서창열 씨의 차에 모두 옮겨 탔다. 운전석 바로 옆에 앉은 로나는 끊임없이 남편의 귀에 대고 뭔가를 이야기한다. 실비아의 시댁에서 시아버님이 거둔 벌꿀을 얻어먹고, 우리는 왔던 길을 되달려 다시면 동당리 서창열 씨의 집으로 향했다.

"어머니, 저 왔어요. 로나 왔어요." 너무나 전형적인 우리네 전라도 어머니, 이전금 할머니께서 우리를 맞아 주셨고, 수북이 담은 시골 밥상을 차려 주셨다. "다음에 또 늦게 오면 필리핀으로 보내 버릴 거여." 시어머니는 어린 며느리에게 툭툭 농담을 던진다. 어린 며느리는 생글생글 웃으며 그 농담을 맞받아친다. "어머니 같이 가요."

"대학까지 보내 놨어도 농사 짓는다고 장개를 못 강게 얼매나 속이 터졌는가 몰러. 장가들러 필리핀으로 간다는데 애간장이 녹더만. 인자는 괜찮어. 싹싹하고 명랑하고 일도 잘 하고, 나헌티도 잘 혀. 이삔 며느리여." 어린 며느리를 바라보는 늙은 시어머니의 눈길은 따뜻하다.

금세 어두워지고 조용해지는 시골집의 밤, 서창열 씨가 우리를 부부의 방으로 안내한다. 컴퓨터를 켜고 부부의 사진을 보여 준다. 부부는 쉬는 날이면 열심히 이곳 저곳 구경하러 다닌다. 사진 속의 부부는 여느 신혼 부부나 다를 바 없이 환하게 웃고 있다. "마닐라로 선을 보러 갔는데, 첫눈에 서로 반해 버렸어요. 말도 안 통하는 사람하고 어떻게 살까, 걱정도 많이 했는데 막상 살아 보니까 다 해결되더라구요. 유치원 선생 하다 온 사람이 고된 농사일 하려니까 힘들 거구만요. 고향 생각, 중풍으로 누워 있는 엄마 생각날 때는 눈물도 흘리고요. 그러면 그냥 안아 줘요. 뭔 말을 하겠어요. 그러면 로나도 빙긋이 웃지요."

서창열 씨는 아내의 한국 적응을 위해 한글 학교에도 보내고, 결혼 이민자들을 위한 모임에도 적극적으로 동참한다. 아내와 함께 필리핀 음식을 해 먹기도 한다. 이런저런 이야기를 나누다가 서창열 씨가 묻는다. 얼마 전에 KBS에서 했던 외국인 아내에 관한 프로그램을 봤냐고. 못 봤다고 하자, 인터넷 다시보기로 그 프로그램을 보여 준다. 한국에 시집온 외국인 아내들의 고단한 삶이 모니터 화면 위를 흘러갔다. 그 고단함을 덜어 주려고 연대한 사람들의 모습 속에 로나와 서창열 씨 부부의 모습이 섞여 있었다.

문득 그 날 하루 종일 우리끼리 아무렇지 않게 사용했던 단어 하나가 꿈틀거리며 고막을 불편하게 하기 시작했다. 코시안이라고? 코리안+아시안? 가르고 나누는 게 인간의 본성이라지만, 코리안은 이미 아시안의 한 부분 아니던가! 코시안이라는 단어 속에 혹시 한국인을 다른 아시아인들과 구분하려는 차별 의식이 깔려 있는 건 아닐까? 이 땅에 들어와 이 땅의 사람들과 함께 일하고 함께 밥상에 둘러앉고 함께 아이를 키우는 사람들이라면, 이미 코리안이 된 거라고 생각해야 하지 않는가?

그런 생각을 하다가 쏘화를 다시 기억했다. 독일인들의 눈에 그녀와 나는 오누이로 보였다는 걸 기억했다. 더 이상 텔레비전에서 서러운 결혼 이민자 아내들의 모습을 보여 주지 않는 날은 언제일까. 그녀들이, 그리고 그녀들의 아이들이 차별과 소외로 흘리는 눈물이 마르는 날은 언제일까. 말없이 로나를 안아 준다는 서창열 씨처럼 우리들이 모두 그녀들을 안아 주게 되는 날은 언제일까. 코시안은 없다. 코리안이 있을 뿐이다. 그녀들은 우리의 누이요 자매들이니까.

〔『어디 핀들 꽃이 아니랴』, 현실문화연구, 2006〕

●

〔2020.12〕 휴일의 동대문 근처에 가면 여기가 네팔 카트만두 타멜 거리 어디쯤인지 잠시 어리둥절해진다. 일요일마다 혜화동 로터리에는 혜화동 성당에서 열리는 필리핀어 미사에서 시작된 필리핀 장이 열린다. 충청도의 어느 읍내에 가서 동네 마트에 갔더니 계산원 아가씨의 한국어에 알지 못할 억양이 묻어 있더라. 한국 의료 체계의 희한한 꼼수인 간병인 제도는 중국 동포들이 없으면 곧바로 무너질 것이다. 이미 한국의 제조업과 농업, 건설업, 서비스업, 어디 할 것 없이 이주 노동자들 없이는 제대로 돌아가지 않는다. 그들은 이미 한국 사회를 지탱하는 경제 구조의 중요 구성원이다. 그리고 그들을 바라보는 한국인들의 태도는 여전히 바닥에 머물러 있다.

다른 인종이 한국인에 저지르는 인종 차별에 대해선 백두산 화산 폭발급으로 분노하면서 자신들이 저지르는 인종 차별에 대해서는 명경지수 급의 평온함을 자랑하는 한국인들. 설마 하는 사람들은 인터넷에 돌아다니는 댓글들을 보시라. 전 세계인의 사랑을 받는 K팝 걸그룹 블랙핑크의 태국인 멤버 리사를 겨냥해 '똠얌 핑크'라는 저질스럽기 짝이 없는 댓글을 달며 킥킥대는 어린 국뽕주의자들이 있다. 재미난 졸업 앨범 사진을 남기려고 별 생각없이 한 흑인 분장이 왜 옳지 않은지를 이야기한 샘 오취리의 발언 하나를 붙들고 벌어진 집단 린치 수준의 댓글 테러를 보라.

극단적인 예라고? 아니! 더 경악스러운 건 그 인터넷 댓글 놀이꾼들이 활동하는 무대가 '일베' 같은 극우 패륜 집단이 아니라 정치적으로는 자칭 진보라고 자부하는 젊은이들이 노는 사이트라는 사실이다. 정치적 진보가 아무렇지 않게 여성과 성소수자와 외국인에 대한 차별을 즐기는 이상한 나라, 대한민국. 트럼프보다 더 당당하게 트럼프짓을 하는 한국의 젊은이들을 어쩌면 좋을꼬. 부모들이여, 제발 가르치자, 차별하는 자는 차별 당해도 할 말이 없다는 것을. 차별 당하고 싶지 않거든 남을 차별하지 말아야 한다는 것을….

2020년 12월 20일, 캄보디아 국적의 여성 노동자가 전기가 끊겨 난방 장치가 가동되지 않은 비닐하우스 숙소에서 숨진 채 발견되었다. 당시 포천 지역은 영하 18도까지 기온이 내려가 한파 경보가 내려진 상태였다고 한다. '사람이 사람을 사람으로 대하지 않는 사회'가 만들어 낸 끔찍한 비극이었다. 어디 외국인 이주 노동자에만 한정된 비극일까. 노동자의 안전보다 비용 절감이 훨씬 더 값어치 있는 덕목으로 떠받들어지는 이 사회에서 사람의 목숨값은 아직도 너무 헐값으로 치부된다. 「중대 재해 기업 처벌법」을 놓고 독소 조항을 떠드는 기업과 보수 언론의 작태를 보라. 산업 재해로 죽은 자식들의 영정을 품에 안고 단식 농성 중인 어머니들의 모습, 3주 후 고국에 돌아갈 비행기표를 사 놓았는데 비닐하우스에서 숨진 캄보디아 여성 이주 노동자를 위해 "비닐하우스는 집이 아니다"라는 플래카드를 들고 거리에 선 이주 노동자 지원 단체의 모습, 아프다. 이 나쁜 나라의 민낯이 참 끔찍하다.

●

〔D-23〕

어느 멋진 가족

2015년 6월 27일. 06 : 30 AM

자동 블라인드가 열리며 아침 햇살이 부드럽게 침실로 스며들었다. 침대 머리맡의 오디오 시스템이 음악을 내보내기 시작했다. "아침에 눈을 뜨면 당신이 내 눈 속에 가득 들어와. 당신은 꿈 속에서 웃고 있어. 당신의 웃음은 아침 햇살보다 더 내 눈을 부시게 해…." 며칠 전부터 순영이 알람 음악으로 걸어놓은 베트남 노래였다. 호치민 시티에 살고 있는 사촌 동생 트란이 베트남 최고의 히트곡이라며 보내 준 음악 파일이었다. 순영은 눈을 감은 채 가만히 누워 나지막이 후렴구를 따라불렀다. 어머니의 고향에서 날아온 노래. 뭉근한 그리움이 그녀의 가슴을 데웠다. 순영은 눈을 뜨고 노래 가사처럼 남편 준혁을 보았다. 입가에 미소는 없었지만, 아침 햇살보다 더 눈부신 남편의 잠든 얼굴이었다. 그러나 아무리 이쁜 남편이라도 깨워야 할 시간이었다. "여보, 일어나!" "우웅, 나 10분만 더 잘래." "오늘은 당신이 미래 보육원〔어린이집〕에 데려다 주는 날이잖아." "흐응, 딱 5분만!" "안 돼!"

투덜대는 남편을 욕실로 밀어넣으며 순영은 생각했다. 아무리 세월이 흘러도 남자들은 끝까지 애로 남을 거라고. 순영이 만 세 살이 된 딸 미래를 깨우고 보육원으로 갈 준비를 시키는 동안 준혁은 아침 식사를 준비했다. 다른 많은 부부들도 그랬지만, 순영과 준혁의 집에서도 아침 식사 준비는 남편의 몫이었다. 아무래도 아침 시간엔 여자들이 좀 더 바쁠 수밖에 없지 않은가.

08:03 AM

아파트 단지 앞 전철역에서 준혁은 순영을 내려 주고 미래의 보육원으로 차를 몰아갔다. 순영과 준혁은 미래를 보육원에 데려다주는 일을 번갈아 하고 있었다. 식사 준비와 설거지, 청소, 빨래 등 모든 집안일을 그렇게 번갈아 했다. 아이에게 엄마가 하는 일, 아빠가 하는 일이 따로 구분되어 있다는 '나쁜 교육'을 시키지 않기 위해서였다. 뒷좌석 유리창으로 손 흔드는 미래를 보며 순영은 잠시 회상에 빠졌다. 오래 전의 아픈 기억이 돌아왔다.

순영이 태어났을 때 아버지는 이미 마흔다섯이었고, 어머니는 스물두 살이었다. 어린 순영의 놀이터는 아버지의 비닐하우스였다. 순영의 엄마에겐 순영을 맡길 곳이 없었다. 초등학교에 들어간 순영이 아침에 일어나면 아버지와 어머니는 이미 비닐하우스에 가 있었다. 학교로 가는 길은 언제나 지옥 같았다. 너네 엄마 베트남 여자라며? 너도 베트남 말 할 줄 알지? 한번 해 봐. 고약한 남자아이들은 툭 하면 순영을 '베트콩'이라 불러 대곤 했다. 엄마가 미웠다. 어린 나이였지만 순영은 엄마가 왜 고향을 떠나 한국의 나이 많은 시골 농부에게 시집을 왔는지 알고 있었다.

똑같이 농사일을 하고 돌아왔어도 엄마는 쉬지 못했다. 모든 집안일이 다 엄마의 몫이었다. 그리고 순영이 중학교에 들어가던 해 중풍으로 쓰러진 할머니의 병수발까지 엄마의 몫이었다. 그리고 순영 밑으로 남동생이 태어나지 못한 책임도 엄마의 몫이었다. 돌아가시기 전 할머니는 툭 하면 소리를 지르곤 했다. "재수 없는 월남년이 들어와서 집안이 이 꼴이 됐어…." 엄마도 미웠고, 할머니도 미웠고, 아버지도 미웠다. 아버지는 순영이 고2 였을 때, 그리고 어머니는 순영이 베트남에 있을 때 세상을 떠나셨다. 참 슬픈 인생을 살다 가셔야 했던 아버지 어머니. 미움은 더 이상 남아 있지 않았다.

전철이 플랫폼으로 들어오면서 순영의 회상은 멈췄다. 전철에 올라탔다. 순영이 선 앞자리엔 세 여중생이 나란히 앉아 열심히 수다를 떨고 있었다. 두 여학생은 거의 확실히 한국 아이들이었지만, 한 여학생의 피부는 까무잡잡했다. 파키스탄이나 방글라데시 출신 이주민의 딸인 듯싶었다. 저 환한 웃음 좀 봐. 어쩜 저렇게 밝은 표정일까. 순영은 그 여학생의 까르르 웃음 소리를 들으며 다시 회상에 빠졌다.

모든 이주민의 자녀들에게 무상 교육을 포함해 한국 국적의 아이들이 받을 수 있는 모든 혜택과 권리가 주어진 게 언제였지? 그래, 2010년이었어. 외국인 남자와 한국인 여자 사이에 태어난 아이들도 원할 경우 한국 국적을 선택할 수 있게 된 것도 그 해였지. 기념비적인 해였어. 성별, 국적, 연령, 외모, 학력 등등 모든 종류의 차별을 없애기 위한 '포괄적인 차별 금지 법안'이 국회를 통과했던 날, TV 뉴스 인터뷰에 나왔던 여성가족부 장관이 눈물을 훔치던 장면이 생생하게 기억났다. 그녀가 했던 말도 생생하게 기억났다.

"저는 편모 슬하에서 자랐고, 첫남편과 이혼하며 여자라는 이유만으로 아들의 양육권을 빼앗겨야 했던 사람입니다. 아직도 우리의 갈 길은 멉니다. 여자라는 이유로, 외국인이라는 이유로, 장애인이라는 이유로, 성적 소수자라는 이유로, 그밖에 또 수많은 이유로 벌어지는 차별들을 없애기 위해 우리가 가야 할 길은 아직 멀고도 멉니다. 함께 갑시다!"

기념비적인 해였다. 순영이 4년간의 베트남 유학을 마치고 돌아왔던 해이기도 했다. 여성가족부에서 2006년 다른 정부 부처들과의 치열한 예산 경쟁 끝에 따낸 〈국제 결혼 자녀를 위한 '또 하나의 모국' 유학 지원 프로그램〉이 없었다면 순영의 베트남 유학은 말 그대로 불가능한 작전이었으리라.

12:42 PM

점심 식사 후 순영은 회사 건물 3층의 육아실로 올라갔다. 일하는 여성을 위한 유급 출산 휴가는 1년이 보장되어 있었지만, '아이와 일을 거의 같은 정도로 사랑하는' 여자들은 그 1년이 너무 길다고 생각했다. 지난한 협상 과정을 통해 모든 대형 근로장에는 공동 육아실의 설치와 전문 보육사의 고용이 법제화되었다. 일부 중소형 기업, 특히 여성 노동자의 비중이 높은 직종의 기업에서는 자발적으로 육아실을 설치했다. 순영이 일하는 '아시아의 힘' 출판사는 2000년대 초반까지만 해도 냉대받던 아시아 문학을 전문적으로 소개하여 높은 평가를 받고 있는 회사였다. 육아실에는 여섯 명의 영유아기 아기들과 그 엄마들, 그리고 자원 봉사자 할머니가 있었다.

순영의 단짝 동료인 말레이어 담당 편집자 수빈은 갓 돌이 지난 아들 보람이의 기저귀를 갈아 주고 있었다. 그 옆에서 올해 68세가 된 자원 봉사자 박은혜 할머니가 빙긋이 웃고 있었다. 박은혜 할머니는 다른 '자매들'의 아이들을 위해 보수 없는 육아 노동을 자처한 아름다운 '자매'였다. 여성가족부의 자원 봉사 네트워크 '삼신할미'는 다른 선진국들에서도 찬탄하는 대상이었다. 유급 스태프와 자원 봉사자들 간의 유기적인 조화는 한국을 보육 정책에 관한 한 세계 최고 선진국으로 만들었다.

순영은 들고 간 주스 캔을 박은혜 할머니에게 건넸다.

"에구, 고마워라. 뭘 이렇게 맨날 들고 와? 미안하게스리."

"미안하긴 뭐가 미안해요. 우리 미래도 어머니가 다 키워 주셨으면서요."

1년의 출산 휴가를 끝내고 다시 출근을 시작했을 때 미래를 돌봐 준 사람도 박은혜 할머니였고, 그 때부터 순영은 박은혜 할머니를 어머니라고 부르고 있었다.

"미래 얘기하니까 보구 싶네. 언제 한 번 회사로 데리고 와."

"네, 그럴게요."

|

21:46 PM

|

미래의 방문이 열리고 준혁이 조용히 빠져나왔다. 오늘은 준혁이 동화책 읽어 주기 당번이었다.

"오늘은 뭘 읽어 주셨나요? 우리 시대 최고의 동화 구연가 아빠?"

"오늘도 그놈의 왕자를 구한 공주 이야기였어. 우리 딸은 왜 그 얘길 그렇게 좋아하지?"

"그건 세상의 모든 여자애들이 좋아하는 얘기야. 우리 딸만 그런 게 아니라구."

"알았어, 알았어. 와인 한 잔 하고 잘까?"

"좋지!"

"안주는 뭘로 대령할깝쇼?"

"안주는 안 돼! 살쪄!"

"아니, 내 아내가 아직도 비만 차별적인 발언을 하다니!"

"알았어, 취소! 취소! 스프링 롤 만들어 놓은 거 있지?"

"넵!"

와인잔을 두 잔째 비운 준혁이 말했다.

"나, 사실은 하고 싶은 얘기가 있어."

"무슨 얘기? 왜 이러셔? 혹시 사랑하고픈 딴 여자가 생겼다는 얘기야?"

"귀신이 따로 없군. 그 비슷해. 사랑하고픈 딴 여자를 데려오고 싶다는 얘기야."

"뭐야?"

"쉿. 큭큭큭. 우리 미래 여동생을 데려올 때가 되지 않았냐는 건데?"

"갑자기 무슨 소리야?"

"오늘 회사 인터넷 회람에 기사가 실렸어. 파키스탄에서 온 노동자 부부가 교통 사고로 세상을 떠났대. 돌 지난 딸아기는 보육원에 있어서 화를 면했다나 봐. 파키스탄에도 가까운 친척이 없다는군. 아이를 입양할 가정을 찾는다는데."

순영은 마신 와인이 모두 눈가로 몰려드는 것 같았다.

"여보…."

"우리가 데려다 키우자, 여보야. 나중에 그 애가 크면 우릴 파키스탄 여행도 시켜 주지 않겠어? 물론 그 전에 미래 덕분에 몽골 여행부터 하겠지만 말이야."

순영은 자신도 모르게 흘러내리는 눈물을 그냥 내버려 두었다. 불임의 원인이 자신에게 있음이 밝혀졌을 때, 그저 '괜찮아'라고만 말하며 통곡하는 자신을 안아 주었던 남편, 사고로 세상을 떠난 몽골 이주 노동자 부부의 백 일도 채 못 넘긴 아기를 입양 센터에서 집으로 데리고 돌아오며 자장가를 불러 주던 남편이었다. 말없이 눈물 흘리는 순영을 준혁이 부드럽게 껴안았다. 그리고 순영의 귓가에 입술을 대고 나지막이 말했다.

"우린 정말 멋진 가족이 될 거야, 그렇지?"

〔2005〕

●

〔2020.12〕 여성가족부의 청탁을 받고 쓴 글이다. 정확히 어떤 매체였는지는 모른다. 결국 글은 여성가족부의 마음에 들지 않아 실리지

못했다. 원고를 보냈을 때, 청탁한 담당자는 원고를 고쳐 달라는 부탁을 해 왔다. 무엇이 문제인지 정확히 알려 달라 하자, 창간호에 실리는 원고인데 이주 여성을 주인공으로 한 게 윗사람의 마음에 안 든 것 같다는 말을 상당히 에둘러 했던 걸로 기억한다. 그게 문제라면 원고는 고치지도 않을 것이고, 안 실어도 좋으며 다시 쓰지는 않겠다고 대답했다. 나는 나쁜 필자였을까?

담당자는 죄송하다는 말과 함께 그래도 원고료는 나중에 입금하겠다고 했다. 실리지도 않은 원고료를 6개월 뒤에 받았다. 15년이 지났는데도 이 글을 다시 읽으면 아직도 기분이 영 꿀꿀하다. 원고가 너무 함량 미달이라 못 싣겠다 했으면 내 탓이려니, 잠시 기분 나빴다가 잊어 버렸을 것이다. 뭐 특출나게 뛰어난 원고라고는 나도 생각하지 않는다. 하지만 만에 하나 그 담당자의 말대로 베트남 출신 이주 여성이 한국 남성과 결혼해 낳은 여성이 주인공이라는 게 문제였다면, 할 말이 아주 많아진다. 한국에 와서 한국 사람의 아내가 되었으면 당연히 한국 여성이다. 그 부부 사이의 딸이 한국 여성인 걸 또 얘기해야 하나? 한국 여성이 주인공인데 무슨 문제?

2010년이면 '포괄적 차별 금지법'이 제정될 거라고 기대했다. 모두들 알다시피 저 끔찍한 극우 세력의 반대로 2020년 현재도 법안은 여전히 표류 중이다. 누구보다 앞장서 차별에 저항해야 할 여성가족부조차 이주 여성이 주인공인 글을 자기네 소식지의 창간호에는 싣기를 꺼려 했으니, 차별 금지법이 갈 길은 아직 멀고도 먼 모양이다. 내 살아 생전에 그 법이 제정될 수 있을까? 제발!

●

〔D-24〕

사람과 동물, 함께 살아간다는 것

저항은 비폭력으로도 가능함을 우리에게 가르쳐 준 위대한 스승 간디가 이런 말을 했단다. "The greatness of a nation and its moral progress can be judged by the way its animals are treated." 워낙에 이런저런 다양한 버전으로 사람들 입에 오르내리는 말이지만, 내 나름으로 다시 한 번 풀어 본다. "사람들이 동물을 어떻게 대하는지를 보면 그 나라가 위대한 나라인지 (아니면 형편 없는 나라인지), 그 국민들의 도덕 수준이 어떤 수준에 도달했는지 알 수 있다."

만약에 간디가 21세기 대한민국에서 동물들이 받는 대우를 지켜본다면 어떤 평가를 내릴까. 상상은 언제나 자유인 법이니 당신이 간디라고 상상하며 한 번 평가를 내려 보시라. 10점 만점에 몇 점이나 줄 수 있겠는가. 자, 당신의 점수는? 나? 적어도 우리 사회가 동물을 대하는 일반적인 태도를 놓고 본다면, 나는 대한민국의 '大' 자는 잘못 붙여진 접두어라고 믿는다. 내가 간디라면 나의 점수는 10점 만점에 4점을 넘기 어렵다. 그것도 많이 봐 준 점수다. 아니다, 말을 바꾸자. 희망이 보이기 때문에 가산점을 얹은 점수다. 여기 그 희망의 한 사례를 들어 보련다. 김보경이라는 사람.

눈치 보며 길고양이 밥 주는 사람

김보경을 어떻게 소개할까. 그녀와 나는 잡지사 기자와 필자로 인연을 맺었다가 이웃 동네 친구가 된 사이다. 개인적 친분이 이럴 때는 장애물이 된다. 자칫하면 친구어천가로 빠질 수도 있다. 조금 무책임하지만, 차라리 남이 이미 써 놓은 소개글을 옮기기로 한다.

"저자 김보경은 노견 '찡이'와 외출 고양이 '대장', 마당에 차린 길고양이 '함바집'을 찾는 고양이들과 혜화동 산동네에 산다. 개든 사람이든 나이 든 존재를 하찮게 여기지 않고, 외출 고양이가 위협받지 않고 골목을 어슬렁거리고, 눈치 보지 않고 길고양이에게 밥 줄 수 있고, 모든 생명이 저마다 타고난 수명만큼 살다 가는 세상을 꿈꾼다. 동물 책만 내는 구멍가게 출판사, '책공장더불어'의 공장장. 출판사의 사훈은 '망하지 말자!'. 망하지 않고 꾸준히 동물 책만 낼 수 있으면 좋겠다는 바람을 갖고 있다. 동물에 관한 글을 쓰고, 번역하는 글쟁이. 『임신하면 왜 개, 고양이를 버릴까?』를 함께 썼고, 『동물과 이야기하는 여자』를 번역했다. 세상이 부르는 많은 호칭 중에서 '찡이 언니'라고 불리기를 가장 좋아한다."

그녀가 쓴 책 『열아홉 살 찡이, 먼저 나이들어 버린 내 동생』(리더스북, 2002)의 저자 소개로 실린 글이다. 대충 감이 잡히는지? 이 소개글을 읽으며 가슴이 찡해진 사람들이 있을 것이다. 동물을 사랑하는 사람들이라고 통칠 수 있으리라. 그리고 쓸데없는 걱정이겠지만, 정말 쓸데없을까?, 그 반대편에 '어이구, 또 그놈의 캣맘 어쩌구 하는 여자구먼' 하며 자동적으로 눈살 찌푸리는 사람들이 있을지도 모른다, 아니 사실은 있으리라고 확신한다. 길고양이들에게 밥을 주기 시작한 지 1년여, 그 동안 내가 직접 겪은 경험으로 하는 얘기니 믿어도 된다. '눈치 보지 않고 길고양이에게 밥 줄 수 있는' 나라는 아직 이 곳에 오지 않은 나라다.

"조 샘은 그래도 남자니까 그 정도 당하는 거에서 끝나는 거예요. 쌍욕 몇 번 안 들어본 캣맘은 아마 한 명도 없을 거예요. 어느 동네에선 길냥이 밥 주다가 머리채 잡히고 폭행당한 캣맘도 있었어요. 저는 그래도 오래 살아 온 동네에서 밥 주는 거니 다 이웃 주민들인데도 여전히 지나갈 때 뒤에서 수군거리는 사람들이 있어요. 제가 주는 밥 때문에 동네 시끄럽고 지저분해진다는 거죠. 캣맘들이 밥을 주면 냥이들이 음식물 쓰레기 봉투 찢는 일도 줄어들 테고, 발정기 때 냥이들이 시끄럽게 울고 싸우는 일을 줄이기 위해서라도 TNR(길고양이 중성화 수술)도 열심히 하지만, 소용없어요. 그 사람들은 그냥 길고양이가 싫은 거예요."

캣대디. 어쩌다 보니 그 희한한 이름을 얻게 되었다. 한밤중 고양이 사료 가방을 메고 으슥한 길목을 어슬렁거리는 남자가 되었다. 남자이다 보니 늦은 밤길도 걱정 없이 다닐 수 있다. 그런데도 한 번은 술 취한 어느 중년 사내로부터 멱살을 잡힐 뻔했다. 경찰에 신고하겠다는 둥 행패를 부릴 조짐이 보이길래 무시하고 걸음을 빨리 했다. 야, 너, 이 새끼, 거기 안 서! 등 뒤에 꽂히는 사내의 고함에 솔직히 말해 무서웠다. 술 취한 자가 무슨 짓을 할지 누가 아는가. 술에 취해 저지른 범죄는 십중팔구 솜방망이 판결로 끝나는 대한민국에서. 어쩌다 환한 시간에 밥을 줄 때, 동네의 아주머니들이나 할머니를 마주칠 때면 얻어들어야 했던 한 마디, '할 일도 진짜 없나 보네, 동네 시끄럽고 더러워 죽겠는데'. 나는 캣대디라서, 남자라서 그 정도인 거란다. 그래서 캣맘들 사이엔 콩쥐 팥쥐의 새 판본이 돌아다닌단다. 팥쥐 엄마가 콩쥐 괴롭히려고 캣맘 시킨다고.

"캣맘들이 드세다는 얘기가 퍼지는 건 정말 어쩔 수 없는 일이에요. 길냥이들 밥그릇 물그릇 가져다 버리는 건 약과에요. 길냥이들 죽이려고 쥐약 놓는 사람들이 있어요. 명백히 불법인데도 아랑곳없어요. 자기가 싫다는 이유만으로 생명을 죽여도 된다고 생각하는 사람들 앞에서 캣맘들은 드세질 수밖에 없어요. 저는 동네 분들 만나면 생글거리며 먼저 인사해요. 그 분들이 고양이를 싫어하는 건 제가 바꿀 수 없겠지만, 제가 한 번 웃으면 냥이들이 당할 구박 한 번이 줄어 들 수 있을 거다, 그런 생각으로요. 캣맘들이 고생하시는 건 저도 잘 알지만, 그렇다고 너무 전투적으로 흘러가는 건 옳지 않다고 생각해요. 길고양이를 포함해 동물을 학대하는 건 막아야 하지만, 사람보다 동물이 먼저 보호되어야 하는 건 아니죠. 사람과 동물이 함께 갈등 없이 공존하는 환경을 만드는 방향으로 가야죠. 어떤 사람들에겐 길냥이들이 진짜 피해를 입히는 경우도 있을 테니까요."

업둥이 고양이, 버려진 생명들

요즘 김보경의 삶은 좀 바쁘고 힘들다. 본인의 표현을 빌자면 "다음 책 낼 수 있을 만큼만 팔리는" 1인 출판사 꾸려 가랴, 종로구 캣맘 인터넷 카페의 주인장으로 이런저런 일들 하랴, 몸이 몇 개쯤 되면 좋겠다는 판에, 참으로 졸지에 눈도 못 뜬 아깽이(어린 고양이) 둘의 엄마 노릇까지 더해진 까닭이다.

지난 5월, 이웃 주민이 그녀의 집 초인종을 눌렀다. '탯줄도 다 떨어지지 않은, 태어난 지 24시간이나 되었을까' 알 수 없는 아기 고양이 두 마리가 담긴 종이 상자를 들고서. 누군가가 상자에 담아 골목에 버린 것을 이웃 주민의 초등학생 아이가 발견해 들고 왔고, 이웃 주민은 길고양이 밥 주는 여자에게 무작정 들고 온 것이다. 캣맘 생활 몇 년째인 그녀도 그렇게 어린 고양이는 처음 봤다. 알다시피 길고양이들은 사람들 눈에 띄지 않는 곳에서 새끼를 낳고 키운다. 사람들 눈에 어린 아깽이가 띄는 건 대부분 웬만큼 자라 뛰어놀 단계다. 도대체 누구였을까, 탯줄도 채 다 떨어지지 않은 새끼 고양이들을 어미에게서 떼어내 상자에 담아 버린 사람은. 갓 낳자마자 새끼들을 잃어버린 어미 고양이에겐 무슨 일이 벌어졌던 것일까. 아무도 모른다. 우리가 아는 건 그 아깽이들이 살아남았다는 사실이다.

"아깽이들 때문에 인터뷰 요청도 다 거절하고 긴급하지 않은 약속들은 다 미뤄야 했어요. 밤낮으로 세 시간에 한 번씩 고양이용 우유를 먹이고, 아이들 똥꼬를 자극해 배변을 유도해야 했어요. 애들 때문에 십년감수 여러 번 했죠. 아무래도 전생에 죄 많이 짓고 살았던 게 틀림없어요."

김보경은 그렇게 해서 밥 주는 캣맘에서 젖 주는 캣맘으로 승급했다. 엄마라는 호칭이 전혀 어색하지 않게 된 것이다. 그녀의 눈물 나는 길고양이 육묘 일기가 궁금하신 분들은 그녀의 블로그(http://blog.naver.com/animalbook)에 가 보시라. 눈물을 흘리든 미소를 짓든 아무튼 파란만장 빨간만장, 한 사람과 동물들이 어울려 살아 가는 이야기들을 읽을 수 있을 것이다. 탯줄도 못 떼고 어미와 헤어져야 했던 두 마리 어린 고양이는 이제 오래오래 살라는 의미로 '오래'와 '래오'라는 이름도 얻고, 행복한 집고양이로 살고 있다. 생명을 버리는 자와 생명을 거두는 자, 세상은 그렇게 나뉜다.

"얼마 전 성북구에서 유기견들이 집단으로 출몰해 길고양이들을 물어 죽이고, 사람들까지 위협했던 사건, 기억하시죠? 다행히 동물구조협회에서 개들을 생포해 무사히 끝나긴 했지만, 앞으로도 반복될 수 있는 사건이에요. 추정이긴 하지만, 아마 그 개들은 은평구 뉴타운 개발이 시작되면서 단독 주택에 살던 사람들이 이사 가며 버린 개들이 야생화되어 북한산을 타고 성북구까지 넘어온 걸 거예요. 저는 유기 동물 문제가 인간의 탐욕과도 연관된 문제라고 믿어요. 지금 서울에서 재개발되는 동네에 가 보면 여지없이 버려진 개와 고양이들이 발견돼요. 펫 숍 문제도 마찬가지 맥락이에요. 펫 숍에서 파는 개와 고양이들은 몸 하나 제대로 움직일 수 없는 철창에 갇혀 끝없이 새끼 낳는 기계로 살다가 죽는 어미들이 낳은 것들이에요. 독일 같은 경우엔 펫 숍 자체가 법으로 금지되었어요. 독일 사람들이 반려 동물을 집에 데려가는 방법은 친지에게서 분양받거나 동물 보호 센터에서 입양하거나 둘 중 하나에요."

그녀와 인터뷰를 한 뒤 얼마 안 지나 종로구 홍파동에서 유기견 떼가 길고양이들을 물어 죽이는 사건이 발생했다. 동네의 캣맘이 매일 밥 주고 물 주며, 중성화 수술까지 마친, 이름만 길고양이지 거의 키우다시피 하는 고양이들이 서울 한복판에서 떼지어 다니는 개들에게 물려죽은 것이다. 그 개들도 원래는 누군가가 키우다 버린 개들이었다. 재개발로 밀려나는 사람들이 버린 개들, 새끼 때는 이쁘고 귀엽다고 사들여 놓고는 크면 귀찮다는 이유로 내다버리는 사람들, 유기동물 때문에 빚어지는 문제들은 유기 동물들이 시작한 문제가 아니다. 사람들이 저지른 일이다.

소소한, 그러나 아직 갈 길이 먼, 희망 하나

"우리 사회는 아직 너무 남성성이 강한 사회에요. 캣대디의 숫자가 훨씬 적은 이유도 아마 그런 탓일 거예요. 동물을 좋아하는 사람들 중에도 남자들은 대부분 개를 키우죠. 개들이 집단적이고 복종심이 강하기 때문일 거예요. 집단과 복종, 남자들 세계에서 흔히 볼 수 있는 특징이잖아요. 그런 의미에서 캣맘들은 이중의 약자라고 볼 수 있어요. 길고양이라는 약자를 여자라는 약자가 돌보는 거죠. 에이, 조 샘은 여성성이 조금 센 남자잖아요, 그러니까 캣대디가 됐죠. 하하하."

나는 여성성이 조금 센 남자라는 그녀의 평가가 조금도 싫지 않다. 싫은 건 언제까지 남성은 사냥하고 싸우는 자, 여성은 채집하고 보살피는 자라는 식으로 역할을 구분하는 석기 시대 관념이 계속될 것인가 하는 의문이다. 씨 뿌리고 떠나는 다른 대부분의 포유류 수컷들과 달리 인간은 자식을 책임지는 부성을 자랑하는 동물 아니던가 말이다.

"캣맘도 늘어나면 좋겠지만, 캣대디가 더 많이 생기면 정말 좋겠어요. 지난번 지방 선거 때 구청장 후보들을 찾아갔어요. 동물 보호에 좀더 관심을 가져 달라고 부탁하려고요. 몇 분 캣맘이 동참해 주셨는데 그 때 캣대디가 참 아쉬웠어요. 아무래도 남자가 끼면 사람들이 대하는 태도가 달라지잖아요. 바라는 거요? 그저 동물들이 원래 타고난 수명만큼 살다 가는 세상이 왔으면 좋겠어요. 나와 다른 동물이라는 이유로, 그냥 싫다는 이유로 학대받고 살해당하는 동물이 없는 세상이요. 조금씩 나아지고 있다고 믿어요. 조 샘만 봐도 그렇잖아요. 제가 조 샘을 같은 캣맘 캣대디로 만나리라곤 상상이나 해 봤냐고요. 하하하."

그녀와 나눈 이야기는 훨씬 길다. 그 이야기를 다 풀려면 아주 긴 페이지가 필요하다. 못다 한 이야기는 다음 기회에 하자. 그 날은 마침 종로구 캣맘 카페 회원들의 번개가 있던 날이었다. 김보경은 새끼 고양이 형제 오래와 래오에게 젖을 먹여야 하고, 그 녀석들 때문에 마감이 틀어져 버린 다음 책 작업 때문에 번개에 참석하지 못했다. 종로구 낙산공원 언저리에서 만난 캣맘 캣대디들은 맥주잔 기울이며 길냥이 집사의 애환과 기쁨을 나눴다. 그러다가 졸지에 한밤중에 모두 낙산 성곽길을 올라가야 했다. 사람이 키우다 버린 것이 거의 100퍼센트 확실한 어느 고양이, 버려진 충격 때문인지 사료조차 먹지 않으면서도 그저 사람 손길만 원하는 어느 고양이를 어떻게 하면 좋으냐고, 강제 급식이라도 해야 아이가 살 수 있을 텐데 혼자 하려니 엄두가 안 난다고, 도와 줄 수 있느냐고, 어느 캣맘의 긴급한 메시지가 왔기 때문에.

결국 그 날 밤 그 고양이는 업둥이로 어느 캣맘의 집에 실려갔다. 보름여가 지난 지금, 그 고양이는 스스로 사료를 먹을 수 있게 되었단다. 이미 그 캣맘의 집에 여러 마리 자리 잡은 다른 길냥이 출신 집냥이들처럼 튼실해지라는 바람에서 '땡글이'이라는 새 이름도 얻었다.

유별난 사람들인가? 유별난 거 맞다. 그래도 이유 없이 죽이는 사람들보다는, 키우다 내다 버리는 사람들보단 낫지 않은가.

다시 간디의 말을 기억한다. 동물을 막 대하는 사람들이 많은 사회는 결국 사람들도 막 대하는 사회다. 우리 사회가 사람들을 얼마나 막 대하는 사회인지 굳이 되풀이해야 할까. '세상의 모든 것은 연결되어 있다'라는 아메리카 원주민들의 격언을 기억한다. 동물의 생명권이 보장되는 사회에선 절대로 인권이 무시되지 않을 것이다. 세상 모든 사람이 캣맘 캣대디가 될 필요는 없다. 동물이 싫다면 그건 그 사람의 권리다. 그러나 동물을 돌보는 사람을 미워하고 윽박지르는 건 권리가 아니다. 그저 저런 유별난 사람들이 있구나, 하고 지나쳐 주면 된다. 캣맘들이 길냥이 밥 주다가 봉변당하는 일은 벌어지지 않는 사회, 그게 나의 작은 소망이다. 어서 그 세상이 와 주기를. "눈치 보지 않고 길고양이에게 밥 줄 수 있고, 모든 생명이 저마다 타고난 수명만큼 살다 가는 세상", 김보경이 꿈꾸는 그 세상이 조금이라도 빨리 와 주기를.

〔『인권』, 국가인권위원회, 2014.07-08〕

●

〔2020.12〕 국가인권위원회의 제안으로 시작되었던 프로젝트였다. 계속 이어졌더라면 내 인권 '감수성'을 키우는 데도 많은 도움이 되었을 텐데, 해외 입양인과 동물권을 이야기하는 데서 멈추고 말았다. 그 해 예정보다 일찍 긴 여행을 떠나는 바람에 그리 되었다는 게 공식적인 변명이다. 하지만 더 솔직한 얘기는, '힘들었다'는 것이다.

세상사 모두에 빛과 어둠이 공존한다는 걸 모르는 사람이 어디 있으랴. 어떤 이들은 어둠을 드러내는 일에 달려든다. 그 어둠을 드러내야 세상이 조금 더 나은 곳으로 나아간다는 믿음으로 그 힘든 과업에 뛰어든다. 꼭, 반드시 필요한 일임을 잘 알면서도 때로 눈길을 돌리고 싶어진다. 사는 일이 녹록지 않으니 심신이 피곤한데 모르고 지나가도 내 삶에 큰 지장 없을 세상의 어두움에 또 끌려 들어가고 싶지 않아서.

한동안 내 안에 분노가 가득 차 있었던 시절이 있었고, 그 분노를 '정당한 분노'로 이름지으며 책 한 권을 썼다. 지구라는 행성 구석구석에 퍼져 있는 불의와 부정과 부패를 이야기하고 싶었다. 잠깐이면 끝날 줄 알았던 작업에 거의 일 년 이상이 걸렸다. 자료를 읽을 때마다 머리뿐만 아니라 몸이 아팠다. 책이 서점에 깔렸을 때, 동네 책방에서 우연히 어느 독자가 책을 집어드는 걸 목격했다. 책장을 펼치더니 바로 덮어 버리더라. 책방 주인이 나를 그 독자에게 소개시켰다. 인사한 김에 물어 보았다. 책이 많이 힘들었나요? 네, 도저히 계속 볼 엄두가 안 났어요….

쓰는 사람도 힘들고, 읽는 사람도 힘들고…, 그렇다고 언제까지고 밝고 아름다운 세상만을 이야기할 수도 없는데…, 일 년 넘게 고생고생하면서 썼는데 고작 1,500부 팔리고 끝난 책의 기억은 여전히 아프다. 아픈 이야기를 덜 아프게, 어둠의 이야기를 빛의 이야기로 진화시키기에 내 능력이 아직 부족한 탓이다. 다스려지지 않은 분노가 그렇잖아도 힘든 독자를 더 힘들게 하면 안 되는데, 그 분노가 정당하다는 이유만으로 들이미는 건 현명한 짓이 아니다. 여전히 어렵다. 자꾸 외면하고 싶다. 내가 아니라 다른 사람들의 일로 떠넘기고 싶다. 실제로 자꾸 그리한다. 비겁한 글쟁이.

길고양이 밥 주는 사람의 이야기가 『인권』지의 꼭지가 된 데는 내가 당시 길고양이 밥 주는 캣대디였다는 사실도 한몫을 했다. 사실 그 3년여의 경험을 책으로 묶자는 약속까지 출판사와 했고, 계약금도 받았다. 어차피 블로그에 일기 쓰다시피 올린 글도 많으니 금방 끝날 줄 알았다. 오산이었다. 블로그에 일기 쓰듯 쓸 때와는 달리, 책을 낼 생각을 하니 생각할 거리가 너무 많아졌다. 길고양이를 둘러싸고 벌어지는 치열한 논쟁들을 그냥 외면할 수가 없었다. 도시 생태계를 생각해야 했고, 반려 동물 산업의 문제를 생각해야 했고, 동물과 인간의 관계를 근원부터 되짚어야 했다. 헉, 이거 완전히 지뢰밭이잖아!

모르겠다. 계약금은 이미 받았으니 어떻게든 약속은 지켜야 한다. 길고양이의 아빠 또는 삼촌이 되어 겪었던 웃고 울던 경험을 이야기하고 싶은 건 물론이다. 하지만 '길고양이는 예뻐요, 사랑스러워요, 그리고 가엾어요, 그러니 우리 밥도 주고 물도 주면서 행복하게 살기로 해요' 수준의 이야기는 이미 너무 많이 책으로 나왔다. 어떻게 써야 길고양이들에게, 캣맘들에게, 길고양이를 싫어하는 사람들에게, 이 도시에게, 이 세상에게 사료 한 줌만큼이라도 도움이 되는 글을 쓸 수 있을까, 고민이다. 좀 더 고민해 보자.

●

〔D-25〕

평화라는 이름의 중력—종교 간 대화의 한 시도

|

작은 블랙홀 하나

|

김계현, 김법열, 김보명, 김성전, 김성란, 남궁경, 남상근, 도 안토니오, 민형기, 박대열, 박정일, 손정길, 양영인, 원영훈, 윤정원, 이경민, 이민규, 이성만, 이태철, 이환욱, 장순미, 정연길, 천목은, 최서연, 최승욱, 최영도, 최정아, 한성배, 황인상. 다시 한 번 그 이름들을 조용히 읽어 봅니다. 팔자에 없을 것 같던 인연의 힘으로 제가 옷깃을 스쳤던 청년들의 이름입니다. 가나다 순으로 자리를 찾아 제 이름을 집어넣어 봅니다. 조병준. 30명의 이름을 다시 읽어 봅니다.

남녀가 다르고, 58년 개띠로부터 75년생 신세대에 이르기까지 나이가 다르고, 고향이 다르고, 심지어 국적이 다른 사람도 하나 끼어 있고, 무엇보다 다섯 가지 '다른 종교'를 믿는 30명의 청년들이 어느 날 한자리에 모였습니다. 가톨릭 신부와 신학생이 있었고, 개신교의 전도사와 신학생도 있었습니다. 대학 불교 학생회의 학생들이 있었고, 원불교의 성직자인 교무가 되기 위한 수업을 받고 있는 예비 교무들도 있었습니다. 성직자가 따로 없는 천도교의 평신도 대학생들이 있었고, 딱히 어떤 종교의 교인이라고 자신을 자리매김하지 못하는 사람도 하나 끼여 있었습니다.

같은 종교에 속하는 이들이야 서로를 알고 있었겠지요. 개인적으로 서로 친구 관계에 있는 이들도 있었을 겝니다. 하지만 그런 개인적 관계들을 제쳐 놓으면, 그들은 서로 만나게 되리라고는 아마 꿈에도 생각지 못했던 사람들이었습니다. 그들이 함께 지낸 시간은 3박 4일이었습니다. 그들이 우연, 또는 인연의 힘으로 만나 어깨를 스친 공간의 이름은 경기도 가평의 숲 속이었습니다. 1997년 2월 12일부터 15일까지 가평의 숲 속, 그 3차원 시공간에서 이상한 사건이 하나 생겨났습니다. 블랙홀이 하나 생겨났던 것입니다.

블랙홀이요? 빛조차 빠져나오지 못한다 해서 그 이름이 블랙홀이랍니다. 태양보다 훨씬 무거운 별이 수명을 다하고 자체의 중력으로 무너져 내릴 때 생기는 것이라죠. 접근하는 모든 물질을 다 집어삼킨다고 해서 미래의 우주 비행사들에게는 공포의 함정이 될 것이랍니다. 그 안에서는 모든 물리 법칙이 사라진다고 합니다. 특이성(singularity)이 지배하는 세계가 바로 블랙홀의 세계라는 것입니다. 물리학자들이 밝혀 내기를 자연에는 강한 핵력, 약한 핵력, 전자기력, 중력, 이렇게 네 가지의 힘이 있답니다. 그런 자연의 네 가지 힘 중에서 제일 작은 힘이 중력이라고 합니다. 소립자의 세계와 일상 생활의 세계에서는 거의 있으나마나 한 힘이라죠. 그런데 그렇게 작은 힘인 중력이 바로 이 거대한 우주를 움직이는 힘이랍니다. 그리고 모든 물리 법칙을 초월하는 블랙홀을 만들어 내는 어마어마한 힘이 또한 중력이라는 것입니다. 가장 작고 동시에 가장 거대한 힘이 바로 중력입니다.

서로 모르던 30명의 청년들이 모여 작은, 깨알만큼 작은, 블랙홀 하나를 만들어 냈습니다. 겨우 3박 4일의 짧은 시간이었습니다. 제가 그 사건을 블랙홀이라고 부르는 이유는 단순합니다. 그 사건에서 서로 다른 종교들 간에는 갈등이 빚어질 수밖에 없다는 세상의 법칙이 무너졌기 때문입니다. 갈등의 법칙이 무너진 자리에는 '평화'라는 이름의 특이성이 자리잡았습니다. 조심해야 할 것 같습니다. 지금은 아주 작은 블랙홀에 불과하지만, 어쩌면 커다란 블랙홀로 성장할지도 모릅니다. 근처를 지나가는 종교 간의 갈등을 모조리 끌어당겨 어둠 속으로 보내 버릴지도 모릅니다. 서로 세상에 있는지 없는지도 몰랐던 개인들을 뭉치게 하고, 마침내 작지만 매우 '위험'할 수도 있는 블랙홀을 만들어 낸 힘, 그 중력의 다른 이름이 있습니다. 그 중력의 이름은 '평화'입니다.

평화, 매우 위험한 중력

평화가 위험할 수도 있다니, 이 무슨 말 같지 않은 말입니까? 불행한 일이지만, 어떤 사람들에게 평화는 핵폭탄보다 더 위험한 것일 수도 있습니다. 갈등과 증오를 통해 자신이 쥐고 흔들 권력을 만들어 내는 사람들에게 평화는 끔찍하게 위험한 그 무엇입니다. 평화가 이루어질 때 반대로 그들의 권력은 무너지게 되어 있으니까요. 가만히 둘러보십시요. 그런 사람들은 의외로 이 세상에 넘치고 넘칩니다.

옛 유고슬라비아의 내전을 생각해 보십시오. 잊을 만 하면 터져 나오는 인도의 힌두교-회교 분쟁을 생각해 보십시오. 모처럼 마련된 중동 평화의 싹을 송두리째 뽑아 내려고 안간힘을 쓰고 있는 이스라엘 네타냐후〔Benjamin Netanyahu, 1949~ : 1996~1999년 이스라엘총리를 지냈으며, 2009년 다시 총리에 임명되어 2020년 현재까지 6선의 장기 집권에 성공하여 최장기 총리로 재직 중이다. 임기 중에 국방부, 외교부, 경제부, 보건부 장관 등을 겸직했다.〕정권을 생각해 보십시오. 살인과 폭파로 세계를 괴롭히는 이슬람 근본주의 테러 분자들을 생각해 보십시오. 심지어는 불교 국가 미얀마에서도 불교도와 이슬람교도 사이에 서로 폭력이 난무하는 사태가 벌어졌다지요. 최악의 종교라 할 수 있는 개인 숭배주의로 국민들을 기아 상태로 몰아넣고도 계속 전쟁 준비로 날을 새우는 북한의 지도자들을 생각해 보십시오.

종교를 등에 업은, 또는 종교를 빙자한, 그 증오의 역사를 굳이 다시 들먹일 필요가 있을까요? 사랑과 자비와 형제애를 외치지 않은 종교는 거의 없었습니다. 그런데 이상하게도 거의 모든 전쟁의 배후에는 항상 종교가 든든한 동맹군의 역할을 수행했습니다. 그런 역사는 지금도 여전히 현재 진행형입니다.

종교의 이름으로, 용서와 사랑이 아니라 '복수'를 외치는 사람들이 천지 사방에 널려 있습니다. 복수가 지배하는 세상, 그것이 바로 지옥이 아니고 무엇일까요. 가만히 생각해 봅니다. 그들은 왜 지옥을 이 세상에서 실현시키고 있는 것일까요? 답은 뻔합니다. 갈등과 증오만이 그들의 권력을 지탱해 주는 밑바탕이기 때문입니다. 그들에게 평화는 너무나 위험한 단어입니다. 평화가 실현될 때 그들이 찬밥 신세가 되리라는 것이 너무나 확실하기 때문입니다.

자연의 다른 세 가지 힘과 달리 중력은 언제나 인력(引力), 즉 끌어당기는 힘입니다. 평화 역시 인간 세상의 다른 힘들과 달리 언제나 인력입니다. 서로 가깝게 하는 힘입니다. 권력에 눈이 먼 사람들은 인력보다는 척력(斥力), 즉 멀리 내치는 힘을 좋아합니다. 바깥에 적이 있을 때 그것을 빌미로 자신들이 권력을 확보할 수 있기 때문입니다. 그들에게 평화라는 이름의 중력은 위험한, 너무나 위험한 힘입니다.

평화를 빕니다. 평화를 빕니다

'크리스챤 아카데미'라는 단체가 있습니다. '대화'를 통해 한국 사회의 문제를 해결하고자 하는 기독교 단체입니다. 그 단체에서 시도한 대화의 한 갈래가 바로 '종교 청년들 간의 대화'였습니다. 애초에는 유교를 포함해 모두 여섯 개의 종교 청년들이 한자리에 모여 대화를 시작했다고 합니다. 이런저런 사정으로 유교가 빠져나가고 지금은 가톨릭, 개신교, 불교, 원불교, 천도교 등 다섯 종교의 청년들이 대화를 계속하고 있습니다. 예비 성직자들이 중심이긴 하나, 성직자가 따로 없는 종교도 있고, 또 대화의 문턱을 낮추자는 의견도 있고 해서 그냥 '종교 청년 대화'라고 이름을 붙인 모양입니다.

절반은 호기심에서 절반은 기대심에서, 제가 캠프에 참여하고 싶다고 했을 때 '크리스챤 아카데미'의 간사는 이렇게 물었습니다. "조병준 선생님이요? 종교가 있으세요?" 저는 이렇게 대답했습니다. "저요, 종교가 많은데요." 주최 측의 특별한 호의 덕분에 종교인도 아닌 제가 종교 청년 대화 캠프에 동참할 수 있었습니다. 그리고 그 캠프에서 저는 아주 특별한 경험을 했습니다. 서로 다른 것들이 모여 이루는 희한한 공동체의 경험이 그것이었습니다.

아침 일찍부터 밤 늦게까지 3박 4일은 아주 빡빡하게 짜인 일정 속에서 흘러갔습니다. 한국의 종교와 전통 문화의 관계, 가난하고 소외된 사람들을 위한 봉사, 청소년을 위한 문화 활동 등 다양한 주제에 대한 강의도 있었습니다. 춤을 통한 명상의 시간도 있었고, 이런저런 주제를 놓고 벌어진 토론도 있었습니다. 그러나 그렇게 다양한 행사 중에서도 특히 저를 놀라게 한 것은 바로 종교별로 마련한 의식의 순서였습니다.

모두 다섯 번의 의식이 치러졌습니다. 그리고 어느 한 의식 빼놓지 않고 저는 똑같이 커다란 감동을 온몸으로 느꼈습니다. 그 자리에 직접 계시지 않았던 분들에게 제가 느낀 감동을 고스란히 전달해 드리기는 불가능합니다. 몸으로 느낀 감동이었기 때문입니다. 말이나 글로는 몸이 받은 느낌을 제대로 전달할 수 없습니다. 제가 지금 이 글을 읽고 계신 분들에게 할 수 있는 말은 하나뿐입니다. 그냥 상상해 달라는 것입니다.

신부님과 전도사님들이 합장하고 부처님께 삼배(三拜)를 올리는 광경을 상상해 보십시오. 원불교의 예비 교무들과 불교의 신도들이 소리 높여 부르는 개신교의 찬송가 소리를 상상해 보십시오. 천도교의 가족 기도에 쓰인 청수(淸水)를 모든 종교인들이 사이좋게 나눠 마시는 모습을 상상해 보십시오. 가톨릭 미사의 끝무렵에서 모든 사람이 서로 돌아가며 포옹을 하고, 서로에게 "평화를 빕니다"라고 말해 주고 다시 "평화를 빕니다"라고 화답하는 모습을 상상해 보십시오. 잘 상상이 안 가시리라고 믿습니다. 저도 그 캠프에 참석하기 전까지는 그런 일이 벌어질 수 있으리라고는 생각지도 못했으니까요.

평화를 빕니다. 한쪽에서만 그렇게 말해서는 평화가 오지 않습니다. 그 말을 들은 상대편에서 역시 '평화를 빕니다'라고 말해 주어야 비로소 평화가 옵니다. 난생 처음 다른 종교의 의식에 참여해 보는 사람이 적지 않음에도 불구하고, 대화 캠프에 참석한 청년들은 참으로 진지하게 다른 종교의 의식에 동참했습니다. 그 의식의 상징과 의미들을 속속들이 이해하지는 못했겠지만, 서로 최대한의 존경심을 마음에 품고 의식에 참여했다는 것만큼은 누구나 쉽게 알 수 있었습니다. 마음이 열려 있었다는 것이지요. 그 열린 마음들 덕분에 평화를 나눌 수 있었던 것입니다.

캠프의 마지막 밤, 참석자들은 그룹을 나누어 자신들이 꿈꾸는 미래의 모습을 몸으로 표현하는 순서를 가졌습니다. 어느 한 그룹의 몸짓이 사람들의 폭소를 자아냈습니다. 원불교 예비 교무 한 분이 십자가를 짊어지고 나왔고, 개신교 전도사 한 분이 목탁을 두드리며 주기도문을 외웠습니다. 글쎄요, 어떤 사람들의 눈에는 그런 행동들이 어쩌면 신성 모독으로 비칠지도 모르겠습니다. 하지만, 정말로 그것이 신성을 모독하는 행위였을까요? 저는 그렇게 생각하지 않습니다.

어느 종교에도 속하지 않은 특별한 신분 덕분에 저는 그래도 가장 객관적인 위치에 설 수 있었던 사람이라고 할 수 있습니다. 그런 제가 자신 있게 말하건대, 거기에는 오로지 서로 이해하려는 마음과 존경심이 있었을 뿐입니다. 이해와 존경의 바탕에서 신성 모독이 빚어질 수는 없는 법입니다. 그 바탕에서 빚어진 것은 바로 평화, 그리고 평화가 만들어 내는 또 다른 미덕, 곧 사랑이었습니다.

그리고 너무나 당연한 결과이겠지만, 각 종교의 청년들은 다른 종교의 청년들이 꿈꾸는 세상의 모습이 자신들이 꿈꾸는 세상의 모습과 전혀 다르지 않다는 것을 알게 되었습니다. 평화와 사랑이 넘치는 세상, 그것이 바로 모든 종교인들이 꿈꾸는 세상이었습니다.

평화고리, 이후의 행로

3박 4일의 캠프를 끝낸 평화고리 5기 멤버들의 이후 '행각'은 가관입니다. 가톨릭 신학생 한 사람이 군대에 갔습니다. 이 신학생의 입영 전야는 불교, 개신교, 천도교에서 책임을 졌다지요 아마. (원불교 예비 교무들은 사는 곳이 너무 멀어 참석할 수가 없었고, 같은 가톨릭 신학생들은 오후 5시 이후에는 외출이 금지되어 있는지라 역시 참석할 수가 없었답니다.) 전도사 한 분이 목회를 맡고 있는 어느 교회의 창립 8주년 기념 예배에도 가톨릭, 불교, 천도교의 대표들이 참석해 함께 기쁨과 식사를 나누었다고 합니다. 부천에 있는 신부님의 수도원과 전북 익산에 있는 원불교의 총부, 혜화동에 있는 가톨릭 신학 대학, 낙원동의 천도교 수운회관 등은 이들 평화고리 멤버들의 성지 순례 코스가 되었다고도 합니다.

쉽게 말해, 그들은 서로 '친구'가 되었습니다. 나이와 성별과 종교가 다르지만, 친구가 되었습니다. 평화고리 5기들이 좀 극성스러운 면은 있다지만, 그 이전 기수들도 서로 친구가 되었다는 점에서는 마찬가지였던 모양입니다. 올해까지 다섯 번에 걸쳐 행해진 '종교 청년 대화 캠프'를 통해 다섯 기의 평화고리 모임이 만들어졌답니다. 초창기 평화고리에서는 이미 신부, 교무 등의 정식 성직자들도 나왔답니다. 들리는 이야기에 따르면, 1기 출신 원불교 교무님이 새로 개척한

교당에 동기(同期)이신 가톨릭 신부님께서 자그마한 냉장고를 사 주시기로 약속했다고도 하더군요. 동기들이 모이면 그냥 헤어지기 아쉽다고 스님과 원불교 교무님과 천도교 동덕님과 개신교 전도사님이 신부님의 사제관으로 우르르 몰려가 밤을 새워 대화를 나눈다는 얘기도 들었습니다. 뭐 그 정도라면 평화고리라는 이름이 헛말만은 아니라고 봐도 될 것 같습니다.

'친구'가 되었다는 것, 간단하고 사소한 일 같지만 사실은 그렇게 만만하게 볼 일이 아닙니다. 생판 모르는 남에겐 돌을 던지기가 쉽습니다. 하지만, 친구에게는 돌을 던지기가 어려운 법입니다. 친구의 친구에게도 역시 마음 편하게 돌을 던질 수는 없습니다. 다섯 종교의 청년들이 서로서로 친구가 되었습니다. 일단 '우정'이 시작되었습니다. 자, 그 뒤에 무슨 일이 생겨날지가 궁금해집니다.

기수마다 20명에서 30명, 평화고리라는 이름의 모임은 이제 100여명의 식구를 거느리게 되었습니다. 동기들끼리의 만남 외에도 이들은 모든 기수가 다 함께 만나는 자리를 만들고 있습니다. 그렇게 해서 종횡으로 우정의 고리가 엮이는 것이지요. 이제 이들은 그 우정의 힘으로 새로운 무엇인가를 시작해 보려는 모양입니다. 듣기로는 일단 미혼모들을 위한 프로그램을 평화고리의 이름으로 만들어 보고자 계획을 세우고 있다고 합니다. 그리고 앞으로 힘이 닿는 대로 무속을 포함한 한국의 다른 종교들에게로 대화의 문을 넓히는 일도 계획 중이라고 합니다.

|

평화라는 이름의 중력이 있습니다. 중력이 우주를 지탱하듯, 평화는 인간 세상을 지탱하는 힘입니다. 종교가 할 수 있는 가장 큰 일이 바로 평화를 유지시키는 것이라고 저는 믿습니다. 이해와 용서, 자비와 사랑, 모든 종교가 가르치는 그 아름다운 덕목들은 궁극적으로 평화

를 지향합니다. 중력은 끌어당기는 힘입니다. 그런데 이 중력은 우주의 모든 방향으로 골고루 작용합니다. 그래서 서로 끌어당기는 힘인데도 불구하고 우주는 하나로 수축하지 않습니다. 행성들이 서로 모든 방향으로 끌어당기고 있는 까닭에 태양계가 유지됩니다. 평화라는 이름의 중력 또한 그렇게 모든 방향으로 작용해야 할 것입니다. 불행히도 이제까지 많은 종교는 평화라는 중력을 아주 한정된 방향으로만 집중시켜 행사해 온 것 같습니다. 너를 사랑해, 너를 구원할 테야, 내가 끌어당길 테니 나에게 달라붙어야 해, 그렇지 않으면 넌 지옥에 갈 거야…. 서로 그렇게 일방적으로 끌어당기기만 하면 불화와 싸움이 빚어질 수밖에 없습니다.

글쎄요, 평화고리라는 작은 모임이 그런 잘못된 관행을 얼마나 바로잡을 수 있을지 모르겠습니다. 다만 어렴풋이 희망은 가져 볼 수 있을 것 같습니다. 상상의 날개를 펴서 그 작은 블랙홀이 어쩌면 장대한 '화이트홀'로 전환될지도 모른다는 희망을 가져 볼 수 있을 것 같습니다. 갈등과 증오의 법칙이 아니라, 평화와 사랑의 법칙이 지배하는 새로운 세상을 만들어 내는 화이트홀 말입니다.

〔『지성과 패기』, SK Group, 1997.4-5〕

●

〔2020.12〕 '우리 기쁜 젊은 날'이라는 케케묵은 단어를 다시 떠올렸다. 1990년대 후반의 몇 년 동안 평화고리의 친구들 덕에 행복했다. 갈등과 반목의 원천이라 생각했던 종교가 화합의 촉매가 될 수도 있다는 가능성에 기뻤다. 각자의 신을 모시되 다른 이의 신에 대해 무시하고 경멸하지 않는, 건강한 종교인들을 만나며 즐거웠다. 평화고리는 그 후로도 11기까지 '공식적으로' 계속되었다. 이후 크리스찬 아

카데미의 공식 프로그램에서는 빠지게 되었지만, 평화고리의 멤버들은 자체적으로 종교 간 대화의 자리를 몇 년 동안 더 이어갔다.

시간이 흘렀고, 예비 성직자들은 성직자가 되었고, 청년들은 이제 중년의 나이가 되었다. 더 이상 그 시절처럼 자주 만나지 못한다. 그래도 몇 년에 한 번은 몇 명이라도 모이는 자리를 만들어 그 기쁜 젊은 날을 기억한다. 함께 모이지 못하는 이들에게도 그 기억은 공유되고 있으리라 믿는다.

한국 사회의 특징 중 하나가 바로 어느 특정 종교가 배타적 우위를 독점하지 않는, 다종교 사회임을 누가 부정할 수 있을까. 어느 사회든 어느 종교가 절대 다수가 될 때 다른 종교들은 언제나 소수 종교가 되어 억압당한다. 종교가 독점 권력을 지닐 때 폭력적으로 변질되는 것은 동서고금의 어떤 문화도 피하지 못했다.

유럽 친구 하나가 했던 말을 기억한다. "유럽인들이 지금 이나마 관용의 정신을 배운 건 두 번의 잔혹한 전쟁을 겪으며 종교에 대한 맹목적인 믿음을 잃어버린 덕분이야." 지금 전 세계를 화약고로 만드는 게 근본주의 이슬람 신도들과 트럼프로 상징되는 복음주의 기독교 신도들임을 부인할 수 있는 사람은 그 신도들뿐이다. 나와 다른 남은 모두 악마의 자식으로 매도하는 자들이 세상을 지옥으로 만든다.

악마는 언제나 인간 속에 있다. 평화라는 이름의 중력을 거부하는 암흑의 세력들. 불행하게도 평화고리의 이상은 여전히 이상에 머물 뿐, 주류의 규범이 되지 못했다. 선거 때마다 서울을, 한국을 봉헌하겠노라고 선언하는, 저 중세적 사고에서 한 치도 벗어나지 못하는, 철 지난 근본주의 종교인들을 어쩌면 좋을까. 그 멀어 버린 눈을 뜨이게 할 청년들을 기다린다.

●

산티아고의 길(El Camino de Santiago) 중 하나인 북쪽길(Camino del Norte)의 풍경.

Photo © JO Byoung Joon

산티아고의 길(El Camino de Santiago) 중 북쪽길(Camino del Norte)의 어느 오솔길.

〔E-26〕

뒷사람 것까지

|

아버지의 전설

|

아버지는 참으로 평균적인 한국인이셨다. 무슨 말인가 하면, 밥상머리에서 정치 이야기가 끊이지 않았다는 것이다. 독재자가 많은 나라에서는 원래 정치 이야기가 밥 이야기보다 더 중요해지는 법이다. 왜? 독재자 때문에, 또 독재자에 빌붙어 자기들 배에는 기생충도 없으면서 배불뚝이가 되는 기생충들 때문에, 국민들의 밥그릇이 줄어들기 때문이다. 하여간 정치 이야기만 나오면 숟가락과 젓가락을 휘두르며 열변을 토하시던 아버지 덕분에 나는 불치의 정치 혐오증에 걸리고 말았다.

세월이 흘러 아버지는 지팡이를 짚고 투표소에 가신다. 아침 일찍 투표소에 가기 전 꼭 전화를 걸어 내게 투표를 종용하시지만, 나는 투표소에 가지 않는다. 찍고 싶은 후보가 없을 때는 투표하지 않는 것도 내 시민권 표현의 한 방식이라고 중얼거리면서, 또 아버지 때문에 달콤한 아침잠이 깨졌다고 투덜대면서, 그냥 집에서 잔다.

정권이 바뀌면 언제나 대대적인 사정의 폭풍이 신문을 휘날렸다. 새로 권력을 잡은 정치가들은 사정을 하며 오르가즘을 느꼈을지 모르지만, 그 때마다 아버지는 치를 떨며 말씀하셨다. 정치하는 놈들은 다 '도둑놈'들이라고. 가엾은 아버지. 아버지를 지탱했던 그 희망의 정체는 무엇이었을까. 도둑놈들이라고 욕하면서도 선거 때마다 열심히 투표장으로 달려가신 그 희망의 정체가 나는 몹시도 궁금하다. '제2의 건국'을 외치며 '문민정부' 시절의 비리를 파헤치는 1998년의 신문들을 뒤적이며 나는 다시 기억한다. 아버지의 말씀. 얘야, 정치하는 놈들은 다 도둑놈들이다.

나 어릴 때, 밥상머리에서 아버지가 들려 주신 전설 한 토막도 기억한다. 대만의 장개석〔장제스, 蔣介石, 1887~1975〕은 뇌물 먹은 사위를 태평양에 빠트렸단다. 장개석의 사위는 상어 밥이 되었다던가. 아버지가 들려 주신 그 아름다운 전설이 역사적 사실인지 어쩐지 나는 모른다. 그저 어린 나이에도 그 전설이 몹시 아름답게 들렸다는 것만 기억하고 있을 뿐이다. 한참 나이가 들어서야 장개석이 얼마나 부패한 정치가였는지를 확인했다. 아버지가 들려 주신 아름다운 전설이 깨지는 순간이었다. 그래, 아버지가 옳았어. 정치하는 놈들은 다 도둑놈들이지. 장개석의 국민당 군대가 아편 장사로 돈을 벌었고, 공산당과의 투쟁에서 이기기 위해 심지어 일본과 협잡질을 벌이기도 했다는 그런 무시무시한 역사를 아버지에겐 알려 드리지 않았다. 노인네가 아직도 간직하고 있을 그 가슴 아픈 희망을 부수고 싶지 않았다. 권력을 이용해 배를 불리는 자들 중에 단 한 명이라도 태평양의 상어 밥이 되게 하고 싶었던 그 가슴 아픈 희망. 측근의 비리를 그런 식으로 단호하게 처벌한 위대한 정치가가 이 세상에 단 한 명이라도 있어 주길 바랐던 그 참혹한 희망. 그 희망을 뚫린 입이라고 아들의 입으로 부숴 버릴 순 없었다.

귀신들이여, 곡을 멈추어라

바깥 세상으로 떠돌아 다니고 있었을 때, 내가 행복했던 이유는 여러 가지였지만, 그 중에 하나 매우 특별한 행복의 이유가 있었다. 어쩌면 그것 때문에 자꾸 서울을 떠나고 싶은지도 모른다. 신문을 읽지 않아도 된다는 것이었다. 끝없는 뇌물과 특혜와 수사와 구속과 석방의 기사들을 읽지 않아도 된다는 것. 사실 굳이 외국으로 도망치지 않아도 된다는 것을 잘 알고 있다. 지금 당장 시험 삼아 한 달만 신문을 끊어 보라. 인생이 지금보다 세 배는 행복해질 것이 틀림없다. 실현되기 어려운 처방임을 또한 잘 안다. 나부터도 서울에 돌아오면 걸신 들린 듯이 신문을 읽어 대기 시작하니까.

세계적으로 인정된 대한민국의 부패다. 예를 들어, 국세청이 나서서 선거 자금을 '징수'했다는 이야기는 어디까지가 진실인지 모르겠으나, 하여간 해괴한 일임에 틀림없다. 세금 징수도 바쁠 텐데, 선거 자금까지 징수했다니 얼마나 힘이 들었을까. 그것만도 해괴하고 해괴한 일인데, 더 해괴한 일은 당사자들 중 아무도 그것에 대해 사과하지 않고 반성하지 않는다는 것이다. 대신에 야당 탄압이라며 장외 투쟁을 하고 단식 투쟁을 벌인다. 귀신이 곡할 노릇이다. 가엾은 귀신들. 대한민국 귀신들은 아마 매일매일 신문을 읽으며 곡하다가 혼절해 버릴지도 모른다.

귀신이 곡할 노릇이란 무엇인가? 상식으로 이해할 수 없는 일이리라. 대한민국에서는 귀신이 곡할 노릇이 너무나 자주, 너무나 흔하게, 너무나 뻔뻔스럽게 벌어지는 탓에 그것이 일상의 상식이 되어 버렸다. 사람들은 상식으로 이해할 수 없는 일이 벌어져도 더 이상 곡을 하다가 쓰러지지 않는다. 대통령의 신분으로 수천억에 달하는 검은 돈을 주물럭거렸어도, 그것이 만천하에 공개되었어도, 잠시 푸른 죄수복을 입은 모습으로 텔레비전에 등장했다가, 다시 여유롭게 전직 대통령으로서의 영광된 자리로 돌아간다. 기껏해야 보석을 훔쳤을 뿐인 대도 조세형은 평생을 감호소에서 보내야 할 처지인데, 사람을 죽이고 수천억을 훔친 전직 대통령들은 골프와 테니스를 치며 잘 살아간다. 귀신들이여, 이제 곡을 멈추고 그만 조용히 이승을 떠나거라. 귀신이 곡할 노릇이 아직도 남았는가.

신문을 읽지 않으면 행복해진다는 것을 잘 알고 있으면서도 나는 또 눈꼽도 닦지 않은 채 신문을 펼친다. 매일 반복되는 불행. 끝없는 부패와 비리의 사슬 앞에서, 황당함을 넘어 허무의 지경에 이르는 그 몰상식과 무상식의 파노라마 앞에서, 나는 아직도 어안이 벙벙해지고 망연자실, 호흡이 가빠진다. 이 무서운 부패와 비리의 사슬은 어디에서 시작된 것일까. 언제나 되면, 어느 영웅이 나타나 단칼에 이 사슬을 끊어 버려 줄까.

아버지에겐 그래도 장개석의 전설이라도 있지만, 나에겐 그나마도 없기 때문에 나는 아버지보다 더 불행하다. 희망을 잃어버린 정치 혐오 세대의 불행. 지금 사정의 칼날을 휘두르며 오르가즘에 빠져 있는 그 세력이 다음 정권에서는 또 사정의 칼날에 휘둘리게 되리라는 것, 그 만유인력의 법칙처럼 확실한 권력 부패의 법칙을 잘 알고 있기 때문에 나는, 우리는 불행하다. 몹시 불행하다.

부패와 비리의 뿌리를 찾아서

국민학교 때부터 알고 있었다. 어머니가 월말 고사가 끝나면 '하얀 봉투'를 핸드백에 넣고 학교로 찾아오신다는 것. 나를 포함해 반에서 십 등 안에 드는 아이들의 엄마 대부분이 그렇게 핸드백을 들고 학교로 오신다는 것. 1960년대의 일이다. 1990년대의 지금은? 삼척동자도 알고 있을 이야기를 또 뭐하러 새삼스레 꺼내십니까. 오죽하면 스승의 날에 교문을 닫아 걸어야 했을까. 오죽하면 스승의 날을 5월에서 2월로 바꾸어야 할까. 제발 그 뉴스들이 외국 신문의 해외 토픽란에 실리지 않았기를.

어린 나이에도 나는 몹시 궁금했다. 나는 시험 때마다 열심히 동아 전과와 수련장을 외웠고, 그래서 시험을 잘 봤다. 그런데도 왜 어머니는 월말 고사가 끝날 때마다 하얀 봉투를 들고 학교로 가야 했을까.

공부 잘하는 아들을 두고도 무엇이 불안해서? 풀리지 않는 의문이었다. 이제는 의문이 풀렸다. 학교에 다니는 아이를 둔 친구의 아내가 그 궁금증을 풀어 주었다. 스승의 날에 봉투 대신 책을 선물했어요. 뭐 이런 걸 들고 오셨느냐고 하더라구요. 같잖다는 표정으로요….

대한민국의 부패와 비리는 초등학교에서부터 이미 시작되었다. 아이들이 순진하다고? 무슨 말씀을! 아이들도 알 건 다 안다. 아니, 어른들보다 훨씬 더 예민하다. 열심히 생존을 위한 기술과 지식을 받아들여야 하는 나이이기 때문에, 어른들보다 훨씬 더 신속하게, 예민하게 모든 사건을 받아들인다. 엄마의 하얀 봉투를 보며 아이들은 세상이 그렇게 돌아간다는 사실을 아주 재빨리 배운다. 그것이 세상이 돌아가는 질서요, 법칙이라는 것을. '바른 생활' 교과서는 몽땅 거짓말 투성이라는 것을.

주고 받음. 기브 앤 테이크. 세상이 돌아가는 질서요, 법칙이다. 초등학교의 하얀 봉투에서 비로소 시작되는 법칙도 아니다. 걸음마를 뗄 때부터 아이들은 배운다. 예쁜 짓을 해 주면, 그러니까 어른들이 원하는 일을 해 주면, 보상이 따라온다는 것. 맛있는 까까가 보상으로 돌아오고, 최소한 엄마 아빠의 포옹이라도 보상으로 돌아온다는 것. 주어라, 주지 않으면 받을 것도 없다. 냉혹한 법칙이다. 아빠의 구두를 닦으면 100원이 돌아온다. 주면 받을 수 있다. 설날 서툴게라도 세배를 해 주면 할아버지에게 세뱃돈을 받는다. 착한 일을 해야 크리스마스 저녁에 산타 할아버지가 선물을 놓고 간다.

예쁜 짓을 해 주고 받는 사탕이나 초콜릿. 세상의 진리가 그 안에 담겨 있다. 세상에 공짜는 없다. 주어야 받는다. 꿀벌이 꽃에서 꿀을 얻기 위해서는 온몸에 꽃가루를 묻히고 돌아다니며 씨를 맺게 해 주어야 한다. 꿀벌의 꿀을 빼앗기 위해서 양봉가는 겨울에 꿀벌들에게 설탕물을 먹여 주어야 한다. 꿀을 사 먹기 위해 소비자는 돈을 내야 한다. 자, 여기까지는 자연의 법칙이다. 주고 받는 것이 당연하고, 상식에서 벗어나지 않는다. 거기에서 그치면 좋으련만, 거기에서 그치지 않는다는 것이 우리 사는 세상의 불행이다.

꿀을 모아 병에 담아 팔고 싶은 회사가 생긴다. 그냥 조금씩 소주병에 담아 팔면 아무 문제가 없다. 문제는 공장을 세워 대량으로 팔고 싶은 기업가가 생긴다는 것이다. 공장을 세우려면 관청에서 허가를 받아야 한다. 정해진 규칙대로 공장 설립 계획서를 내고, 정해진 규칙대로 허가서를 내 주면 될 텐데, 희한하게도, 귀신이 곡할 노릇으로, 거기에 꼭 이상한 인간들이 개입하기 시작한다. 빨리 공장을 세워 꿀을 시장에 팔아서 돈을 벌고 싶은데, 허가권을 쥔 자들이 미적미적 늑장을 부리거나 아예 딴지를 거는 것이다. 내게 예쁜 짓을 해 봐. 그러면 허가서를 내 줄게. 초등학교에서부터 배운 하얀 봉투가 힘을 발휘한다. 주면 받는다.

주고 받는 것은 자연의 법칙이다. 절대 서글프거나 더러운 법칙이 아니다. 인생이 서글퍼지고 더러워지는 것은, 정당한 범위를 벗어난 주고받음이 생겨나기 때문이다. 뇌물. 뇌물이 별 건가. 자기가 준 것만큼 받지 않고 그 이상을 받기 위해 주는 돈과 몸과 골프장, 또는 호텔 피트니스 클럽 회원권이다. 꿀 공장 사장에게 허가서를 내 주느라 서류를 검토하고 도장을 찍어 주는 대가로 공무원이 원래 받아야 할 몫은 월급이다. 그러면 주고받음의 계산이 정확하게 끝난다. 공무원이 급행료, 또는 수고비로 꿀 공장 사장에게서 하얀 봉투를 받으면 그 때부터 계산이 어긋나기 시작한다. 그 어긋난 계산을 메꾸느라 사장은 탈세를 해야 하고, 소비자는 비싼 값으로 꿀을 사 먹어야 하고, 양봉업자는 꿀에 설탕물을 타야 하고, 꿀벌들은 일년 내내 트럭에 실려 팔도를 유람해야 한다.

샌프란시스코에 가면

샌프란시스코에 가면 머리에 꽃 다는 걸 잊지 마세요. 손에 손에 꽃을 든 착한 사람들이 있답니다…. 스콧 매켄지[Scott McKenzie, 1939~2012]의 노래 〈샌프란시스코(San Francisco, Be Sure to Wear Flowers in Your Hair)〉를 듣던 시절은 그래도 참 좋은 시절이었다. 내 나이 스물이었으니까. 스무 살 시절이었지만 79학번이었으니 내게도 그 노래는 이미 흘러간 팝송이었다. 그렇지만 군인들의 총구에다 머리에 달고 있던 꽃을 꽂아 주었다는, 1960년대 미국 '꽃 세대(Flower Generation)'의 전설은 눈물나게 아름다웠다. 그래서 영화 〈포레스트 검프〉를 보고 징징 울었다는 76학번 김용호 선배의 얘기를 듣고 나도 눈물이 핑 돌았다.

먹고 살려고 발버둥치다가 직직거리는 LP를 듣지 않게 되었다. '먹고 살려고'보다는 '깨끗한 CD를 사려고'가 더 정직한 이유일 것이다. 하여간 오랫동안 〈샌프란시스코〉를 듣지 못하다가 용호 형의 눈물 때문에 〈샌프란시스코〉가 담긴 〈포레스트 검프〉 사운드 트랙을 거금에 샀다. 몇 번 듣다가 듣지 않았다. 어느날 용호 형의 부인인 선미 누님의 1년 후배인 고혜정 누님을 만났다. 하버드에 교환 교수로 간 남편과 함께 1년여 보스턴에서 살다가 서울로 돌아오는 길에 아메리카 대륙을 횡단하고 오셨다는 이야기를 들었다. 그랜드 캐년 이야기도 재미있었고, 요세미티 국립 공원 이야기도 재미있었다. 그러다가 고혜정 누님이 샌프란시스코에서 들은 이야기라며 정말 재미난 이야기를 해 주셨다. 사람들 많은 자리라 눈물을 보이지는 않았지만, 또 눈물이 날 뻔했다.

샌프란시스코에는 다리가 많거든. 금문교인지, 다른 다리인지 모르는데, 하여간 샌프란시스코 시내에 직장을 둔 사람들이 차를 타고 다리를 건널 때 통행료를 낸다나 봐. 그런데 가끔씩, 크리스마스나 추수 감사절 무렵에, 그리고 어떨 때는 아무 날도 아닌데, 참 재미있는 일이 벌어진다는 거야. 톨게이트에서 한 운전자가 두 차 분의 통행료를 내면서 "뒷차 것까지요" 하고 간다는 거지. 그러면 징수원이 다음 차가 돈을 내려고 하면 이야기해 준대. 앞차가 내고 갔어요. 뒷차 운전자가 준비했던 동전을 주면서 얘기한대. "뒷차 거예요." 그래서 그날 하루 종일 "뒷차 거요"가 이어진대. 출근길 꽉 막혔을 때 정말 얼마나 행복해질까. 그런데 샌프란시스코에 사는 내 친구가 처음 그런 일을 당했을 때, 그냥 당황해서 "쌩큐" 하고 그냥 톨게이트를 빠져 나와 버렸다지 뭐야.

어이구, 어이구. 고혜정 누님의 그 한국 친구가 야속했다. 그리고 그분이 불쌍했다. 그렇게 통과해 버리고 나서 몇날 며칠 얼마나 죄스러웠을까. 얼마나 스스로에게 짜증이 났을까. 한국에서 살아 온 삼십몇 년이 얼마나 한스러웠을까. 한 번도 겪어 보지 못한 일이었을 텐데, 그래서 순간 너무 당황스럽고 어떻게 해야 할지를 몰라서 그냥 액셀레이터를 밟았을 텐데….

(잠시 샛길로 가는 것을 용서해 주시길. 이 자리를 빌어, 고혜정 누님께 한 마디 해야 한다. 혜정 언니! 고마와요! 그런 아름다운 전설을 제게 들려 주셔서요. 자신이 언젠가 글로 쓰려고 마음먹었던 건데도, '그래 병준 씨가 써' 하고 성큼 건네 주셔서요. 나중에 이 책 나오면 저작권료 드릴게요. 책도 드리고 저녁도 사 드릴게요.)

주고 받고 주고 받고… 둥글게 둥글게

나를 잘 모르는 사람들이 나에 대해 갖고 있는 오해가 하나 있는 모양이다. 유럽을 세 번씩이나, 그것도 처음엔 넉 달, 두 번째 한 달, 세 번째 석 달을 여행으로 갔다 왔다고 하니, 저 친구 꽤나 부잣집의 응석받이 막내아들인가 보다 생각하는 모양이다. 여기서 진실을 밝히면, 처음 넉 달의 유럽 여행 도중 내가 쓴 돈은 1,500 달러였다(당시 환율로 약 120만 원쯤이었다). 한 달 평균 30만 원. 그 때 내겐 그 흔한 유레일 패스 한 장 없었다. 서울에서 살 때의 생활비의 절반도 안 들었다. 두 번째, 세 번째도 거기서 거기였고. 그렇다고 내가 거지 여행을 한 것도 아니다. 한 번도 기차역에서 잠을 자 본 적도 없고, 야간 열차에서 자 본 적이 거의 없었다. 바게트 빵에 우유로 끼니를 때운 것도 딱 한 번뿐이었다. 어떻게? 친구들이 먹여 주고 재워 주고 심지어 기차표를 끊어 주었기 때문에.

캘커타[콜카타] 마더 테레사의 집에서 함께 일했던 친구들은 어쩌다 내가 식사비 한 번 내려는 것도 거부했다. "너는 내 손님이야" 하면서. 마더 테레사의 밑에서 자기 돈으로 먹고 자며 행려병자들의 수발을 들던 사람들이니 그럴 만했다. 그러나 그것만도 아니었다. 그냥 여행 도중에 우연히 만났던 중년 부부와 자그마한 서커스의 단원들도 내게 잠자리와 먹을 것을 주었고, 이별의 선물을 주었다. 잠시 한 나절을 함께 다녔던 일본인 대학 교수는 내 배낭에 그 비싼 유럽 담배(보통 한 갑에 3천 원에서 4천 원)을 한 보루나 채워 주기도 했다.

스위스 친구 하나는 기차역에서 헤어지며 내 주머니에 1백 스위스 프랑(당시 환율로 10만 원쯤)을 찔러넣어 주었다. 야, 아르노, 나 돈 있어. 내가 그렇게 말하자 아르노는 이렇게 답했다. 알아. 그래도 받아. 너는 지금 캘커타로 돌아갈 거잖아. 거기서 제대로 먹으면서 살아. 그래야 가난한 우리 캘커타 친구들을 위해 열심히 일할 수 있잖아.

아르노를 비롯해 내게 잠자리와 먹을 것과 기차표를 끊어 준 친구들 때문에 나는 아주 놀라운 진실을 배웠다. 주고 받는 것이 1:1의 관계가 아니라는 것. 누군가 내게 무엇인가를 줄 때 그냥 받으라는 것. 나에게 준 그 상대에게 내가 돌려 주지 않아도 상관없다는 것. 대신 내가 받은 것 중에 내가 쓰고 남은 것이 있다면, 그것을 또 다른 누군가에게 주면 된다는 것. 서울에 친구들이 놀러오면 내 주머니에 있는 돈만큼 그들에게 맛있는 밥을 사 주면 끝나는 것이 아니라는 것. 그렇게 1:1로만 주고 받으라고 기브 앤 테이크의 법칙이 만들어진 것이 아니라는 것. 그와 그녀가 내게 주면 받고, 그러다가 내게도 그 선물이 넘치면 내 앞에 다가온 또 다른 그와 그녀에게 주고, 그러면 그와 그녀는 또 누군가에게 주고, 언젠가 내가 또 그가 되고, 돌다가 돌다가 맨 처음 내게 주었던 그와 그녀에게 그 선물이 돌아가는 것. 아름다운 원. 둥글게 둥글게.

서울에, 진주에, 광주에, 전주에, 대구에, 통영에, 전곡에, 일산에, 분당에, 강화에, 아산에, 마산에, 부산에, 인천에, 부천에…. 유럽에서만, 캘커타에서만, 그랬느냐고? 아니! 절대로 아니! 전생에 지지리도 복없이 살다가 죽었는지, 아니면 전생에 꽤 착한 일을 많이 하고 죽었는지, 나는 복이 많다. 서울에, 광주에, 대구에… 다 적으려면 한 페이지쯤 넘어갈 테니 생략하련다.

내가 제대로 돌려 주지 못하는데, 아주 많은 사람들이 내게 주었다. 지금도 준다. 비행기 표 사라고 돈을 주신 선생님들, 춥게 여행하지 말라고 옷과 구두를 사 주신 선배님들, 가난한 전업 작가에게 일용할 양식으로 쓰라고 책을 한 아름씩 주시는 출판사 편집장님들, 쓰잘데기 없는 책 몇 권 낸 작가를 불러내려 온갖 산해진미를 잔뜩 먹여 주고 기차표 끊어 올려보내 주는 진주의 친구들, 답장 한 번 못 보내 주는 작가에게 CD도 보내 주고 야광별 스티커도 보내 주는 아산의 여고생 독자, 돈 한 푼 안 받고 책 표지 그림을 그려 준 선배님, 책 나왔다고 일 년 만에 연락해도 책 사 와서 사인 받고 술값도 계산하는 후배들, 캘커타의 고아들에게 보내 달라고 생판 얼굴 한 번 못 본 나에게 아주 아주 '큰돈'을 보내 주신 분들.

다 적으려면 또 한 페이지 넘어갈 테니 그쳐야겠다. 여기까지 읽으면서 배가 아파, 아니 가슴이 아파, 아니면 눈꼴이 너무 시어서 눈물이 나올 사람들이 있을 테니 여기서 그만.

내 아들에게 들려 주고 싶은 전설

겸손해야 하는 줄 알지만, 그래도 조금 건방을 떨 수 있다고, 내게도 아주 조금의 자격은 있다고 믿는다. 그렇게 받으면 부담스럽지 않느냐고 묻는 사람들이 있다. 나는 이제 어깨를 당당히 펴고 대답한다. 받는 것만큼 고스란히는 못 줘요. 그래도 줄 게 있으면 나도 줘요.

아버지가 내게 들려 주신 장개석의 전설은 어디에서 잘못되었던 것일까. 답은 간단하다. 아버지는 비빌 언덕이 아닌 데 가서 비비셨다. 동서고금 어느 권력도 둥글게 둥글게의 주고받음을 실천하지 못했다. 욕할 것도 없는 것이 권력은 그런 식으로는 절대 유지되지 못한다. 침팬지들도 이웃 집단에 가서 때리고 죽이고 그 집단 암컷을 강탈해 온다. 자기네 집단에서도 왕초가 되려고 죽자고 쌈박질을 한다. 사회란 게 본래 그렇다고 한다. 사회를 유지하려면 서열이 있어야 하고, 서열을 유지하려면 더 많이 가진 자가 있어야 하고, 더 많이 가지려면 조금 주고 많이 받아야 하니까.

프랑스 혁명도 실패했고, 미국 혁명도 실패했고, 레닌도 실패했고, 모택동도 실패했고, 심지어 예수와 부처도 (최소한 현 단계에서는) 실패하지 않았는가. 둥글게 둥글게는 관두고 1:1의 주고받음이라는 가르침도 인간 사회는 제대로 배우지 못했다. 열심히 가르쳐 봐야 뭐하나. 인간이 사회성 생물로 진화했기 때문에 할 수 없다.

그렇게 알고 있었다. 인간을 믿느니 바퀴벌레를 믿지, 냉소를 지으며 살았다. 그러다가 얼마 전에 쇼킹한 책을 하나 읽었다. 『악마 같은 남성—인간 폭력성의 근원을 찾아서』(사이언스북스, 1998)라는 책이었다. 침팬지와 인간이 얼마나 비슷한 폭력 조직을 갖춘 사촌 간인지를 조목조목 밝혀낸 책이었다. 그런데 리처드 랭엄〔Richard Wrangham, 1948~〕과 데일 피터슨〔Dale Peterson, 1944~〕이라는 저자들은 침팬지와 인간의 비교에서 책을 끝내지 않았다. 보노보〔Bonobo〕, 또는 피그미 침팬지〔Pygmy Chimpanzee〕라고 불리는 또 다른 사촌의 이야기를 전해 주었다. 아주 느슨한 서열로 유지되는 사회, 암컷들이 수컷들에게 억압당하지 않는 사회, 폭력이 거의 없는 사회.

보노보 사회가 아름다운 사회가 될 수 있었던 이유로 저자들은 '암컷들의 연대'를 들었다. 지면이 끝나 가니 자세한 이야기는 여기서 하지 않으련다. 한 번 읽어 보면 좋을 것이다. 〔이 책 122쪽〔C-14〕〔PG-2〕「사촌들을 위하여」에서 자세한 이야기가 나온다.〕 하여간, 보노보 이야기를 읽으면서 섬광처럼 깨달았다. 사회성 생물로의 진화가 꼭 저주만은 아니라는 것을. 우리의 사촌이 그렇게 진화할 수 있었다면, 우리에게도 그럴 가능성이 있다는 것을.

정치가들이, 재벌들이, 못된 송아지 뿔 나듯 나쁜 개인들이 하나를 주고 열 개를 받으려 악다구니를 치든 말든, 하나도 내놓지 않고 백 개를 뺏으려고 총칼을 들이밀든 말든, 차라리 상관을 말자. 우리는 우리끼리 살자. 내가 경험했기 때문에 분명히 장담할 수 있다. 나한테서 곧바로 돌려받지 못할 걸 알면서도 내게 준 사람들이 아주 많다. 하나도 없었다면, 그건 당신의 잘못이다. 다시 돌려 줘야 할 것이 부담스럽고 두려워서 '에이, 안 받고 안 주고 살지'로 살아 왔기 때문일 것이다.

그냥 둥글게 둥글게 주고 받고 주고 받고 주고 받고, 그렇게 살자. 우리끼리. 그럴 수 있는 능력을, 그런 복된 재주를 얻은 사람들끼리. 그런 우리가 지금 여기 이 세상에 분명히 살고 있다. 더 열심히 살다가, 언젠가 우리가 그들보다 훨씬 더 많아지는 그런 날이 혹시 온다면, 그때 그들을 약 올리자. 용용 죽겠지! 서러우면 우리한테 깍두기 시켜달라고 제발로 찾아오겠지.

내 아들에게 들려 주고 싶다. 옛날엔 말이지, 사람들끼리 지금처럼 둥글게 둥글게 주고받기를 못했던 시절이 있었단다. 내 아들이 언젠가 또 '우리 아버지에겐 서글픈 전설이 하나 있었네'라고 글을 쓰게 될 가능성이 훨씬 높지만, 그래도 들려 주련다. 그러다 보면 내 손자에 손자에 손자가 '그래, 전설은 거짓이 아니었어'라고 말할 날이 올지도 모르니까.

|

〔추신 : 편집자 님께 부탁 드립니다. 책의 판권란에 두어 줄만 추가해 주십시오. "몇 쪽에서 몇 쪽, 「뒷사람 것까지」에 한해서는 영리를 목적으로 하지 않는 한, 마음대로 복제하시고 이용하셔도 좋습니다."라구요. 고맙습니다.〕

|

〔『2000년, 이 땅에 사는 나는 누구인가』, 푸른숲, 1999〕

●

|

〔2020.12〕 1999년 1월에 나온 이 책의 제목 앞에는 '지성 23인의 자기 성찰과 메시지'라는 수식어가 붙어 있다. 어떻게 살았길래 내가 그런 자리에 끼게 되었는지 신기하구나. 저자들의 타이틀을 읽어 보니 대학 교수가 11명이다. 시인 타이틀은 나 혼자. 분에 넘치는 대접을 받았던 게 사실이다. 기획 편집부의 머리말을 읽어 보니 50여 명의 필자에게 청탁을 했고, "지나 온 20대와 현재의 생활, 그리고 앞으로 살아갈 모습을 가능한 한 구체적으로 그려 주십시오. … 목과 어깨에 자

기도 모르게 들어가 있는 힘은 최대한 빼 달라고 요청"했다고 한다. 청탁 취지에 맞지 않는 글들은 걸러질 수밖에 없었다는 설명도 있다. 흠냐, 청탁 대상이 된 것만으로 영광인데 50% 확률로 살아남기까지 하다니!

'뒷사람 것까지'로 보낸 제목은 '아버지 세대의 전설과 아들 세대의 전설'이라는 인문학체로 바뀌었다. 그래도 "* 이 글은 영리를 목적으로 하지 않는 한, 마음대로 복제하고 이용해도 좋습니다."라고 글 끝에 덧붙여 준 편집자에게 감사한다.

정치 혐오증에 빠져 있던 30대 청년은 선거날이 되면 SNS에 투표 인증샷을 올리며 젊은이들에게 투표해야 세상이 바뀐다고 열변을 토하시던 아버지처럼 되고 말았다. 그리고 아무리 투표를 해도 정치가 놈들과 기득권 세력은 조금도 바뀌지 않는다고 한탄을 내뱉는 것 또한 아버지와 판박이가 되어 버렸다. 그나마 다행이다. 20년의 세월 동안, 이 사회는 적어도 도둑질하는 정치하는 놈들을 법정에 세우고, 심지어 대통령 자리에서 끌어내릴 수도 있게 되었다. 그렇게 간신히 이루어 낸 민주주의에 무임 승차해 '가짜 뉴스 퍼뜨리는 표현의 자유'를 지껄여 대는 날파리들도 늘어나긴 했지만, 어쩌랴 그게 인간 세상이 굴러가는 현재의 모습인 것을.

20년 동안 쉴 새 없이 실족하고 자빠지고 넘어졌다. 그래도 천만다행이었다. 인간에 대한 믿음을 송두리째 잃어 버릴 위험한 순간에 누군가는 꼭 손을 내밀어 나를 일으켜 주었다. 그 덕분에 아직도 희망을 이야기하는 글을 쓸 수 있다. 다시 20년 후에도, 만약 그 때까지도 글을 쓸 수 있다면, 그 때도 그럴 수 있기를. 2040년 이 땅에 사는 나는 누구인가? 질문을 또 던질 수 있기를.

●

〔E-27〕

프리랜서 또는 백수 건달을 위하여

프리랜서는 프리랜서를 입는다? 아니! 절대로 못 입지!

프리랜서 글쟁이 초년 시절이었다. 1990년대 초반이니 지금처럼 프리랜서 또는 백수 건달이 사방팔방에 널려 있지는 않았던 시절이었다. 후배가 제 마누랏감이라고 내 앞에 대령시켰다. 그녀가 내게 물었다.

"선배님은 뭐 하세요?"

"프리랜서예요."

"프리랜서가 구체적으로 무슨 뜻이죠?"

"……"

한참 머리를 굴리니 딱 맞는 대답이 떠올랐다.

"그러니까 프리랜서는 뭔가 하면 말이죠, 간간이 벌어 근근이 먹는 사람을 말해요."

"네에. 그렇군요."

그 때 내 월수가 얼마였더라? 이제 기억이 가물가물하다. 지금이야 재수 좋은 달은 '백수' 건달에 명실상부하게 월수 백도 올리지만, 그 때는 못 그랬다. 아마 월수 이십 아니면 삼십쯤이었을 게다. 그 때 어떤 제화 업체의 의류 사업부에서 만든 옷 중에 '프리랜서'라는 브랜드가 있었다. '프리랜서는 프리랜서를 입는다'가 광고 카피였다. 광고를 볼 때마다 피식피식 웃음이 나왔다. 프리랜서는 프리랜서를 입는다? 어쩌면 세상은 그렇게도 명(名)과 실(實)이 달랐을까. 도대체 그 시절에 프리랜서를 입을 수 있었던 프리랜서들은 어떤 작자들이었을까.

1998년. 태풍처럼 휘몰아치던 은행 구조 조정. 자유롭고 싶다고 외치며 빨빨대던 후배는 IMF 딱 1년 전에 은행에 들어갔다. 은행 가지 말고 가진 재주 살려서 글을 써 보라고 그토록 붙잡았건만, 후배는 끝내 은행으로 갔다.

"어머니를 반지하 방에서 탈출시켜야 해요."

더 말릴 수는 없었다. 여동생과 어머니, 그렇게 두 부양 가족을 거느린 후배였으니까. 그 불쌍한 놈이 모처럼 돈을 벌어서 어머니도 반지하 방에서 겨우 탈출시키고 (물론 은행에서 직원용 최저 이자 대출을 받아서), 못난 선배에게 술도 사 줄 만해지니 은행들이 사방에서 문을 닫았다. 불행하고 불행하여라. 하필 후배가 용케 비집고 들어갔던 그 은행도 문을 닫았다.

"고용 승계 안 될 거예요. 제가 노조 격문 작성자였거든요."

"그래, 차라리 잘 됐다. 내가 뭐랬니? 이제라도 정신 차리고 글을 쓰거라."

"형, 나도 그렇게 살고 싶어요. 정말로요. 그런데 형, 지금 월수가 얼마쯤 돼요?"

"…… 나? 지금은 열심히 잠 안 자고 원고 쓰고 번역하면 월수 백은 돼."

"정말요? 월수 백만 되면 나도 할 수 있어요."

"…… 헌아, 그런데 나, 월수 백 되는 데 십 년 걸린 거 아니?"

참으로 다행히도, 후배는 학벌이 좋은 탓이었는지, 인물이 출중해서였는지, 하여간 인수 은행에 고용 승계되었다. 먹고 살게 해 주려고 나한테 들어온 청탁까지 넘겨 줬더니 결국 또 은행으로 가 버렸다.

누가 그 후배를 욕할 수 있으랴. 나라도 어머니와 여동생이 반지하 방에서 살고 있다면 그 험난한 프리랜서의 길로 절대 뛰어들지 못한다. 월수 백을 올리기 위해 십여 년의 모진 세월을 참아야 한다는 사실을 진작에 알았더라면, 나 역시 절대로 이 길로 뛰어들지 않았다. 몰랐기 때문에 할 수 있었던 일이었다. 그 길이 얼마나 가시밭길이며, 얼마나 숱한 수모를 겪어야 헤쳐갈 수 있는 '노가다판'인지를 처음엔 정말 몰랐다.

어느 잘 나가는 프리랜서의 수입에 관한 짧은 기록

예를 들어 보자. 내게 원고 청탁이 하나 들어왔다고 치자. 원고의 주제는 '한국 프리랜서의 현주소와 나아갈 방향'쯤이라고 설정하자. 매수는 50매. 원고 마감일은 청탁일로부터 2주일 후. 누구도 가장 중요하다고 인정하지 않지만 사실 가장 중요한 마지막 사항, 원고료는 200자 원고지 장당 6천 원.

장당 6천 원에 50매면 30만 원이다. 당신이라면 50매를 쓰는 데 얼마쯤의 시간이 걸릴까. 물론 하루에 쓰는 사람도 있을 것이고, 보름을 꼬박 매달리는 사람도 있다. 나? 대충 계산해 보면 나는 원고 하나를 만들어 내는 데 평균 1주일 정도가 걸리는 것 같다. 생각하고, 이런저런 자료 읽고 보고 듣고, 첫머리를 잡아내기 위해 밤잠을 설치고, 어깨가 빠져라고 키보드를 두드리고, 침침한 눈으로 오자가 없나 커서를 움직이고 등등 그 모든 노동의 임금을 일당으로 계산하면? 300,000원÷7일=약 43,000원.

그 일당으로 한 달 내내 글을 쓰면 약 130만 원의 월수가 가능해진다. 가방끈도 남들 만큼의 길이는 되고, 그래도 잡지 동네에서는 꽤 팔리는 축에 속하는 데도 내가 순전히 '내 글'만 써서 벌 수 있는 돈은 그게 최고치다. 원고지 장당 6천 원. 대한민국의 내로라하는 대언론사와 대출판사에서 제시하는 금액이 바로 그것이다. 대학 신문은 3천 원. 여성지는 5천 원. 조달청 가격 비슷하게 공시가가 형성되어 있다. 그런데 큰 잡지는 돈을 많이 주지 않을까 생각했다간 큰 코 다친다. 큰 매체는 이를테면 필자의 '프로모션' 기회가 되므로 원고료를 많이 주지 않아도 된다는 묵계가 성립되어 있기 때문이다. 심지어 원고료 안 받고 쓰겠다는 사람들이 줄 서 있으니까.

장당 6천 원의 고료는 1990년에도 그랬고 1998년에도 그렇다. 천지개벽이 일어나지 않는 한 2006년에도 역시 그럴 확률이 농후하다. 프리랜서 글쟁이들의 금광맥인 '사보'의 원고료는 평균 1만 원. 이것도 역시 1990년과 1998년이 거의 같다. 그 사이에 GNP가 얼마나 올랐더라? 문제는 사보 원고의 평균 매수는 20매가 채 안 된다는 점이다. 길어야 30매. 글 써 본 사람은 다 알겠지만, 50매 쓰나 30매 쓰나 걸리는 시간과 노동량은 똑같다. 사보 일 한다고 월수가 껑충 뛰어오르지는 않는다. 일당 43,000은 매한가지.

자, 얼마 전에 나왔던 대한민국의 전업 작가들의 평균 월 수입이 십몇만 원이라는 기사를 기억하면 월수 130만 원은 엄청난 거금이다. 월수 백을 넘으면 그 때부터 백수 건달의 자격이 상실된다고 하던데? 사실은 원고만 써서 월수 백은 아직 불가능이다. 왜? 내가 무쇠덩어리도 아닌데 어떻게 한 달 30일 꼬박 원고를 쓰며 살겠는가? 우선 어깨가 아파서 그렇게 청탁이 들어와도 못한다. 물론 청탁이 그렇게 들어 오지도 않지만….

프리랜서라는 이름의 하청 업자

운이 아주 좋아 나이 서른둘에 시인으로 등단했을 때, 시인이 된 것도 물론 기뻤지만 더 기분 좋은 일이 따로 있었다. 이제는 내 이름 뒤의 괄호에 '자유 기고가'라는 타이틀이 붙지 않아도 된다는 것! 그것 때문에 눈물이 날 정도로 행복했다.

자유 기고가. 프리랜서 중에서 글을 돈벌이 수단으로 삼은 사람을 표현하는 번역어임이 틀림없다. 그런데 나는 '자유 기고가'라는 타이틀이 싫었다. 자유 기고가가 어때서 그러냐고? 대한민국 모든 잡지의 편집자들이여. 모든 자유 기고가들이여. 가슴에 손을 얹고 가만히 생각해 보시라. 대한민국에 정말 자기가 원하는 주제로, 자기가 원하는 시간에, 자기가 쓰고 싶은 대로, 문자 그대로 '자유'롭게 글을 써서 잡지에 '기고'할 수 있는 필자가 몇이나 되는가? 자유?

지금은 어떤지 잘 모르겠다. 하여간 내가 자유 기고가라는 타이틀을 얻어 간신히 입에 풀칠 또는 라면칠을 하고 있을 때, 내가 진정 자유롭게 글을 쓰고 팔았던 적은 단 한 번도 없었다. 나의 정확한 직업은 '하청 원고 집필자'였지, 자유 기고가가 아니었다. 자유 기고가는 청탁을 받지 않고 스스로 아이디어를 내서 취재를 하고 글을 완성해서 매체에 파는 사람이다. 대한민국에서 그런 진정한 의미에서의 자유 기고가는 몇이나 될까?

"이 원고 사실래요? 싫으면 관둬요! 이런 거 기획해서 쓸 수 있는 사람은 나밖에 없어요." 그렇게 당당하게 말할 수 있어야 그 때 명실공히 자유 기고가가 될 수 있다. "이런 주제에 이런 매수로 이렇게 써 주세요"라고 주문을 받았을 때 "노!"라고 말할 수 있는 자유 기고가가 진정한 자유 기고가다. 교제의 범위가 워낙 협소한 탓에 내가 사태를 잘못 파악하고 있는 것일지도 모른다. 하지만 내가 알기로 대한민국에서 자유 기고가라는 타이틀을 걸머진 사람 치고 자신 있게 "노!"라고 말할 수 있는 사람은 별로 없다.

대한민국에 자유 기고가를 두려워하는 사람은 별로 없다. 하청 업자를 두려워하는 사람이 어디 있는가? 대한민국에서의 프리랜서 글쟁이들은 대부분 하청 업자에 불과하다. 편집자의 주문에 맞춰 성실하게 '공산품' 수준의 제품을 만들어 내는 것이 그들의 임무다. 어느 자유 기고가가 처음부터 하청 업자로 자신을 규정하고 프리랜서의 길로 뛰어들었을까? 아무도 그러지 않았을 것이 틀림없다. 그런데 왜 그렇게 전락해야 했을까? 답은 간단하다. 이 사회는 글을 창조적 작업으로 인정하지 않기 때문이다.

전선 1m의 값이 얼마로 정해진 것처럼 원고지 매당 얼마로 글값이 정해져 있다는 것은, 곧 글이 공산품 취급을 당한다는 얘기다. 서울에서 두 시간짜리 영화 한 편을 보고 써 주는 원고도 장당 6천 원이고, 먼 나라에 가서 몇 달을 보내고 와서 나서 쓴 원고도 역시 장당 6천 원이다. 게다가 글의 함량은 원고료와 아무 관계 없다. 원래 산업 사회에서 수공이 많이 들어간 제품은 대체로 값이 비싸져야 하는 법이고, 또한 수공의 질에 따라 값이 천차만별이 되는 법이다. 그런데 그야말로 100% 수공예품이라고 할 수 있는 글은 누가 얼마나 잘 쓰는가에 아무런 상관 없이 그저 매당 얼마로 요지부동의 정찰제가 형성되어 있는 것이다. 그것도 터무니없는 헐값으로! 심지어 지방 정부에서 나오는 소식지의 원고료는 장당 1,500원이다. 믿어지지 않겠지만 사실이다. '조달청 단가'가 글에도 그대로 적용되는 것이다.

대학 물 먹고 나이 사십 가까운 사람이 한 달 내내 뼈빠지게 일하는 데도 월수가 백 언저리를 맴돈다는 것이 과연 정상적인 사회에서 가능한 일일까? 자, 홧김에 내뱉는 소리로 들리겠지만, 대한민국에 프리랜서는 없다. 프리랜서라는 이름의 하청 업자들만이 있을 뿐이다. 원고 마감일은 제품 납품일이고, 원고 청탁서는 제품 주문서다.

프리랜서의 존재의 이유

프리랜서란 무엇인가? 사전의 정의에 따르면 '전속되지 않은 사람'이다. 곧 어떤 조직에도 묶여 있지 않은 사람이다. 사회에 프리랜서가 필요한 이유는 바로 그 묶여 있지 않음 때문이다. 길게 설명할 필요 없을 것이다. 조직은 필연적으로 관료화되는 법이다. 조직은 필연적으로 '안전빵' 위주로 식단을 짤 수밖에 없고, 그러니 '튀는' 팝콘들을 무서워할 수밖에 없다. 튀는 팝콘을 배제하다 보니 탄수화물 덩어리인 안전빵만 먹게 되어 조직은 금방 비만증과 동맥 경화에 걸리게 마련이다. 그것이 조직의 숙명이다. 사회가 그런 조직들로만 구성되어 있다면? 굳이 대답을 원하는가? 망한다.

조직만으로 구성된 사회는 다시 말해 전체주의 사회다. 개인들이 없는 사회. 출발 단계에서 전체주의는 아주 효율적이다. 전 국민 총동원령을 내려 사회의 모든 자원을 퍼부을 수 있기 때문이다. 소련 전체주의나 김일성 전체주의가 바로 그랬다. 아주 빨리 성장했다. 그리고 그 결과는? 전국민 총단식령이다. 조직이 싫어서 조직에 들어가지 않고 혼자 빨빨거리며 다니는 개인들이 많은 사회는 절대로 망하지 않는다. 이리 튀고 저리 튀며 사회의 분자 활동을 활발하게 만들어 주기 때문이다. 조금 복잡하게 말하면 사회의 엔트로피를 낮춰 주는 것이다.

뜨거운 물과 차가운 물이 만나 뜨뜻미지근한 물이 만들어지는 것, 그것이 엔트로피의 증가다. 일단 하나의 온도로 총단결해 버리면 그 때부터 물은 식기 시작한다. 우주의 엔트로피가 극에 달하면 우주 전체 공간의 온도가 하나가 된다. 그러면 물론 태양도 없고, 태양 에너지를 먹고 사는 생명체도 없다. 우주가 그렇게 죽지 않고 살아남으려면 어디선가 자꾸 새로운 태양이 태어나야 한다. 사회도 마찬가지다. 사회 구성원 전부가 조직으로 통합되어 버리면 그 때부터 사회는 엔트로피 증가의 법칙을 따라가게 된다. 차갑게 식어 굳어 가는 안전빵의 비극을 방지하려면, 팝콘들이 팡팡 튀어 솥뚜껑을 들썩거리게 해 주어야 한다. 이 튀는 팝콘을 프리랜서라고 부르기로 한다면, 지나친

동종업자 편애인가?

프리랜서들이 사회의 건강에 좋은 이유는 별 것 아니다. 자꾸 새로운 것을 만들어 낼 수 있다는 것. 기존의 규칙에서 벗어나 새로운 실험을 시도할 수 있다는 것. 안전 대신에 모험을 모토로 삼아 행동할 수 있다는 것. 달랑 혼자 몸이니 딸린 부하들을 걱정할 필요도 없고, 열심히 해 봐야 알맹이는 보스가 다 가져가는 불상사를 걱정할 필요가 없이 실험의 결과가 좋으면 혼자 이익을 독차지할 수 있다. 조직과 모험은 천적이며 조직과 실험은 상극이다. 프리랜서가 실패할 경우 한 사람만 망가지는 것으로 끝나지만, 조직이 실패하면 수많은 사람이 공멸하기 때문이다.

이를테면 프리랜서는 돌연변이 유전자라고 보면 된다. 대개의 돌연변이는 생물에 해롭지만, 급격한 환경의 변화가 일어날 때 돌연변이는 적응의 가능성을 높여 준다. 인간이 사회성 생물인지라 조직은 인간의 숙명이고, 필요악이다. 그런데 자연 환경이 변하듯 사회 환경도 변한다. 귀가 따갑게 듣는 정보 산업 시대의 개막도 그런 환경 변화의 한 예다. 이럴 때 튀는 팝콘, 프리랜서들의 존재 가치가 드러난다. 공장이 문을 닫아도 사회 전체가 무너지지 않게 해 주는 것은, 남들이 다 공장에 다닐 때 공장에 안 다닌 사람이다. 그는 혼자 일하는 법을 알고 있다. 기획과 아이디어를 어떻게 만들어 내는지를 알고 있다. 분업 체계 속에서 자신이 맡은 부분만 단순 조립하며 살아 온 사람들과는 다르다.

창의력과 상상력이 가장 중요한 밑천이 되는 시대는 이미 우리 앞에 와 있다. 그런데 창의력과 상상력에 관한 한 '뭉치면 살고 흩어지면 죽는다'라는 말은 거짓말이다. 창의력과 상상력은 흩어져야 살고 뭉치면 죽는다. 창의력과 상상력은 근본적으로 개인의 영역이기 때문이다. 조직이 아무리 강력한 단합의 힘을 갖고 있어도 그걸로는 창의력과 상상력을 만들어 낼 수 없다. 단합이 강할수록 창의력과 상상력은 약해질 뿐이다. 그런데 프리랜서가 무엇인가. 조직에 속하지 않은 사람, 곧 개인이다. 그는 창의력과 상상력을 만들어 내기 위한 최초의 조건을 갖추고 있는 것이다.

이상한 나라의 프리랜서

이렇게 중요한 프리랜서인데, 이 나라에서는 프리랜서 알기를 강변의 조약돌 정도로 안다. 예를 들어, 풍문에 듣기로는 똑같은 사보에 실린 글값도 대학 교수가 쓰면 장당 2만 원, 자유 기고가가 쓰면 장당 1만 원인 경우가 있다 한다. 대한민국에서 원고료 지급 기준을 결정할 때 가장 중요한 요인은 글쓴이의 타이틀이다. 글의 함량은 물론 상관 없다. '호적'이 없는 프리랜서는 아무리 좋은 원고를 써도 2만 원을 받지 못한다. 대학 교수는 사회적 예우를 해 주어야 하기 때문에 2만 원을 주어야 한다. 고로 한국 사회에서는 번듯한 직장이 있어야 글값도 많이 받는다. 대학 교수는 교수 월급 받고, 원고료도 많이 받고 수입이 두 배로 뛴다. 하긴 글만 그런가. 음악, 미술, 사진, 춤, 좌우지간 프리랜서가 가능한 모든 영역에서 '전업 프리랜서'들은 언제나 대학 교수보다 덜 대접받는다. 전문가는 언제나 대학에 있다. 참 이상한 일이다.

딱 한 번, 정말 십 년 가뭄에 소낙비처럼 시원한 얘기를 들은 적이 있었다. 어느 잡지에서 청탁을 받았는데, 원고료 칸에 이렇게 쓰여 있었다. 6천 원~1만 2천 원. 아예 대놓고 글쓴이의 신분에 따라 원고료를 차등 지급하겠다는 얘긴 줄 알고 얼마나 놀랐는지 모른다. 그런데 알고 보니 그것이 아니었다. 어떤 타이틀을 가진 사람이 쓰건 원고가 좋으면 1만 2천 원을 주고, 원고의 함량이 엉망이면 6천 원을 주겠다는 선언이라고 했다. 그 때처럼 내가 눈빛을 형형히 빛내며 원고를 썼던 적이 또 있었던가. 아마 없었을 게다. (내가 받은 원고료는 말하지 않으련다. 다만, 내가 무척 흡족했었다는 얘기는 할 수 있다.) 이런 과감한—'과감'이라고? '정당'이 맞는 것 아닌가—시도는, 그러나 오래 가지 못했다. 그 잡지는 얼마 후 문을 닫고 말았으니까.

자, 하여간 상황이 그러니 머리 좋고 똑똑한 친구들은 백이면 백 다 대학에 뼈를 묻으려 한다. 피아니스트도, 서양 화가도, 무용가도, 소설가도, 여배우도, 분야를 가릴 것 없이 다들 대학 교수 타이틀을 따려 한다. 월급 보장되지, 바깥 수입 늘어나지, 누가 감히 그 유혹을 거절할 것인가. 그런데 대학물 먹은 사람은 누구나 알다시피, 우리의 대학이야말로 최악의 거대 조직이 아닌가. 정당 말고 대학처럼 정치가 판치는 영역이 또 어디에 있으며, 경로당 장기 말고 대학의 변화처럼 느려 터진 현상이 또 어디에 있으며, 군대 말고 대학처럼 '하극상'에 대해 비분강개하는 집단이 또 어디에 있는가. 정치 만발, 변화 거부, 상명 하복. 조직의 생존율이다. 거기에서 교육받고, 거기에 적극 찬동하여 그 안에 뼈를 묻기로 결심한 사람들이 대한민국의 문화와 예술을 지배한다. 창의력과 상상력이 넘치는 문화와 예술이 나오기는 물론 불가능하다. 앞으로 산업의 중심은 문화와 예술이라는데….

하얀 손의 건달들

애초에 백수 건달은 손에 때 안 묻히고 무위도식하는 자들을 경멸하며 일컫던 1차 산업 시대의 개념이었을 것이다. 시대의 변천에 따라 이제 백수 건달은 친구들이 연봉 3천만 원을 벌 때 월 수입 1백만 원을 오락가락하는 한심한 자들로 그 개념이 달라졌다. 2차 산업 시대의 프리랜서들이 바로 그들이다. 그들은 혼자 잘 났다고 떠드는 자에게는 따끔한 맛을 보여 주어야 하는 대량 조립 생산 시대의 희생자였다. 이제 시대가 바뀌고 있고, 이미 상당 부분은 바뀌었다. 하얀 손은 더 이상 경멸의 대상이 아니며, 건달들이 돈을 더 많이 버는 세상이 되었다. 오락기 정도로밖에 보이지 않던 초기 컴퓨터를 가지고 하루 종일 씨름하던 빌 게이츠가 당시의 자동차 공장 종업원들의 눈에 어떻게 보였겠는가? 백수 건달이었을 것이다. 손은 하얗고 전자 오락만 하는 놈. 그가 지금 세계 최고의 부자인 것이다.

나의 직업이 프리랜서라고 말하면 사람들은 언제나 말한다. "놀 시간이 많아서 좋으시겠어요." 하고 많은 글의 분야 중에서 이른바 '문화 평론'을 주 종목으로 택하다 보니 노래 듣고 영화 보고 록카페에 가 보고 하는 놀이의 현장에 동참하는 일이 잦다. 당대의 분위기를 몸으로 호흡해야 한다고 명분을 세우지만, 사실 나는 현장에서 노는 게 즐겁기 때문에 열심히 현장에 간다. 그런데 참 다행인 것은 나는 놀면서 일을 할 수 있다는 것이다. 공사 현장과 파티 현장이 하나인 셈이다. 사람들은 그게 조금 배가 아픈 모양이다. 저렇게 노는 놈들에게 돈을 많이 주면 안 되지. 기자들은 하루에 한 꼭지씩 쓰는데 저놈들은 잘해야 한 주에 한 꼭지잖아. 저 백수 건달들이 버는 액수가 기자들과 같으면 안 되지.

나의 평생 소원이 무엇인고 하니, 한 달에 딱 두 꼭지만 써서 한 달치의 양식이 해결되었으면 더 바랄 것이 없다. 쌀도 사고, 꼭꼭 씹어 먹을 책도 사고, 영화도 몇 편 보고, CD도 서너 장 사고, 정말 어쩌다 한 번 술값도 척 내 보고, 한 달에 한 꼭지는 바라지도 않는다. 딱 두 꼭지만 써서 그렇게 살 수 있으면 좋겠다. 그래서 한 달에 보름은 열심히 일하고 나머지 보름은 열심히 놀았으면 좋겠다.

"제2의 건국을 위해 온 국민이 다시 100m, 10초대에 달리기 운동을 펼쳐도 모자랄 판에 이 무슨 망국적 발언인가!!!" 모 언론사에서 위문단을 읽는다면 틀림없이 그 다음날 사설란에 그런 개탄조의 논설이 실릴 것이다. 하지만 그 어떤 '일보'와 그 어떤 '신문'이 달려들어도 나는 굴하지 않고 싸우련다. 나는 놀고 싶다. 책 보고, 영화 보고, 음악 듣고, 전시회도 가 보고, 잠도 실컷 자 보고, 일 년에 한 달은 풍경 속으로, 사람들 속으로 여행도 만판 해 보고 싶다. 다시 뛰라고? 그만큼 뛰었으면 됐지, 더 얼마나 뛰어야 하는가.

내년 신정 때 공무원들은 하루만 놀고 출근해야 한다. 대통령의 명령이다. 프리랜서가 좋은 점은 대통령이 명령해도 출근할 수가 없다는 점이다. 우리의 공휴일이 '선진국'보다 많다나 어쨌다나. 그러나! 귀신이 씨나락을 한 가마째 씹어 먹어도 그런 식의 엉터리 논리는 나오지 않는다. 1999년 달력을 보자. 문제의 1월 2일을 포함해서 공휴일은 13일이다. 일요일이 52일. 평균적인 직장인들 정기 휴가는 절대로 연간 7일을 넘지 않는다. 월차 휴가를 다 찾아먹어도 12일. 경조사 휴가야 매년 있을 수가 없으니 논외로 치자. 그러면 직장을 갖고 있는 평균적인 한국인은 내년에 84일을 놀 수 있다. 많은가?

내가 만나 본 '선진국' 유럽 친구들의 휴일을 한 번 계산해 볼까나. 일요일이야 똑같을 테고, 걔들은 토요일도 물론 논다. 따블! 벌써 100일이 넘는다. 자세히는 모르지만 그들에게도 물론 공휴일이 있으니, 우리보다 적다는 대통령의 논리를 그대로 인정해도 열흘은 될 게다. 적게 잡아도 110일. 그리고 걔들 사회에서 1년에 한 달의 휴가는 기본 인권에 포함된다. 그러면 140일. 독일로 넘어가면 심지어 일부 주에서는 매주 수요일 오후에는 법으로 노동이 금지되어 있다. 그 얘기는 너무 과하니 생략하자. 하여간 아무리 작게 잡아도 유럽 애들은 1년에 140일은 논다. 우리가 선진국보다 공휴일이 많다고? 우리가 너무 많이 놀아서 경제가 이 지경이 됐다고? 제발 그만! 변강쇠 허풍도 그렇게 무논리, 몰상식, 후안무치하지는 않다.

사람은 놀아야 한다. '호모 루덴스=놀이하는 인간'을 들먹일 필요도 없다. 생물학적으로 인간은 하루의 1/3을 자야 한다. 현존하는 수렵 채집 민족들을 보면 하루에 1/3 이상을 일하는 종족은 단 하나도 없다고 한다. 1/3 일하고, 1/3 놀고, 1/3 자고. 그러면 24시간이 딱 떨어진단다. 삶의 질을 높이려면 물론 그보다 더 놀아야 하고.

왜 놀아야 하는가? 물론 휴식이 필요하고 재충전이 필요하다. 그거야 상식이다. 또 하나의 이유가 있다. '관계'를 위해서! 한동안 라디오 생방송에 '문화 평론가' 자격으로 고정 출연했을 때, 그 프로그램의 PD 양반이 내게 물었다. "왜 한국에선 시민 운동이 잘 안 되는가, 왜 자원 봉사가 활성화되지 않는가, 왜 삼사십 대는 문화적 활동에 등을 돌리고 있는가?" 나는 이렇게 대답했다. "토요일날 놀지 않으니까요."

인간은 어차피 사회성 생물이다. 관계가 없이는 생존이 불가능한 생물이다. 그 관계는 크게 나누어 두 가지다. 사업 관계와 친구 관계. 수렵 채집 사회에서야 그 둘이 구분될 수 없지만, 산업 문명 사회에서 둘은 아무래도 분리될 수밖에 없다. 인간 관계만이 아니다. 개인과 사회가 맺는 관계 또한 그렇게 둘로 구분된다. 이해에 얽혀 굴러가는 관계와 순전히 취향과 흥미 때문에 굴러가는 관계가 있다. 개인과 사회 사이의 사업 관계와 친구 관계다. 직장은 물론 사업 관계다. 자원 봉사라든가 시민 운동, 각종 문화적 활동은 개인이 사회와 맺는 친구 관계라고 보면 된다.

사업은 굶어 죽지 않으려면 할 수밖에 없다. 친구는? 친구가 없다고 사람이 굶어 죽지는 않는다. 사회가 개인들에게 오로지 사업 관계만 가지고 살라고 강요하면 사람들은 어쩔 수 없이 친구 관계를 버릴 수밖에 없다. 토요일을 놀지 않고, 1년에 휴일도 또 야금야금 줄여 버리면, 일요일 하루는 온전히 잠을 자야만 사람이 살 수 있다. 극장? 책?

자원 봉사? 시민 운동? 너라 해라! 나는 일요일날 하루 종일 자야 월요일에 또 출근한다. 내 처자식 놀이 동산 한 번 데려가기도 힘든데, 나에게 더 이상을 요구하지 말라! 백중팔구십 그런 라이프 스타일이 된다. 그런 라이프 스타일에서 창의력과 상상력은 절대로 나올 수 없다.

창의력과 상상력은 삶에 여유가 있을 때 나올 수 있다. 다시 말한다. 창의력과 상상력은 오로지 노는 자에게서만 나올 수 있다. 사회의 창의력과 상상력도 역시 사회 구성원들이 놀 때 나온다. 100m를 10초대에 달리려면 두뇌에 피가 많이 몰려선 안 된다. 팔다리에 보내야 하는 것이다. 그런데 상상력과 창의력은 팔다리가 아니라 두뇌에서 나오는 것이다. 천천히 걷거나 아예 드러누워 천장을 보고 있어야 피가 몽땅 두뇌로 가서 창의력과 상상력을 꽃피울 수 있다.

프리랜서를 조금 키워 줄 필요가 여기에 있다. 그들은 놀 수 있는 존재들이니까. 놀고 싶은 마음이 있고, 일하고 노는 시간을 스스로 결정할 수 있는 자유가 어느 정도 있고, 심지어는 일하는 것과 노는 것이 구분되지 않는 경우도 있으니까. 그들이 하얀 손을 흔들며 입가에는 예쁜 미소를 짓고 노는 것을 귀엽게 봐 줄 필요가 있다. 그들이 어쩌면 앞으로 이 사회를 먹여 살릴 창의력과 상상력을 만들어 내 줄지도 모르니까.

독한 맘 먹고 하려면 하라

겉보기엔 화려해 보이는 모양이다. 늦잠 자고 밤에는 놀러 가고, 버는 건 시원찮지만 그래도 자기 시간은 많은 것처럼 보이고. 게다가 이름도 근사하다. 프리랜서. IMF 사태 이전 거품 경제의 시대에 문화도 역시 거품을 일으켜 갑자기 프리랜서들이 빅뱅처럼 쏟아져 나왔다. 까짓 거 조금 덜 벌더라도 자유롭게 살 테야! 외치는 청년들이 많아졌다. IMF 한파에 제일 많이 떨고 있는 사람들이 아마 그 청년들일 게다.

불행한 일이다. 좀 더 프리랜서들이 많아졌어야 했는데. 그래서 그들 중에 값싼 하청 업자의 노릇에 반기를 들고 나오는 이들도 나오게 되었어야 하는데. 미국의 배우 노조식으로 '자유 기고가' 노조도 만들어서 이 착취와 멸시의 구조를 개선하는 운동도 펼쳤어야 하는데. 그래서 그들 중에 몇몇이 크게 성공해서 조직을 뛰쳐나와도 얼마든지 살 수 있다, 존경 받으며 살 수 있다는 모범을 보여 줬어야 하는데. 그 덕에 더 많은 청년들이 이 길에 뛰어들도록 바람을 불어 넣었어야 하는데.

한국에서 프리랜서 글쟁이가 되겠다는 욕망은 참 위험한 욕망이다. '조직의 쓴 맛' 보여 주기를 유달리 좋아하는 사회가 바로 우리 사회 아닌가. 사회적 신분과 물질적 대우, 인간에게 어떤 행위를 한 결과로 주어지는 두 가지 보상이다. 자본주의 사회다 보니 그 둘은 대개 서로 일심동체를 이루고 있기는 하지만. 하여간 한국에서 프리랜서는 일단 그 둘을 다 포기하고 들어가야 한다. 걸핏하면 조직에 적응하지 못한 무능력자로 매도되거나 사전에 나오는 대로 "하는 일 없이 빈둥거리고 돌아다니며, 남의 일에 트집 잡기를 잘하는 사람"으로 무시되고, 여차하면 그야말로 사전에 실린 건달의 두 번째 의미, "밑천을 다 털고 빈털터리가 된 사람"이 되어야 한다.

아직까지 여기에서 프리랜서가 되겠다는 결심은 도박에 속한다. 그것도 당첨 확률이 극히 낮은 도박이다. 게다가 당첨금도 별로 크지 않은 도박이다. 성공하기도 어렵고 성공해 봤자 크게 빛을 못 본다는 얘기다. 그래도 프리랜서가 되고 싶다고? 이런 정신 나간 사람을 봤나? 말리고 싶지만, 하고 싶으면 하라. 솔직히 말해 나는 지금 이 글을 읽으면서도 프리랜서의 꿈을 버리지 않는 당신이 참 대견하다. 좋다! 독한 맘 먹고 하려면 하라!

내가 앞에서 주절거렸던 사회의 엔트로피 감소니, 환경 적응 돌연변이니 따위의 얘기는 다 헛소리에 불과하다. 나의 자기 방어 또는 자기 연민이었을 뿐이다. 프리랜서에게 그런 사회적 소명을 기대하는 사람도 없다. 내가 프리랜서가 된 이유는 하나였다. 놀고 싶었다는 것. 놀면서 살고 싶었다는 것. 남들 사는 대로가 아니라 내가 원하는 대로 삶을 꾸려 가고 싶었다는 것. 이 지긋지긋하게 조직적이라 도대체 달아날 틈새가 없는 사회에서 아주 작으나마 틈새를 찾고 싶었다는 것. 거기에 숨어서 잠시 한숨 쉬고 싶었다는 것. 그 모두를 한 줄로 요약할 때 나오는 것이 내가 프리랜서로 살아 가는 이유다. 때로는 나 혼자 있고 싶다는 것. 당신이 저 건너편 틈새에 숨어들어와 나를 보고 씩 웃어 준다면 참 좋겠다. 그러면 혼자 있어도 조금 덜 외로울 테니까.

〔『한국의 지식 게릴라—지식인 리포트 3—'현대사상' 특별 증간호』, 민음사, 1999〕

●

〔2020.12〕 1998년 12월, 인도로 가는 비행기를 타기 전날 밤, 간신히 새벽에야 이 원고를 끝내고 부랴부랴 배낭을 꾸렸던 일이 기억난다. 등에 식은 땀 나게 만든 원고였다. 22년의 세월 동안 한국의 상황은 많이 좋아졌다. 대부분의 정규직은 토요일 휴무를 얻어 냈고, 이제는 주 52시간 근무도 의무 사항이 되었으니 좋아졌다고 말할 만하다. 문제는 '정규직에 한해서' 좋아졌다는 점이다. 비정규직, 다시 말해 프리랜서들의 상황은 그 사이에 더 열악해졌다.

가능한 모든 것을 외주로 돌리며 비정규직을 '갈아'(무섭다, 이 단어가 은유가 아니라 현실이라는 사실이 끔찍하게 무섭다) 비용을 절감하고 이윤을 창출하는 이 지옥 같은 신자유주의 경제 체제 안에서 프리랜서들이 설 자리는 점점 좁아진다. 여행 작가가 되겠노라 푸른 꿈을 안고 남미를 일 년간 여행하고 돌아온 젊은 부부가 자기들의 첫 기사가 실린 잡지를 자랑스레 내게 보여 주었다. 네 페이지에 걸쳐 빼곡히 글과 사진으로 채워진 기사였다. 원고료는 얼마나 받았느냐고 물었다. 돌아온 대답에 기절할 뻔했다. 20만 원. 비슷한 분량의 글과 사진 몇 컷으로 내가 20년 전 받았던 원고료의 절반이 안 되는 액수. 그러나 젊은 친구들은 글과 사진을 발표할 수 있는 것만으로도 행복하다고 했다. 20년 동안 물가는 얼마가 올랐더라.

요즘 원고 청탁이 거의 없다. 글쟁이 조병준의 인기가 떨어진 탓도 있겠지만, 청탁이 들어와도 내가 받지 못할 것이다. 나더러 20만 원을 줄 테니 같은 분량의 원고를 쓰라면 당연히 못 쓴다. 잡지가 전멸하다시피 줄어들고, 책도 안 팔린다. 테크놀로지로 무장한 젊은 세대는 인터넷 세상을 무대로 '광고' 협찬을 받는 SNS 활동으로 돈을 번다는 모양이다. 활자와 사진의 시대가 가고 동영상의 시대가 왔다며 너도 나도 유튜브에 뛰어든다는데, 다른 사람들의 유튜브를 한두 번 보고는 바로 포기해 버렸다. 순식간에 화석이 되어 버린 기분이랄까, 이 달라진 세상에서 어떻게 살아야 할지 불안하다.

글이 지닌 가장 큰 장점은 '한 번 걸러지는 것'이라고 나는 믿는다. 제아무리 달변이고 능숙한 화술을 구사한다 해도, 말에는 필터가 없다. 걸러지지 않은 채 날것으로 허공에 퍼지는 말. 말로는 정제되고 농축되는 생각의 과정을 담기 어렵다. 그리고 말은 허공으로 흩어진다. 구닥다리 문자 세대의 애처로운 미련일지도 모르지만, 나는 아직 글에 대한 미련을 버리지 못한다.

글을 쓸 때는 철저히 혼자여야 하기에, 그 절대 고독(! 이 얼마나 늙은 단어인가!)의 달콤 씁쓸함을 너무나 사랑하기에, 나는 프리랜서 글쟁이의 길을 선택한 내 결정에 일말의 후회도 느끼지 않는다. 하지만 더 이상 홀로 글을 쓰겠다는 청년들에게 그래, 독한 맘 먹고 해 보라고는 못 하겠다. 최소한의 밥줄도 확보 안 되는 일을 어떻게 남들에게 권하겠는가. 그래도 만약 이 글을 읽는 누군가 프리랜서 글쟁이가 되겠다면 말리지는 않겠다. 혼자이기를 견딜 수 있고, 그 달콤 씁쓸함을 즐길 수 있다면.

●

〔E-28〕

일등도 아닌 것이, 꼴등도 아닌 것이

식스 맨을 모른다고?

"식스 맨이라고 들어 보셨죠?"
"남자 여섯이요?"
"모르세요? 농구 안 좋아해요?"

농구 선수들이 대규모 '오빠 부대'를 몰고 다니는 시대에 소위 문화 평론가라는 작자가 그것도 모르냐고 거의 덩크슛에 가까운 눈총을 받았다. 부끄럽지만, 할 수 없다. 세상엔 내가 싫어하거나, 별로 좋아하지 않는 일도 있을 수밖에 없다. 나도 사람인데, 세상 모든 일에 다 각별하게 애정을 쏟을 수야 없지 않은가. 내가 이름을 아는 농구 선수는 고작해야 마이클 조던과 데니스 로드먼, 허재 정도다. 물론, 하도 신문에서 떠들어대는 바람에 내 의지와 상관없이 알게 된 이름들이지만….

하여간, 어떻게 또 인연이 닿아 '식스 맨(sixth man)'이라는 낯선 단어 하나를 만나게 되었다. 헝그리건 아니면 배불뚝이건 간에 '베스트 파이브'가 아니라, 그 베스트 파이브 중에 하나가 망가지면 바로 뛰어들어 빈 공백이 생기지 않도록 하는 '최고는 아니지만 여전히 뛰어난' 선수가 식스 맨이란다. 듣고 보니 썩 괜찮은 말이었다. 그런 좋은 말도 모르는 내가 바보 같았다. 농구를 좋아했다면 그런 눈총을 받지 않았을 텐데. 왜 나는 농구를, 그리고 거의 모든 스포츠를 좋아하지 않을까? 그래서 갑자기 내가 스포츠를 좋아하지 않는 것을 정당화하려고 온갖 생각, 기억을 끄집어 내기 시작했다.

내 인생을 엉망으로, 그리고 행복하게 만든 '가'

스포츠를 좋아하지 않는 건 내 천성이다. 이 세상 그 누구도 남에게 천성을 바꾸라는 요구를 할 수는 없다(고 나는 강력히 믿는다). 스포츠? 하는 것을 좋아하지 않으니, 당연히 보는 것을 즐길 수도 없다. 내가 스포츠를 좋아하지 않는 이유? 우선 몸 움직이기를 별로 좋아하지 않는 내 게으름도 큰 이유다. 남달리 운동 신경이 둔하다는 것도 상당히 비중 높은 이유 중의 하나이고. 하지만 그보다 더 큰 이유는 따로 있다. 학교에 가나 군대에 가나 직장에 가나 언제 어디서나, 스포츠를 못하는 남자 인간은 바보 취급을 받는 나라에서 나 같은 사람은 거의 '장애인급'에 해당한다. 내 장애의 원인을 열심히 분석한 결과, 튀어나온 답은 나를 잠시 핑 돌게 만들었다. 나는 승부욕이 별로, 또는 거의 없구나!

이기면 기분 좋고 지면 기분 나쁜 것이야 다른 사람들과 다를 바가 없지만, 이상하게 나는 악착같이 이기려고 드는 성격을 타고나지 못했다. 그러니 당구, 바둑을 비롯한 모든 승부가 갈리는 게임을 좋아하지 못한다. '안' 하는 것이 아니라 '못' 하는 것이다. 해 봐야 재미가 없는데 어떻게 하겠는가 말이다. 하여간 그런 천성 덕분에 빚어진 사건이 하나 있었고, 그 사건은 내 인생에 두고두고 영향을 미쳤다. 부끄러운 옛날 얘기 하나.

국민학교 6학년 2학기 마지막 성적표의 비밀을 만천하에 공개하련다. 벌써 25년이 지난 일인데도 아직도 흉터가 다 지워지지 못한 그 아픈 상처의 이야기를. 국어, 산수, 사회, 자연, 실과, 도덕, 음악, 미술, 또 뭐가 있었더라? 하여간 다 '수'를 받았다. 그리고 체육이 '가'였다. 나는 졸업식에서 상장을 하나도 못 받는 천덕꾸러기가 되고 말았다. 아파서 며칠을 결석한 적이 있었기 때문에 심지어는 개근상도 못 받았다.

과외 선생님에게서 "병준이는 무조건 KS예요!"라고, 이웃집 아주머니들로부터 '동네의 신동'이라고, 삼촌들로부터 '집안의 기둥'이라고 추앙받던 소년의 명예는 땅에 떨어져 버렸다. 월말 고사마다 금상을 받아 앨범 가득 상장을 채웠던 그 소년의 영광의 나날들은 그 '가' 하나 때문에 송두리째 몰락하고 말았다. 그렇게 망가진 어린 소년은 결국 K고등학교('뺑뺑이'가 아니었더라도 마찬가지였을 것이다)에도, S대학교에도 가지 못했다. 동네의 신동은 그저 평범한 동네의 청년으로 성장했다. 집안의 기둥이 되지 못했음은 더 이상 말할 필요도 없는 일이고.

"다리 병신도 아닌데, 멀쩡한 애한테, 아무리 체육을 못한다기로서니, 어떻게 가를 줄 수 있느냐! 이건 분명히 뭔가 잘못된 일이다. 당장 학교로 찾아가 따져야 한다"라고 성난 고모님들이 한바탕 난리를 치는 바람에, 어린 소년은 더욱 깊은 상처를 입고야 말았다. (사실, 고모님들은 '뭔가 잘못된 일'이라고 말하지 않았다. 아주 큰 소리로 '와이로'라는 이상한 말을 외쳤다. 사실 소년은 이미 알고 있었다. 매달 자신이 금상을 타올 때마다 엄마가 하얀 봉투를 들고 학교에 갔었다는 사실을. 그러다가 아버지가 쓰러지시는 바람에 그 봉투를 아버지 약값에 써야 했다는 사실도.)

사건의 진상은 아무도 모른다. 하지만 분명한 것은 하나 있다. 나는 체육을 무지 싫어했고, 엄청나게 못 했다. '와이로'〔賂物(뇌물)〕 운운은 사실이 아니었을 것이다. 나는 적어도 그렇게 믿고 싶다. 어쨌든 그 사건 덕분에 나의 인생은 많이 달라졌다. 그 이후로 나는 체육 시간을 송충이 보듯 징그러워하게 되었다. 대입 체력장에서도 남들 다 받는 1등급이 아니라 참가만 하면 받을 수 있는 3등급을 받았다. (그 덕분에 '예비 고사'에서 3점이나 깎였다!) 그러나 '체육 가' 사건의 영향은 거기에서 그치지 않았다. 나는 더 이상 '1등'이 아니었던 것이다! 아, 참 다행스러운 일이었다! 나는 더 이상 일등을 고수해야 할 의무와 권리가 없었던 것이다! 그래서 내 인생은 지금 이렇게 즐겁다!

자, 까마득한 옛날 얘기를 새삼 끄집어 낸 이유는 별 게 아니다. 내게도 '1등' 콤플렉스가 엄청났었다는 얘기를 하기 위해서였다. 그리고 이 땅에서 적어도 대학을 다닌 사람 쳐 놓고 그놈의 '1등' 콤플렉스에서 자유로왔던 사람이 단 한 사람도 없을 것임을 잘 알고 있기에 한 번 아픔을 나눠 보자고 꺼낸 이야기였다. 상황은 손톱은커녕 코딱지만큼도 변하지 않았다.

25년의 세월이 지났는데 '와이로' 또는 '하얀 봉투'는 사라지지 않았다. 단위가 몇십 배로 더 커졌을 뿐이다. 수우미양가는 아직 남아 있는지 어떤지 잘 모르겠지만, 하여간 '아이의 성적이 떨어지면 집안의 기둥이 흔들린다'는 이상한 물리 법칙도 전혀 무너지지 않고 있다. 아들의 과외비를 벌기 위해 식당 주방 아줌마로, 파출부로 나가는 어머니들 얘기도 신물나게 들린다. 뭐, 심지어는 과외비를 벌려고 몸을 팔았다는, 끔찍한 모정 얘기도 들린다. 사실일까?

용의 꼬리와 닭의 머리

"박찬호 5승!"이라고 대문짝하게 실린 스포츠 신문의 헤드라인을 찬찬히 들여다보면 그 옆에 깨알만한 글씨로 몇 자가 덧붙어 있다. "예감", "필승 다짐" 등등. 아무리 기삿거리가 없기로서니 해도 너무 한다는 생각을 얘기했다간 남들에게 눈총이나 먹기 십상이다. 메이저 리그에 선발로 우뚝선 박찬호인데 어딜 감히! 연일 스포츠 신문의 머릿기사를 장식하면서 일본 요미우리에 입단했다가 '2군'으로 밀려난 투수 조성민에 대한 이야기는 이제 어느 신문에서도 찾아볼 길이 없다. 일본 진출 첫해에 매우 부진했던 선동렬은 거의 '매국노' 취급을 당했다.

'황색 나비' 이승희, 동방예의지국의 딸인 이승희가 훌훌 벗고 온 세상 남정네들의 눈요깃거리로 전락한 것을 놓고, 동방예의지국의 '정론지'들이 난리 북새통을 지른다. 부끄러워서가 아니다. 자랑스러워서다. 인터넷 음란 사이트가 청소년을 망친다고 한숨 짓던, 근엄하기 그지없던 '고급 권위지'들이 그렇게 난리 블루스를 춘다. 이유는? 단 하나뿐이다. 이승희의 누드가 인터넷 조회수 '1위'를 차지했기 때문이다!

텔레비전 공익 광고에서 마라토너 이봉주가 달린다. 애틀랜타 올림픽에서 은메달을 딴 이봉주와 후쿠오카 마라톤에서 금메달을 딴 이봉주 사이에는 태평양보다 더 큰 차이가 있다. "국민 모두 잊지 말라! 애틀랜타 '은메달의 치욕'을! 절치부심, 와신상담하라! 후쿠오카 금메달의 영광을 향하여!" 이봉주 공익 광고가 전달하는 메시지다.

닭이라도 좋아! 아무렴! 머리가 되어야지! 꼬리는 절대 안 된다! 용이라도 안 돼! 올림픽 마라톤과 후쿠오카 마라톤의 비중 차이, 또는 권위 차이는 별로 상관 없다. 일등이 되어야 한다. 일등주의의 천국이며 동시에 지옥인 대한민국의 세계관과 우주관이 그 공익 광고 한 편에 고스란히 담겨 있다. 초등학교 돈봉투에서 이봉주 공익 광고에 이르기까지 한결같이 한 조각 붉은 마음〔一片丹心(일편단심)〕으로 세대에서 세대로 대물림하는 이데올로기는 별것 아니다. 일등이 되어야 한다! 무엇을 하든 상관없다, 그저 일등만 하면 된다! 닭의 머리가 용의 꼬리보다 몇백 배, 몇천 배 낫다!

죽음으로 이르는 병

일등이 되어야 한다는 가르침 때문에 우리가 겪어야 했고 지금도 겪고 있는 그 수많은 고통의 나날들을 굳이 여기서 되풀이 열거할 필요는 물론 없다. 그걸 모르는 사람은 대한민국에 단 한 사람도 없으니까. 문제는 일등주의 그 자체에 있는 것이 아니다.

숲 속 나무도 제일 키 큰 놈이 더 많은 햇빛을 받아 더 크게 자랄 수 있다. 사자도 제일 힘센 놈이 사냥감의 맛난 부분은 물론, 암컷들도 모조리 독차지할 수 있다. 사회성 동물에서 '무조건 평등'은 절대로 이루어지지 않는다. 우위를 차지하는 개체가 다른 개체들보다 생존과 유전자 보존에서 유리하기 때문이다. 인간도 사회성 동물의 하나일 뿐이니, 인간 사회에서 일등을 위한 경쟁이 벌어지는 것은 '생물학적으로' 자연스러운 일이다. 일등을 차지하기 위한 경쟁에서 진화도 생겨난다. 진화가 잘 되면 물론 '발전'도 이루어진다. 일등주의를 무조건 탓할 일이 아니라는 얘기다. 그렇다면 무엇이 문제인가? 문제는 콤플렉스요, 콤플렉스 때문에 생기는 스트레스다. 그리고 그것이 다른 나라에 비해 유별나게 극심한 한국 사회의 특수성이 문제다.

덩치 싸움에서 밀려난 '이등' 숫사자가 스트레스 때문에 자살했다는 얘기는 들어 본 적이 없다. 사냥터와 암컷들을 일등에게 넘겨 주고 다른 터에 가서 사냥하며 잘 살아갈 뿐이다. 숲을 봐도 그렇다. 참나무가 아무리 높이 자라 햇빛을 거의 독점한다고 해도, 숲 아래쪽이 텅텅 비지는 않는다. 수많은 일년초와 작은 나무들이 자란다. 겨울이 지나고 봄이 오면 참나무에 잎이 돋기 전 짧은 시간이나마 온갖 식물들이 꽃을 피우고 잎을 키운다. 가을이 되어 모든 식물의 잎이 떨어지면, 그 모두가 다음 해의 숲을 위한 공동 비료가 된다. 어떤 풀도, 어떤 나무도 스트레스 때문에 스스로 말라 죽지는 않는다.

이 사회에서는 그런 자연의 지혜가 통용되지 않는다. 일등이 되지 못한 개체들은 한결같이 스트레스로 비쩍비쩍 말라가거나 심지어 스스로 아파트 20층에서 몸을 내던지기까지 한다. 투신 자살을 기도하지 못한 개체들도 '정신적 자살'을 완성한다는 점에서는 오십보백보다. 평생을 열등감에 사로잡혀 살아가고, 그 열등감을 보상받기 위해서 자식들에게 '일등'을 강요한다. 나는 그렇게 끝났지만 내 자식은 그렇게 끝나지 않게 하련다! '나'의 완성을 목표로 하지 않는 삶? 그것을 과연 살아 있는 삶이라고 부를 수 있는가? 나는 부를 수 없다고 믿는다. 그것은 이미 자살로 끝장낸 삶이 헛껍데기로 유지되는 것일 뿐이다.

한국 사회의 광적인 일등주의는 곧 죽음으로 이르는 병이다. 사회 구성원 대부분을 '정신적 자살'로 내모는 무섭고, 끔찍하고, 참혹한 병이다. 내 자식을 일등으로 만들어 달라고 '와이로'를 건넴으로써 선생님들을 '도덕적 죽음'으로 내모는 병이다. 총체적 열등감과 총체적 부패와 총체적 불신!

일등이 없는 나라

일등주의의 폐해에 대해서는 이야기하지 않으려고 했다. 해 봐야 남들도 다 아는 얘기고, 해 봐야 소용없는 얘기인 것을 알고 있으니까. 그런데 또 이야기하고 말았다. 안 되는 줄 알면서 왜 이럴까? 별 것 아니다. 상상력이 없기 때문이다. 비판하는 데는 조금의 상상력만 있으면 된다. 하지만 대안을 제시하는 데는 엄청난 상상력이 필요하다. 일등주의를 비판하는 데는 사실 상상력을 자시고 말고 할 것도 없다. 눈 뜬 사람이면 속속들이 보이는 것이 일등주의의 병폐니까. 하지만 일등주의를 넘어서 '살맛 나는 세상'을 만들기 위한 대안을 이야기하려면 '초인적'인 상상력이 필요하다. 왜 초인적이냐고? 나 역시 그 일등주의에 젖어 살고 있기 때문이며, 우선 나 자신을 벗어나야 하기 때문이다.

어디서 그 상상력의 실마리를 찾을 수 있을까? 상상력은 현실에서 출발해야 한다. 현실에서 출발하지 않는 상상력은 대개 망상으로 끝나기 쉽다. 현실도 내 주변의 가까운 현실이어야 한다. 아는 것이 많아야 상상력이 제대로 길을 잡을 수 있기 때문이다. 가만 있자, 무엇으로 실마리를 삼을까? 내가 해 본 일에서? 내가 잘 할 수 있었던 일에서? 남들과 비교해 잘 한 것이 아니라, 그저 내가 생각하기에 잘 했던 일에서? 그래, 바로 그거야!

캘커타[콜카타] 마더 테레사의 집에서 지낼 때, 청소하고 빨래하고 설거지하고, 어렵지는 않지만 힘은 꽤 드는 일을 하고 살았다. 세계 여기저기에서 온 친구들이 많이 있었다. 그런 친구 중에 피터라는 영국 청년이 있었다. 변호사 집안의 아들로 태어나 경영학을 공부하고 런던과 암스테르담의 다국적 기업에서 일하던 청년이었다. 그 피터가 갑자기 글쟁이가 되겠노라며 직장을 때려치우고 배낭을 짊어지고 캘커타로 왔다. 우연히 캘커타 마더 테레사의 집에 머물게 된 피터는 1년을 자원 봉사자로 지냈다. 그 피터가 캘커타에서의 어느 날 내게 했던 이야기가 하나 있다. "캘커타가 런던이나 암스테르담보다 좋은 이유 하나! 여기선 누가 일등인지 이등인지 가릴 필요가 없거든. 누구나 다 일등이니까." 그 피터는 영국에 돌아가서 아예 정부 학비 보조를 받는 3년제 간호 학교에 들어가 버렸다. 나이 서른둘에! 아시아건 아프리카건 제3세계를 위한 자원 봉사 일을 평생 업으로 삼겠다며!

똑똑한 피터가 한 말은 한 치 틀림없는 사실이었다. 캘커타 마더 테레사의 집에는 경쟁이 없었다. 일등 빨래꾼이나 일등 설거지꾼도 없었고 일등 간호사도 없었다. 모두 자기가 하고 싶고, 자기가 할 수 있는 일만 열심히 했다. 물론 뺀질뺀질한 예외가 없지는 않았다. 거기도 사람 사는 세상이니까. 하지만 절대 다수의 봉사자들은 모두 일등이었다. 열심히 일하며 행복하게 살았다. 자, 비밀이 거기 숨어 있다. 모두가 일등인 나라! 그 나라에는 일등이 없다. 모두가 일등이면 그 때부터 일등이 사라지는 것이다!

언제나 우리 살맛 나는 세상 만들어 볼거나?

이등 이하 꼴등까지를 전제하는 일등은 괴로울 수밖에 없다. 이등부터 꼴등은 질투로 배가 아프고, 부모나 옆 사람에게 핀잔을 먹어 귀가 아프고, 일등이 되기 위해 머리띠를 졸라매야 하니 머리가 아프다. 일등? 일등 자리를 고수해야 하니, 마치 고지를 사수하는 병사처럼 외롭고 고통스럽다.

어차피 자본주의로 세상의 질서가 정착된 상황이다. 이 세상에서 경쟁은 도저히 제거할 수 없는 힘이다. 일등과 이등이 갈릴 수밖에 없고, 꼴등이 나올 수밖에 없는 것이 사회성 생물의 생물학적 운명이다. 인정할 건 인정해야 한다. 하지만 경쟁만이 인생의 전부라면 이 세상은 너무 끔찍해진다. 경쟁 말고 다른 일이 인생에 펼쳐져야 이등 이하 꼴등까지 절대 다수의 사람들의 인생이 살 만해진다. 모두가 일등이 될 수 있는 일들이 많아져야 한다는 얘기다. 모두가 일등이 못 되면 '식스 맨'이라도 될 수 있는 일들이 많아져야 한다.

할 일은 많다. 우선 초등학교 음악, 미술, 체육에 점수를 매기는 작태를 당장 그만두어야 한다. 노력이 아니라 타고난 능력에 의해 좌우되는 일에는 점수를 매기지 말아야 한다. 운동 신경을 둔하게 타고나 축구공을 제대로 차지 못한다고 그 아이의 인생을 '가'로 만들어서는 안 된다! (아! 25년 만에 나는 세상을 향해 복수한다! 통쾌하기도 해라!) 체육 시간엔 그냥 뛰어놀게 하고, 음악 시간엔 그냥 노래하고 손뼉치게 하고, 미술 시간엔 그냥 그림 그리고 찰흙 만지게 하면 된다.

타고난 능력이 부족해서건, 아니면 노력이 부족해서건 일등과 꼴등이 구분되는 일에서 일등을 못한 사람들에게도 격려와 희망을 주어야 한다. 식스 맨 같은 경우가 그렇다. 그들이 없으면 마이클 조던도 데니스 로드먼도 맘 놓고 뛰지 못할 것이다. 부상이라도 당해 봐, 파울이라도 먹어 봐, 누가 내 대신 뛰겠어? 몸 사리고 뛰지 못한다. 식스 맨에도 박수갈채를 보내고 그들을 사랑하는 사회를 만들어야 한다. 그래야 아이들이, 어차피 베스트 파이브에 낄 수 없을 텐데 관두자 하며, 지레 겁 먹고 농구공을 내팽개치는 사태를 막을 수 있다.

일등이 필요 없는 일, 곧 모두가 일등이 될 수 있는 일을 많이 만들고 널리 퍼뜨려야 한다. 일등주의의 폐해는 그만 얘기해도 된다. 모두가 일등이 될 수 있는 까닭에 일등주의를 이야기할 필요가 없는 그런 일을 만들기 위해 상상력을 총동원해야 한다. 내가 일등이 되니, 나도 기쁘고 남들도 기뻐하는구나! 그런 승리감을 느낄 수 있는 일들이 많아져야 한다. 자원 봉사는 수많은 그런 일들 중의 하나일 뿐이다. 언제나 우리 그런 살맛 나는 세상에서 살아 볼 수 있을까?

〔『Sixth Man』, 1997.09〕

●

〔2020.12〕 기억이 정확하다면 'book + magazine, 부커진'이라는 포맷을 실험하려 했던 이 잡지는 창간 준비호였던 이 호를 끝으로 실험을 마감했다. 이 원고를 넘기고 나는 또 여행을 갔던 걸로 기억한다. 현찰을 아낀다며 신용 카드를 주로 사용했고, 여행에서 돌아왔을 때

두 배 가까이 뛰어오른 환율로 은행 잔고를 비워야 했다. 그 시절을 겪은 한국인 모두에게 트라우마로 남겨진 일명 IMF 사태.

그 후에 벌어진 일들을 굳이 되짚고 싶지는 않다. 다만 이 글을 23년 만에 다시 읽으면서 일등이 없는 세상을 꿈꾸었던 내가 얼마나 어리석은 이상주의자였던지를 재확인한다. 차라리 그 시절이 나았다. 일등주의는 약화되기는커녕, 세계화와 신자유주의라는 수상쩍기 이를 데 없는 이름 아래 더 이상 갈 데가 없을 지경으로 심화되었다. 한국만이 아니라 전 세계가 마찬가지다.

'1등만 기억하는 더러운 세상'이라고 욕을 퍼부으면서도 사람들은 온갖 '서바이벌' 프로그램 앞에서 넋을 잃는다. 심지어 열 몇 살 어린 아이들을 출연시켜 경쟁시키는 척하면서 뒤로는 수천만 원 상당의 룸살롱 접대를 받으며, '시청자 투표'를 조작하는 일까지 벌어진다. '잘난 부모의 자식으로 태어난 것도 능력'이라는 귀신 씨나락 까먹는 소리에 분노하는 젊은 친구들이 그렇게 조작으로 만들어진 걸 그룹의 멤버들은 죄 없다며 덕후질을 계속한다. 그 난리가 벌어졌는데도 비슷한 유형의 서바이벌 프로그램을 더 '빡센' 형태로 같은 채널에서 또 편성한다.

'알파'에 열광하는, 수컷이든 암컷이든 힘 세고 영리한 리더에 복종하고 따르는 사회성 생물의 숙명을 마음에 들지 않는다고 무조건 거부할 수는 없을 것이다. 선진국이라고 우리가 그렇게 떠받드는 유럽의 많은 나라에서 아직도 왕과 여왕이 설령 '명목상'이라곤 해도 국가의 수장으로 받들어 모셔지는 것만 봐도 인간이라는 생물종의 유전자에는 알파를 향한 욕망, 곧 알파가 되고 싶은 욕망과 알파를 따르고 싶은 욕망이 분명히 존재한다. 박근혜가 탄핵되었을 때, 그 집 앞에서 통곡하며 "마마!"를 외쳤던 어느 여성의 핏속을 흐르는 유전자….

그래서 어쩌라고? 그냥 운명이려니 살아가자고? 그러기엔 이 알파 시스템이 너무 가혹하다. 너무 잔인하다. 다시 보노보의 세상을 기억하자. 그리고 이집트와 중국과 아즈텍의 가공할 신정 사회에서 인류가 이만큼이나마 민주주의 체제로 진화해 온 것을 자꾸 기억하자. 여전히 1등만 기억하는 더러운 세상일지는 몰라도, 그나마 1등 아닌 이들에게도 최소한의 인간다운 삶은 보장하려는 쪽으로 인간 세상이 한 걸음씩 진화해 왔다는 엄연한 사실을 기억하자. 이 정도의 세상을 만들기 위해 참으로 많은 목숨이 희생되었다는 사실 또한 기억해야겠지. 내 인생의 흑역사였던 그 '가'에 다시 한 번 감사한다.

●

〔E-29〕

젊은 배낭 여행자들에게

여름이 왔습니다. 그리고 방학이 왔습니다. 인천공항에 또 형형색색의 배낭들이 밀물처럼 밀려들겠지요. 도쿄 나리타에, 런던 히드로에, 파리 샤를 드 골에, 방콕 돈 무앙에, 홍콩 첵랍콕에, 세계 곳곳의 공항 입국대에 대한민국 여권을 든 청년들이 길게 늘어서겠지요. 아, 그대들이 부럽습니다. 정상적(?)인 직업을 가진 성인 한국인들에게 주어지는 휴가는 1주일을 넘지 않습니다. 그 1주일에 바퀴 달린 트렁크를 끌며 단체 패키지 관광은 가능하겠지만, 배낭 여행은 불가능한 작전입니다. 극소수의 예외가 있긴 하지만, 여전히 대한민국에서 배낭 여행은 젊은이들의 특권입니다.

그렇게 낯선 나라의 입국대를 통과하는 그대들의 여권 중에는 어느 나라의 입국 스탬프도 찍히지 않은 이른바 순결한 여권도 있겠지요. 제게도 그런 순결한 여권이 있었습니다. 시대를 잘못 타고난 죄로, 제 순결한 여권에 첫 스탬프가 찍혔던 건 제 나이가 우리 나이 서른을 이미 넘어선 다음이었습니다. 동년배 친구들이 정장을 입고 출장 여행을 할 때 저는 티셔츠 쪼가리에 반바지를 입고 배낭족의 길로 들어섰던 것입니다. 늦게 배운 도둑질에 밤 새는 줄 모른다고 하더니, 늦게 시작한 배낭 여행은 결국 저를 불치의 여행 중독자로 만들어 버렸습니다.

지나간 10여 년 동안 모두 합치면 3년 정도의 시간을 여행으로 보냈습니다. 결코 짧다고는 할 수 없는 시간이겠지요. 웬만큼 이골이 난 것도 사실입니다. 하지만 아직도 여행은 언제나 저를 설레게 합니다. 여전히 떠날 때는 온몸에 아드레날린이 콸콸 넘쳐흐릅니다. 그렇긴 하지만, 시간의 힘은 어쩔 수 없이 저를 노털로 만들어 버리고 말았습니다. 노털들의 공통된 특징이 무엇입니까? 바로 잔소리꾼이라는 것 아니겠습니까.

아, 벌써 눈썹을 찡그리는 친구들이 있군요. 이해합니다. 저라고 젊은 시절에 잔소리 듣는 걸 좋아했겠습니까. 시간이 흐르다 보니, 옛날 제게 잔소리를 늘어 놓으셨던 어르신네들의 이야기를 제 몸으로 겪다 보니, 아 그 때 그 잔소리가 이래서 필요했었구나 하는 깨달음을 얻게 된 것이죠. 부디 지겨운 잔소리라 귀 막지 마시고 들어 주셨으면 합니다. 누가 압니까. 제 잔소리가 여러분의 여행을 코딱지만큼이라도 더 신나는 것으로 만들어 주게 될지 말입니다. 아, 역시 노털답게 서두가 너무 길었군요. 본론으로 넘어갑시다.

배낭은 새털처럼 가볍게

먼저 배낭은 가볍게 만드십시오. 여행은 피난살이 떠나는 게 아닙니다. 여행 기념품을 챙겨 오건, 경험과 기억들을 챙겨 오건, 집으로 돌아올 때 배낭을 빵빵하게 채워 오려면 떠날 때 배낭에 빈 자리가 있어야 합니다. 생존에 필요한 최소한의 것들만 배낭에 넣고 떠나십시오. 무거운 배낭처럼 여행을 비참하고 고통스럽게 만드는 것은 없습니다. 마음을 비워야 깨달음이 찾아오듯 배낭을 비워야 여행도 즐거워집니다.

서양 배낭족들이 흔히 하는 얘기가 있습니다. 아시아권 여성 여행자들 중에서 한국 여자들이 제일 예쁘다고요. 민족적 자긍심을 느낄 만한 얘기임에 틀림없습니다. 그러나 내막을 알게 되면 그게 꼭 민족적 자긍심을 부추기는 일만도 아닙니다. 한국 여성들은 심지어 배낭 여행을 하면서도 메이크업 화장품을 잔뜩 챙겨 다닌다는 사실을 알고 계십니까? 물론 전부가 그러는 건 아니지요. 하지만 다른 나라 여행자들에 비해 화장을 짙게 한 여자들이 훨씬 많다는 건 부정할 수 없는 사실입니다.

예쁘게 보이고 싶은 여자의 본능을 어쩌냐구요? 글쎄요, 여행에서 로맨스가 생긴다면 그건 정말 축복할 일이지만, 그렇다고 여행이 소개팅은 아니잖습니까. 젊음의 특권이 뭡니까? 맨 얼굴로 세상에 나를 드러내 보일 수 있다는 것 아닙니까. 있는 그대로의 나로 세상을 활보하면서 역시 있는 그대로의 자기를 내보이는 다른 여행자들과 만나는 것, 그것이 여행의 백미(白眉)가 아닐까요. 선크림과 스킨, 로션 정도면 충분합니다. 메이크업까지 하지 않아도 한국 여자들은 이미 아름답습니다.

배낭 무겁게 싸는 건 물론 여자들만이 아닙니다. 남자분들, 제발 화투는 배낭에 넣지 마세요! 물론 서양애들도 트럼프를 넣고 다니긴 합니다. 하지만 그 애들이 한국 청년들처럼 여행지에서 밤을 새우며 포커를 하는 건 별로 보지 못했습니다. 그 비싼 비행기표 값을 내고 그 먼 곳까지 가서 굳이 고스톱을 쳐야 하는 이유는 무엇일까요? 밤에는 푹 자고 낮에는 열심히 돌아다닙시다. 화투 한 목이 배낭 속에 들어갈 때 여행지에서 그대가 언제나 수면 부족일 확률은 아주 높아집니다. 그 때 화투 한 목의 무게는 아마 백과 사전 한 권 무게는 나가게 될 겁니다. 차라리 화투 대신 영한 사전과 한영 사전을 넣으세요.

마음도 가볍게 룰루랄라

자, 기왕 배낭을 비우자는 애기가 나왔으니 한 마디 더 하죠. 마음도 가볍게 출발하십쇼. 너무 거창한 계획이나 목적 따위 세우지 말자는 애기입니다. 많은 여행자들이 그런 함정에 빠지는 것을 보았습니다. 돈도 아끼면서 그저 많은 나라를 돌아보겠다는 일편단심으로 매일 밤 기차를 갈아타며 빨간 토끼 눈으로 돌아다니는 여행자들이 아직도 많습니다. 물론 이해합니다. 평생에 마지막 기회일지도 모르는데 그저 열심히 많은 곳을 다니고 싶겠지요. 하지만 이 늙은 여행자, 두 팔 높이 들고 소리 높여 외칩니다. 그처럼 한심한 여행은 없습니다!

여행의 기억들을 몇 권 책으로 낸 탓에 여러 사람들이 제게 묻곤 합니다. 도대체 어떻게 했길래 그렇게 많은 사람들을, 그렇게 깊이 만날 수 있었느냐고요. 얼렁뚱땅 콩글리시일망정 그럭저럭 영어가 된다는 것도 그 이유 중의 하나일 것입니다. 사람 만나 수다 떠는 걸 좋아하는 제 천성 탓도 있구요. 그러나 역시 가장 중요한 이유는, 제 여행이 대개 스케줄 표 없는 여행이었다는 데 있습니다. 돌아올 날짜가 정해진 경우에도 저는 가능하면 중간 지점들을 미리 결정하지 않았습니다. 길에서 어떤 우연을 만나면 거기에 그냥 몸을 던졌습니다.

한 번의 여행에서 인생에 필요한 모든 교훈을 얻겠다고 안달복달하는 여행처럼 불쌍한 여행도 없습니다. 스케줄의 노예가 되는 여행처럼 비참한 여행도 없습니다. 제일 좋은 여행은 계획 없는 여행입니다. 어디서 돌아올지조차 생각하지 말고 원 웨이 티켓으로 떠나는 여행, 우연에 몸을 맡기는 여행이 최고의 여행입니다. 한번 해 보시면 알게 됩니다. 길 위에 얼마나 많은 우연과 인연들이 널려 있는지를. 마음이 가벼운 자만이 그 우연과 인연들을 주워 담을 수 있습니다.

외롭게, 쓸쓸하게, 고독하게, 심지어 청승맞게

간곡히 부탁드립니다. 혼자 떠나세요. 겁나는데 어떻게 혼자 떠나느냐구요? 네, 압니다. 겁도 나시겠지요. 여행은 그 어떤 경우에도 시련입니다. 집보다 편한 곳은 세상에 없는 법이니까요. 바로 거기에서 여행을 혼자 떠나야 하는 이유가 시작됩니다. 시련이 닥쳤을 때 사람은 본능적으로 이기적인 인간이 될 수밖에 없습니다. 내가 얼마나 이기적인 인간인지를 친구에게 보여 주고 싶지 않다면, 그 친구를 여행길에서는 떼어 놓는 편이 좋습니다. 그대가 지금 그 친구를 버리고 싶어서 죽을 지경이라면 함께 여행을 떠나셔도 좋습니다. 그렇지 않다면 혼자 떠나십쇼.

두려움이야 극복한다 쳐도 외로움은 어떡하느냐구요? 길에서 친구를 만들면 되지요. 그대가 인간의 흔적이 전혀 없는 명왕성쯤으로 여행을 가지 않는 한, 그대가 떠나는 모든 길에 사람들이 있습니다. 지독한 오지가 아닌 이상 지구상의 모든 곳에 여행자들이 있습니다. 여행자가 없다 해도 최소한 현지인들이 있습니다. 낯선 사람과 어떻게 친구가 되느냐구요? 모르시는 말씀. 모든 첫 만남이 그렇듯, 길 위에서의 첫 만남도 역시 서로의 좋은 면만을 중점적으로 볼 수밖에 없습니다. 더구나 혼자이기 때문에 외롭고, 그 외로움 때문에 길에서 만난 사람과 친구가 되는 것은 누워 떡 먹기보다 쉽습니다.

게다가 길에서 만들어진 우정은 아무래도 시한부 우정입니다. 편지와 이메일과 전화 번호를 교환한다 해도 언제 다시 만나게 될지 모릅니다. 대부분의 길에서의 우정은 처음이자 마지막이기 쉽습니다. 시한부 인생이 절실하고 진실하고 확실해지는 것과 똑같이 길에서의 시한부 우정 또한 절실하고 진실하고 확실합니다. 헤어지는 아픔은 그것에 대해 치러야 할 대가이지요.

조금만 용기를 내면 말문은 터집니다. 고등학교까지 배운 영어면 충분합니다. 외로우면 길에서 마주친 여행자에게 미소를 보내십쇼. 길에서 여행자끼리의 미소는 절대 유혹이 아닙니다. 우정으로의 초대일 뿐입니다. 조금만 마음을 열면 상대방의 마음도 열립니다. 그냥 살아 온 얘기를 하세요. 기뻤던 일, 슬펐던 일, 괴로웠던 일. 인생이 그렇듯 여행도 기브 앤 테이크입니다. 상대방 역시 그대에게 자신이 살아 온 이야기를 들려 줄 겁니다. 사람은 다 똑같구나, 삶은 어디서나 다 외롭고 괴로운 것이구나를 배우게 될 겁니다.

여행을 혼자 떠나야 하는 이유는 꼭 친구를 만들기 위해서만은 아닙니다. 여행을 왜 떠납니까? 결국은 자유롭고 싶어서가 아닌가요? 자유를 만끽하려면 혼자 떠나야 합니다. 집에서는 언감생심 꿈도 못 꿀 일탈 행위조차 허용되는 것이 여행 아니던가요? 누군가 나를 아는 사람이 지켜본다면 과연 그것이 가능해질까요? 무조건 혼자 떠나십쇼. 아무도 그대를 알아보는 사람이 없는 곳에서 미친 짓이라도 해 보십쇼. 누드 비치에서 벌거벗고 조깅도 해 보십쇼. 그리고 황혼녘의 강가에서 눈물도 줄줄 흘려 보십쇼.

그렇게 청승맞게 고독에 휩싸이는 순간, 누군가 그대를 찾아와 그대의 어깨를 감싸 줄 겁니다. 누가요? 바로 그대입니다. 이 세상에서 그대를 100% 알고 있는 단 한 사람, 바로 그대가 그대에게 다가와 친구가 되어 줄 겁니다. 혼자 떠나 보십쇼. 그러면 제 말이 거짓말이 아니라는 걸 알게 될 테니까요.

애국자가 되지 맙시다, 세계 시민이 됩시다

언젠가 어떤 일본인 친구가 제게 묻더군요. 한국 사람은 다 일본 사람을 싫어하느냐구요. 왜 그런 질문을 하느냐고 묻자, 그 일본 친구가 씁쓸한 경험담을 얘기하는 겁니다. 일본 친구가 한국 청년을 여러 번 길에서 마주쳤답니다. 그래서 우리 친구 하자고 먼저 제안을 했더니, 그 한국 청년 왈, "I don't like Japanese." 그 한 마디를 남기고 떠났다는 겁니다. 그 일본 친구가 제게 거짓말을 한 게 아니라면, 실화입니다. 그대들 중에 그 한국 청년이 잘했다고 박수치는 사람이 없기를 바랄 뿐입니다.

흔히들 말합니다. 여행을 하다 보면 내 나라가 얼마나 소중한지를 알게 된다구요. 당연을 넘어 당근입니다. 낯선 곳에서 고향을 그리워하지 않는 사람은 없으니까요. 하지만, 노파심에서 거듭 말씀드립니다. 애국심으로 무장하지 마십시오. 배낭 여행자는 이미 국경을 넘은 사람입니다. 배낭 여행자는 국경 자체를 미워하는 사람이어야지, 다른 나라 사람들을 미워하는 사람이서는 안 됩니다. 여행자는 민간 외교 사절이라는 헛소리도 이제는 그만 합시다. 여행자는 여행자일 뿐입니다. 국가 대표 축구 선수가 아닙니다. 우리보다 못사는 제3세계에 간다고 거들먹거리지 맙시다. 우리보다 잘사는 선진국에 간다고 주눅들지 맙시다.

여행은 '개인'으로서의 인간이 하는 것이지, 국가가 하는 게 아닙니다. 한국 사람들끼리 똘똘 뭉쳐 다니지도 맙시다. 일본 사람들도 배낭 여행자들은 절대 그렇게 몰려 다니지 않습니다. '단체 배낭 여행'이라는 희한한 단어가 있는 건 아마 우리 나라가 유일하지 않을까 싶습니다. 배낭에 태극기를 꿰매는 정도야 좋습니다. 내 나라에 대한 사랑은 아름다운 것이니까요. 다만 그것이 다른 나라에 대한 멸시 또는 배타로 이어지지는 말아야 합니다.

오래 전 일이지만 네팔에서 젊은 한국 청년들을 만났습니다. 이 청년들이 제게 어디 가면 암달러를 비싸게 바꿀 수 있느냐고 묻더군요. 어느 영어 가이드북에 나온 얘기를 들려 주었습니다. 암달러를 바꿀 경우 그 돈이 몽땅 검은 돈이 되어 밀수에 사용되고, 결국 부패한 권력자와 부자들의 배만 불려 주게 된다, 몇 푼 덜 받더라도 공식 환전소에 가서 바꾸자. 그 가이드북에 실린 이야기였습니다. 제가 덧붙였습니다. 100달러를 암달러로 바꿔 봐야 겨우 3~4천 원을 더 받는다. 서울에 가면 설렁탕 한 그릇값밖에 안된다. 두 청년이 이렇게 대답했습니다. 저희같이 가난한 배낭 여행자들이 뭐 남의 나라 사정까지 생각할 수 있나요…. 이제 더 이상 그런 여행자들은 없으리라 믿고 싶습니다. 지나친 애국심은 당신의 여행에 해로울 수 있습니다. 세계 시민으로서의 의식이 없는 여행자는 여행하는 나라를 망가뜨릴 수 있습니다.

자, 잔소리가 너무 길었군요. 아무쪼록 건강하고 행복한 여행이 되기 바랍니다. 좋은 추억거리 많이 배낭에 채워 오시고요. 혼자 간직하기 아까운 이야기라면 언젠가 제게도 들려 주세요. Bon Voyage!

〔『**ttl**』, SK Telecom, 2001.07〕

●

〔2020.12〕 20년 가까운 시간이 흘렀다. 이제 해외 여행 한두 번 안 나가 본 젊은 한국인은 천연 기념물까진 아니어도 좀 별난 사람으로 취급받는 수준이 된 듯하다. 방콕의 돈 무앙 공항도 태국 국내선 및 저가 항공사 전용으로 바뀌고 수완나폼 공항이 주 관문이 되었다. 20년 전 새파란 마흔 살 아재가 연둣빛 젊은 친구들에게 충고랍시고 던진 잔소리는 이제 시효 소멸된 걸로 폐기하는 것이 옳을까? 상당 부분은 그렇다고 생각한다. 하지만 선뜻 이 글을 파일째로 휴지통에 넣지 못하는 이유는 뭘까.

그래도 '동안'을 유지하던 때만 해도 젊은 여행자들과 만나 이야기도 나누고 좋았는데 흰머리가 늘어나면서 그런 기회가 자꾸 줄어든다. 괜히 나이먹은 아저씨가 귀찮게 구는 게 될까 봐 스스로 다가가지 못하는 탓이기도 하지만, 상대쪽에서 그리 달가워하지 않는 느낌이 들기 때문이기도 하다. 서양 친구들하곤 나이 같은 거 상관없이 친구 먹고 잘 어울릴 수 있는데, 막상 같은 한국어를 쓰는 청년들과는 국적과 인종의 벽보다 더 높은 연령의 벽을 느낄 때가 많다.

길다면 긴 여행자의 시간 동안 내가 경험한 바에 비춰 보면 여전히 한국 배낭 여행자들은 한국인끼리 모여 다니기를 좋아한다. 한국인이 운영하는 게스트 하우스에 묵기를 선호하고, 한국 식당에 모여 수다 떨기를 좋아한다. 한식을 향한 그리움이야 어쩔 수 없이 가끔 풀어야겠지만, 여행길의 대화까지 모두 한국어로 하는 건 좀 그렇다, 아니 사실 많이 그렇다. 가 볼 만한 곳도, 식당도 모두 한국어 후기를 읽고 찾아가더라. 식당에서도 한국인, 숙소에서도 한국인, 명소에도 한국인. 기왕에 돈 들여 나간 여행인데….

에고, 또 라떼 타령을 불렀구나. 그만! 코로나 사태가 끝나면 아마 한풀이 하듯 청춘들이 배낭을 짊어지고 인천공항으로 몰려들겠지. 나도 필시 그 대열에 동참할 테고. 젊은 친구들이 흰머리 할배 배낭 여행자와 여행자 거리에서 맥주 한 잔, 흔쾌히 부딪쳐 주기를!

●

〔E-30〕

노동과 수련, 또는 운동과 수련

먼저 고백하렵니다. 저는 이날까지 요가 학원에도 가 본 적이 없고, 단전 호흡을 배워 본 적도 없습니다. 인도에 다섯 번을 갔다 왔지만, 그 어떤 아슈람(Ashram)에도 가 본 적이 없습니다. 태권도도 배워 보지 않았습니다. 아, 그러고 보니 7년 전쯤 어떤 기회에 1주일에 한 번씩 수벽 치기를 두어 달 배워 본 적이 있네요. 네, 그게 전부입니다. 수련이라고 이름 붙일 수 있는 배움으로는요. 그런데 이렇게 외람되게도, 제가 수련을 주제로 글을 쓰게 되었습니다. 다시 한 번 업(業)이란 얼마나 놀라운 것인지를 깨닫습니다.

워낙 관심이 없었던 분야다 보니, 제 기억도 정확하지 않습니다. 정확하지 않은 기억으로 돌이켜보건대, 우리 사회에서 수련이라는 개념이 본격적으로 사람들 사이에서 오가게 된 것은 아마 1980년대가 끝나가던 시점이었던 것 같습니다. 베를린 장벽이 무너지고, 대한민국에도 민주라는 두 글자가 자유롭게 돌아다닐 수 있게 되었던 시절이었던가요? 참 많은 사람들이 무너진 벽돌 더미 위에서 방황하고 있던 걸로 기억합니다. 믿었던 마르크시즘이 쓸개즙보다 더 쓴 배반감만 남겨 주고 쓰러졌지요. 믿었던 민주화 세력이 간 경화증보다 더 심한 권위주의자들이었다는 절망감이 많은 사람들을 몸져눕게 만들기도 했구요. 그 이념의 진공 상태에 밀려들었던 것이 대중 문화였던 것 같습니다. 그리고 그 대중 문화 옆에 명상 또는 수련이라는 또 하나의 문화 현상이 자리잡고 있었던 것 같습니다. 물론 그 전부터 수련은 이 사회에 있었지요. 다만 그것이 넓은 범위로 퍼져 나간 게 아마 그 때쯤이 아니었나 생각한다는 것이지요. 주제 넘게 수련 문화에 대해 뭐라 할 처지는 아닙니다. 다만 이런 기회가 제게 주어졌으니, 그저 제 좁은 생각 몇 톨을 말해 보려 하는 것뿐입니다.

캘커타〔콜카타〕 마더 테레사의 집에서 일할 때였습니다. 저는 붙박이로 캘커타에 머물고 있었고, 그러다 보니 아주 많은 한국 청년 배낭족들을 만나게 되었습니다. 그런 청년들 중에는 인도에 명상 공부를 하러 온 청년들이 꽤 많았습니다. 그 청년들이 제게 묻곤 했습니다. 어디에 가면 좋은 명상 센터가 있나요? 제가 답을 줄 수 있을 리 만무했지요. 푸나(Poona)의 오쇼 아슈람(Osho Ashram)〔오쇼 라즈니시(Osho Rajneesh, 1931～1990) 명상 센터〕 근처에 갔다가 왠지 모를 거북스러움 때문에 문밖에서 돌아온 게 전부였으니까요. 할 수 없이 그 젊은 친구들에게 이렇게 얘기했습니다.

"내가 아는 좋은 명상 공부터가 있는데, 바로 여기 캘커타에요. 마더 테레사의 집에 가 보는 건 어떨까요?"

"거긴 그냥 행려병자들 돌보는 곳 아닌가요?"

"그렇지요. 그런데 내 얘기를 한 번 들어 봐요. 명상이란 게 뭐죠? 집중하고 헌신하는 거 아닌가요? 그 집중과 헌신을 통해서 마음의 평화를 찾는 거고요. 그게 제가 생각하는 명상이거든요. 우습게 들릴지 모르겠지만, 저는 빨래 하면서, 환자들에게 붕대를 감아 주면서 명상한다고 생각해요. 집중하고 헌신해서 빨지 않으면 빨래에 묻은 얼룩을 다 지울 수 없잖아요? 붕대를 맬 때도 환자를 아프지 않게 하면서 나중에 줄줄 풀리지 않게 맬 수 있는 아주 미묘한 경계점이 있거든요. 그걸 찾아 내려면 꽤 오랜 시간 연습을 해야 하고요. 그야말로 집중과 헌신이란 말이죠. 그런데 해 보면 알겠지만, 그것처럼 재미난 명상이 또 없단 말이에요. 어때요? 한 번 가 보지 않을래요?"

명상을 공부하러 온 청년들 중에는 제 유혹에 빠져든 친구들이 많지 않았습니다. 그냥 설렁설렁 인도 구경하러 온 청년들이 제 유혹에 빠져드는 경우가 많았습니다. 리시케시(Rishikesh)로, 히말라야로, 푸나로 명상을 공부하러 간 청년들이 모두 마음의 평화를 찾았기를 바랍니다. 많은 친구들이 평화를 찾았으리라 믿습니다. 하지만 조금 아쉽긴 합니다. 캘커타도 한 번쯤 겪어 보고 또 그런 명상 공부터로 갔다면 좋았을 텐데, 하는 아쉬움입니다. 뭐, 다 자기들 업대로 간 거니 제가 왈가왈부할 일이 아니겠지요. 하지만, 그래도 여전히 아쉬움이 남습니다.

인도에 있는 건 아슈람만이 아닌데, 인도에 와서 경험할 수 있는 것이 요가와 명상만은 아닌데…, 그 지독한 생로병사의 고해(苦海)를 그야말로 밑바닥에서 경험해 볼 수도 있는데…, 그 고통의 아수라장에서 신음하는 사람들 옆에 잠시 머물며 생명에 대한 가슴 아픈 사랑도 해 보고, 그러다가 고요하고 아름다운 명상 공부터에 가서 행복한 평화도 누려 보면 좋을 텐데….

말이 나온 김에 그냥 솔직히 말씀드릴까 합니다. 저는 지금 한국에서 불고 있는 수련 열풍이 조금 불안합니다. 건강, 행복, 평화, 그 세 단어를 중심으로 돌아가고 있는 수련 열풍 말입니다. 세상에 널려 있는 고통으로부터 애써 눈 돌려 자기 혼자만의 건강과 행복과 평화를 찾는 것은 아닌지, 불안해집니다.

캘커타 마더 테레사의 집에서 일하는 것 역시 자신의 행복과 평화를 위한 것이긴 합니다. 그래도 그 경우에는 누군가 고통받는 자에 대한 아주 약간의 도움이 함께 갈 수 있습니다. 공동체의 형성이 가능하다는 것이지요. 비록 잠시에 불과할지라도 말입니다. 제가 잘못 알고 있는 것일까요? 한국에서 지금 커다란 붐을 일으키고 있는 수련 문화가 '홀로 외로이 눈 감고 들숨과 날숨에만 신경 쓰는' 문화인 것은 설마 아니겠죠?

캘커타에 있을 때, 저는 카톨릭이 아니면서도 아침 미사와 저녁 묵상 기도에 가능하면 빠지지 않으려 했습니다. 그것은 제게 처음 경험해 보는 진정한 명상의 시간들이었습니다. 미사만 해도 일어나고 앉고 노래도 부르고 하는, 조금은 부산스러운 시간이었지만, 저녁의 묵상 기도는 온전히 침묵의 시간이었습니다. 수녀님들이 묵주알을 한 알씩 옮기며 기도문을 외울 때 저는 벽에 기대어 그냥 앉아 있었습니다. 제단에 켜진 촛불을 바라보며 그냥 생각이 흘러가는 대로 내버려 두었습니다. 그 날 세상을 떠난 환자들 생각하기도 했고, 고향의 그리운 얼굴들을 생각하기도 했습니다. 때로는 눈물이 흘러내릴 때도 있었고, 때로는 그저 온전히 마음이 평화로 가득 차 있기도 했습니다. 그러다가 기도 시간이 끝날 때쯤 성체(聖體), 즉 예수의 몸이 된 빵에 절을 할 때, 카톨릭이 아니면서도 참 마음이 온유해짐을 느꼈습니다. 위대한 스승에게 드리는 경배가 제 마음을 맑게 정화시켜 주는 것을 느낄 수 있었습니다.

캘커타가 제게 참 아름다웠던 것은, 아수라장에서의 정신 없는 노동과 신성한 장소에서의 고요한 평화가 함께 있었다는 것입니다. 서로 떨어져 있지 않고 나란히 연결되어 있었다는 것입니다. 바로 그런 '함께 있음' 때문에 하루 종일의 중노동과 열악한 환경에도 불구하고 자원 봉사자들이 대부분 건강한 상태를 유지할 수 있었던 것 같습니다. 노동과 수련이 따로 떨어져 있지 않았습니다. 우리의 수련 문화도 그렇게 노동과 수련이 함께 가고 있는지 어떤지 잘 모르겠습니다. 아마 그렇겠지요.

아주 값비싼 명상 훈련 코스들이 있다는 얘기를 듣곤 합니다. 아주 아름다운 장소에 있는 좋은 호텔에서 이루어지는 수련 코스들이 있다고도 하더군요. 세상 모든 일이 다양하게 벌어질 수 있겠지만, 그래도 조금 아쉽습니다. 그런 수련 코스들이 정말 좋은 것이라면, 그 코스에 참여하는 사람들에게 건강과 행복과 평화를 줄 수 있는 것이라면, 가능하면 좀 더 많은 사람들이 참여할 수 있어야 하지 않을까요?

돈이 없는 사람은 갈 수 없는 수련 현장은 저를 슬프게 합니다. 그 수련 현장의 '홀로 있음'이, 그리고 그 안에서 명상하고 수련하는 사람들의 홀로 있음이 저를 외롭게 합니다.

주제 넘는 얘기를 너무 많이 한 것 같습니다. 제대로 알지도 못하면서 주워들은 풍월로 엉뚱한 걱정을 한 것인지도 모르죠. 차라리 그랬다면 더 좋겠습니다. 보릿고개 넘어 이만큼이나마 살기 위해 발버둥치던 우리 나라 사람들이 마음에도 신경 쓰게 된 일은 참 좋은 일입니다. 더 큰 냉장고와 더 큰 아파트가 행복을 보장해 주지 않는다는 걸 사람들이 깨닫게 된 일은 정말 좋은 일입니다. 투쟁에만 길들어 왔던 정신들이 침묵과 평화의 즐거움도 알게 된 일은 너무나 좋은 일입니다. 그 좋은 일들이 더 좋은 일로 이어졌으면 좋겠습니다. 더 많은 사람들이 그 좋은 일에 마음 놓고 동참할 수 있도록 어려운 사람들에게도 눈길을 돌렸으면 좋겠습니다. 운동과 수련이, 그리고 노동과 수련이 함께 손 잡고 갔으면 좋겠습니다.

〔『새 천년을 여는 수련 문화—월간 정신세계 창간 준비 특집1호』, 1999.10〕

●

〔2020.12〕 이 오래된 글을 넣을까 말까 고민하다가 결국 '꼰대'의 마음을 이기지 못했다. 20년 넘은 옛날 옛적의 지적질을 다시 불러 낸 이 어지러운 마음이라니. 여전히 마음 공부가 덜 된 탓이다. 내 눈의 들보는 안 보이고 남의 눈의 티끌만 보이는 건 인간의 숙명이니 어쩌랴.

얼마 전 두 하버드 출신 베스트셀러 '저자'들의 '썰전'을 보면서 이 글을 긁어 붙이기할 마음을 먹게 되었다. 여전히 사람들은 앞서 깨달은 자의 '법문'에 목마르다. 마음 공부를 이야기하는 책은 언제나 베스트셀러 예비 목록 중에 상위를 차지한다. 자기 계발서가 베스트셀러가 되는 것이나 마음 공부 책이 백만 부씩 팔리는 이유는 같다. 나도 그렇게 되고 싶다는 욕망이 키워 내는 시장.

열흘짜리 명상 프로그램의 브로슈어에 적혀 있던 '깨달음'에 대한 약속에 깜놀하고, 그 비용에 또 한 번 깜놀했던 시기에 썼던 글이다. 깨달음, 또는 마음의 평화조차 사고 팔 수 있는 물건이 된 세상에 대한 태생적 삐딱이의 삐딱이질이었다. 물론 내가 아무리 삐딱이질을 해도, 그 시장은 사라지지 않을 것이다. 나 따라 해 봐라~ 너도 깨달은 자가 될 수 있어~ 책 한 권만 사서 읽어 보셔~ 그 강력한 유혹을 어떻게 뿌리칠 수 있으랴.

마음 공부의 ㅁ자도, ㄱ자도 모르지만, 내가 아는 한 가지가 있다. 그게 그렇게 쉬운 거였으면, 인류가 지금 이 모양 이 꼴로 살고 있지 않을 거라는 '빼박' 팩트 말이다. 스스로 '스승'이라고 주장하는 자들은 일단 한 번 의심해 보자. 십중팔구가 아니라 십중구점구구구구구구~의 자칭 스승은 다 사기꾼이었다는 역사의 증언을 잊지 말자. 깨달음이 차라리 사고 파는 물건이었다면 얼마나 좋을까. 그럼 이런 쓰잘데기 없는 글도 안 쓰고 좋았을 것을.

●

On the Road Again

[0] 다시 순례길을 준비하면서

산티아고의 길(El Camino de Santiago)에서 찍은 순례자 조병준의 그림자 자화상.

산티아고의 길(El Camino de Santiago), 어느 순례자의 뒷모습.

에필로그 : 다시 순례길을 준비하면서

그 길에서 우주를 만났다

왜 그 길을 걸었냐고 묻는다면? 그냥 그 길이 내 앞에 펼쳐졌기 때문이라고 말할 수밖에 없다. 우연히, 정말 우연히 그 길이 내게로 왔다. 모든 우연은 필연이라고? 아니, 강요하지 말자. 우연은 그냥 우연이다. 당신이 그걸 필연이라고 불러야겠다면 그렇게 해도 좋지만, 나는 그냥 우연이라고 부르겠다. 나는 우주의 법칙은 우연이라고 믿는 사람이니까.

미겔, 내 길의 수호 천사

이니고와 이사스쿤 부부를 만나러 갔던 산세바스티안(San Sebastián)이었다. 스페인-프랑스 국경 부근의 대서양 해안 도시 산세바스티안에 도착했을 때, 이니고가 물었다. 미겔 알지? 미겔? 어느 미겔? 미겔은 널 알던데. 너도 만나면 알 거야. 영미권에 마이클이 넘치듯 스페인 · 포르투갈권에서 온 친구들 중에는 미겔이 아주 많았다. 하여간 내가 산세바스티안에 도착하기 사흘 전인가에 미겔은 캘커타〔콜카타〕에서 돌아왔다고 했다. 내가 산세바스티안에 온다는 소식을 듣고 차로 1시간 거리 떨어진 팜플로나(Pamplona)에서 달려오기로 했다는 것이었다.

올라! 준! 올라! 미겔! 너였구나! 물론 내가 아는 얼굴이었다. 1999년 겨울 두 달 동안 거의 매일 한 번씩은 얼굴을 보았던 친구였다. 캘커타 마더 테레사의 집, 수도원에서 간단한 아침 식사(빵 한 조각과

차 한 잔이 전부였다)를 마치고 각자 일터로 흩어질 때 나는 프렘 단(Prem Dan)〔사랑의 선물을 뜻하는 힌디어〕이라는 집으로 갔고, 미겔은 기차역으로 갔다. 미겔은 기차역에 쓰러진 행려병자들에게 먹을 것을 주고 간단한 응급 처치를 하는 일과 상태가 심각한 환자들을 마더 테레사의 집들 중 하나로 데려오는 일을 맡아 하고 있었다. 그가 데려온 환자를 씻기고 밥 먹이는 일이 내게 맡겨졌던 날들도 있었다.

사실 그 해 겨울 캘커타로 돌아갔을 때 가장 먼저 만났던 사람이 바로 미겔이었다. 미겔과 함께 일했던 한국 여학생이 미겔에게 전해 달라며 내게 작은 소포를 맡겼기 때문이다. 미용실용 가위가 들어 있었다. 몇 달을 감지 않았는지 아무도 모르는 환자들의 머리를 자를 때, 녹슬고 무뎌진 가위가 몹시도 미웠노라고 했다. 나는 그 해 겨울 겨우 두 달을 캘커타에 머물렀고, 미겔은 꼬박 1년을 머물렀다. 서로의 일터가 달랐기 때문에 그냥 서로 인사를 하며 지나쳤을 뿐이었다. 스페인 여행에서 미겔을 만나는 일은 내 계획에 없었다. 산세바스티안으로 갔던 길이 며칠만 어긋났더라도 미겔을 만날 수 없었을 것이다. 그리고 내가 그 길을 만나는 일도 없었을 것이다.

산세바스티안에서 바로 바르셀로나로 떠날 계획이었다. 미겔은 그건 있을 수 없는 일이라고 말했다. 자기 고향 팜플로나를 보지 않고 가는 건 인생에서 가장 좋은 경험을 놓치는 것이라고 허풍을 쳤다. 글쎄, 결과적으론 미겔이 옳았다. 팜플로나는 내 인생에서 가장 멋진 여행지는 아니었지만, 팜플로나에서 내 인생에서 가장 좋은 경험들 중 하나가 시작되었으니까. 미겔이 내게 그 길을 보여 주었다. 산티아고의 길. 카미노 데 산티아고(Camino de Santiago). 성 야고보의 길〔산티아고는 성(saint, san) 야고보(diago)를 이르는 말〕. 중세 시대부터 유럽 사람들이 순례의 길로 걸어 다녔던 길이라고 했다. 그 길의 일부를 보여 주며 미겔이 말했다, 자기도 그 길을 걸어갈 생각이라고. 한 달 정도 '순전히 두 발로 걸어서' 800km의 길을 걸어갈 거라고. 왜 가려고 하는데? 걸으며 신에게 물어 보겠노라고 했다. 자기의 길이 어느 길이냐고. 다시 캘커타로 돌아가 최소한 3~4년을 가난하고 병든 자들과 살 것인지, 그래서 삶의 길을 아예 바꿔야 할 것인지, 아니면 그냥 고향에 남아 예전의 생활로 돌아갈 것인지, 어느 길이 자신의 길인지, 그 답을 얻으려 한다고 말했다. 한 달 동안 800km를 걷는다고? 내게 그것은 그저 남의 이야기였다. 나는 가톨릭도 아니었고, 내게 주어진 겨우 두 달 남짓의 유럽 여행 동안 가야 할 곳도 너무 많았다. 그래서 미겔과 헤어지며 말했다. 순례 도중 가끔 나를 기억해 달라고. 어쩌다 한 번쯤 나를 위해 기도해 달라고. 생각나면 엽서 한 장 길 위에서 써 달라고.

인생은 언제나 질서 정연하게 흐르는 것이 아니다. 때로는 인생처럼 길도 뒤죽박죽으로 꼬이고 엉키다가 엉뚱한 방향으로 풀린다. 그것을 혼돈이라 불러도 좋고 신비라 불러도 좋다. 신을 믿는 이들은 그것을 신의 섭리라고 표현할 것이다. 어설픈 얼치기 범신론자인 나는 그것을 우주의 축복이라고 부르려 한다. 나는 미겔보다 앞서 그 길을 걷게 되었다. 어쩌다가? 혼돈과 신비와 섭리와 축복은 굳이 캐려고 하지 않아도 좋다. 그냥 우연히 그렇게 되었노라고 받아들이면 된다. 미겔의 이름이 대천사 마이클이었다는 것을 생각하면 된다. 미겔이 내 길의 인도자요 수호자로 왔다고 갖다 붙이면 된다.

산티아고의 길

산티아고(Santiago). 성 야고보. 예수의 열두 제자 중 하나였던 그의 유해가 신비롭게도 스페인 북부의 작은 도시 산티아고 데 콤포스텔라(Santiago de Compostela)〔콤포스텔라(Compostela)는 '별들의 벌판'이라는 뜻〕로 옮겨졌다고 했다. 물론 누구도 증명할 수 없는 전설이다. 언제부턴가 사람들은 그 성인의 유해가 모셔진 대성당으로 먼 순례의 길을 떠났다. 어떤 이들은 속죄를 위해 떠났고, 어떤 이들은 간절한 소원을 빌기 위해 떠났다. 역사가들은 예루살렘이 이슬람의 수중으로 넘어간 뒤 가톨릭 교회가 찾아낸 대체 성지가 산티아고 데 콤포스텔라였다고 해석하기도 한다.

유럽 전역에서 순례자들이 지팡이 하나를 짚고 스페인의 끝, 유라시아 대륙의 서쪽 끝에 자리잡은 그 성지를 향해 걸어갔다. 그것이 중세의 일이었음을 기억해야 한다. 어떤 이들에겐 몇 년이 걸리는 길이었다. 홍수로 불어난 강물을 건너다 죽은 이도 있었고, 어두운 숲 속에서 산적을 만나 죽은 이도 있었고, 결국 그 길에 주저앉아 가족을 이루고 마을을 이루어 살아 버린 사람들도 있었다. 그러다 산티아고로 가는 길은 예루살렘과 로마와 더불어 유럽 크리스천들의 3대 성지 중의 하나가 되었다.

어떤 이들의 설명에 따르면, 그 길은 기독교가 전파되기 이전에 이미 켈트 족 사람들이 교역을 위해, 또는 켈트 신화 속의 신을 만나기 위해 걸어갔던 길이라고 했다. 어떤 이는 그 길이 지닌 신비의 원천은 그 길이 은하수와 나란히 뻗어 있기 때문이라고도 했다. 헐벗고 굶주린 이들을 위해 평생을 바쳤고 늑대와 새들의 이야기를 들을 수 있었다던 성 프란체스코도 그 길을 걸었고, 교황 요한 바오로 2세도 그 길을 갔다고 했다. 21세기가 된 지금도 사람들은 그 길을 걷는다.

유럽에서, 북미와 남미에서, 그리고 아시아에서 온 사람들. 물론 대부분은 가톨릭 신자들이지만, 그 중에는 개신교도들도 있고 범신론자도 있고 심지어 무신론자도 있었다. 아빠 엄마 누나와 함께 걸어가는 일곱 살짜리 스페인 꼬마도 있었고, 다섯 번째 그 길을 걷고 있지만 아마 그것이 자신의 마지막 순례가 될 것이라고 얘기하던 일흔 스웨덴 할아버지도 있었다. 자신의 유년 시절을 힘들게 했던 알코올 중독자 아버지를 용서하는 방법을 배우기 위해 왔다던 미국 처녀도 있었고, 그냥 자신의 의지를 시험해 보고 싶어 왔다던 철없는 스페인 청년도 있었다. 2000년 새 밀레니엄이 시작되는 해였고 가톨릭의 대희년이었던 그 해 여름 7월 한 달, 그 길에는 참으로 많은 순례자들이 있었다. 그 거대한 모자이크 속에 아시아의 끝나라에서 온 사내도 하나 끼어 있었다.

나는 무엇을 위해 그 길을 갔느냐고? 속죄를 위해. 미움과 게으름과 탐욕, 그리고 은하수의 별처럼 많고도 많은 내 죄들을 용서받기 위해. 소원을 빌기 위해. 내 마음에 평화와 기쁨과 사랑이 돌아와 주기를 빌기 위해. 왜 사람들이 그토록 오랫동안 그 길을 걸어가고 있는지 호기심을 풀기 위해. 내게 한 달 동안 800km를 걸어갈 수 있는 힘과 의지가 있는지 확인하기 위해. 수많은 이유가 있었다. 어쩌면 내가 만났던 그 모든 순례자들이 그 길을 걸었던 이유를 다 합친 것만큼의 이유가 내게 있었다. 그 모든 이유가 한 마디로 요약될 수 있다. 나는 그냥 걷고 싶었다.

길의 고통, 길의 행복

스페인과 프랑스 사이의 국경을 이루는 피레네 산맥〔Pyrenees〕이 끝나는 자리, 스페인 안에서 카미노 데 산티아고가 시작되는 곳, 론세스바예스(Roncesvalles)에서 내 순례길이 시작되었다. 하룻밤에 3천 원 정도 또는 형편 닿는 대로 기부금을 내면 되는 순례자 숙소에 머물기 위해, 또 산티아고 데 콤포스텔라 대성당에 도착했을 때 순례를 마쳤다는 증명서를 받기 위해 필요한 순례자 수첩을 받아 출발했다. 순례자들을 위해 세워진 이정표를 따라가면 되었다. 한 달 동안 내 발을 인도했던 노란 화살표들. 어떤 순례자들이 말했다. 순례를 마치고 한 동안은 밤마다 꿈에 그 화살표를 보게 될 것 같다고.

숲 속에서 떨어져 있는 나뭇가지를 주워 지팡이로 삼았다. 갈아입을 몇 장의 옷과 세면 도구와 슬리핑 백과 카메라. 내 짐의 전부였다. 10kg 남짓한 그 배낭 속에 그 한 달 동안 내 전 재산이 담겨 있었다. 카메라와 필름이 빠졌다면 거기서 또 한 3kg쯤이 빠졌겠지. 다른 순례자들의 배낭은 내 배낭 무게의 절반도 되지 않았다. 나는 여전히 욕심이 많았던 것이다. 순례자들의 배낭은 생에 필요한 소유물이 얼마나 작은 것인지를 보여 주고 있었다. 배낭이 가벼운 자에게 복이 있나니, 그들의 길이 가벼워질 것이라.

길은 고통스러웠다. 배낭 끈은 어깨를 파고들었고 나중엔 늑막염에 걸린 게 아닐까 두려울 정도로 가슴까지 아프게 했다. 한낮이면 40도를 웃도는 뜨거운 날씨는 살을 태웠고, 적어도 20km, 어떤 날은 40km의 길을 밟아야 했던 두 발바닥은 물집으로 뒤덮였다. 자전거로 그 길을 가는 이들이 참으로 부러웠던 오후도 있었고, 발바닥의 물집 때문에 다리의 근육까지 온통 뒤틀리는 고통 속에서 지나가는 차를 세우고 싶은 유혹에 굴복할 뻔했던 아침도 있었다. 왜 그 멀고 힘든 길을 걸어가야 하는지 스스로 이해할 수 없었을 때, 길은 고통스러웠다.

그러나 그 모든 고통을 상쇄하고 아주 많이 남을 만큼, 아니 그 고통이 너무나 사소한 것으로 무시될 수 있을 만큼, 길은 행복했다. 새벽부터 황혼까지, 한 걸음마다 길의 표정들이 어떻게 달라지는지, 내가 풍경 속의 일부가 된다는 것이 어떤 것인지를 태어나 처음으로 알게 되었다. 폭우 속을 뚫고 도착한 순례자 숙소에서 맛있는 저녁을 만들어 내게 나눠 줬던 어느 가족, 내 발의 물집을 바늘로 따 주고 내 다리와 어깨의 아픈 근육을 풀어 주며 사람에게 있는 치유의 힘을 얘기해 주었던 어떤 아주머니, 길 한복판에 주저앉아 있던 내게 다가와 내 배낭을 대신 짊어지고 함께 목적지까지 걸어 주고 병원으로 데려가고 헤어지며 눈물을 흘렸던 어느 부부, 그 많은 선한 사람들과 함께 걷는 것이 행복했다. 천지사방에 오로지 나 홀로 걷고 있던 그 순간들의 평화와 고요, 하늘 가득하던 구름이 걷히고 갑자기 내 몸에 이해할 수 없는 힘과 기쁨이 가득 차던 순간의 신비, 그리고 마침내 순례길의 끝에 있는 도시, 산티아고 데 콤포스텔라의 대성당에서 성 야고보의 조각상을 껴안았을 때 내 마음 속에 가득 차던 거대한 슬픔, 그 모든 것들로 인해 길은 행복했다. 고통의 목록은 짧고 행복의 목록은 아주 길다. 자, 그 긴 목록 중에서 하나만 끄집어 내기로 하자.

그 길에서 우주를 만났다

앞에서 잠깐 나는 얼치기 범신론자라는 얘길 했던가? 우주는 내게 뭐든지 조금씩만 허락해 주었다. 머리도 조금만 좋고, 몸도 조금만 튼튼하고, 영혼도 조금만 깨어 있게끔 만들었다. 신비주의자가 되고 싶었지만, 내게 주어진 신비는 너무 작은 것들이었기 때문에 그것이 신비인지 아닌지도 확신할 수 없었다. 그렇게 작게 주어진 신비들 덕분에 나는 온전히 유물론자가 될 수도 없었다. 얼치기 범신론자, 100분의 1짜리 신비주의자. 뭐, 불행하다면 불행한 인생이다. 산티아고의 길에서 내게 주어진 가장 큰 행복은 그 한 달 동안 내가 중간치기 범신론자로, 그리고 50분의 1짜리 신비주의자로 살 수 있었다는 것이었다. 그 길에서 나는 우주를 만났던 것이다.

내가 우주라는 어마어마한 단어를 쓴다고 괜히 겁먹지 말아 주기 바란다. 바닷가의 모래 한 알에 우주가 담겨 있다고 했던 신비주의자들의 이야기는 그냥 말장난이 아니다. 밤하늘의 별을 올려다보면 그게 곧 우주를 들여다보는 일이고, 길에 핀 들꽃 하나를 만지면 그게 곧 우주를 만지는 일이다. 출근길 지하철에서 옆 승객의 발을 밟아도 역시 우주를 밟는 셈이다. 그 모든 것이 다 우주에 속하니까.

인간도 결국 우주의 일부분이니 이 인간으로 넘치는 서울 바닥에서 뭉개고 뭉개지며 살아도, 그것 또한 우주를 만나며 산다는 점에서는 매한가지일 게다. 다만 그것이 피곤하고 고단한 만남이라는 게 문제일 뿐이다. 숲에서 살다가 초원으로 나왔던 우리 조상님들의 유전자가 아직 고스란히 남아 있는 탓에, 나 역시 다른 모든 인간들과 마찬가지로 자연 속에 들어갈 때 진짜 우주를 만난다고 착각한다. 도시에서 먹을 것을 벌고 친구들을 만나면서도 자연으로 돌아가야 행복해진다고 중얼거린다. 어쩌겠는가, 내 몸의 진화 상태가 거기 머물고 있는 것을.

태어나 처음이었다. 그렇게 오랜 시간, 넓은 공간을 내 두 발로 섭렵했던 것은. (그 전까지 내가 가장 오래 걸었던 기록은 10박 11일의 안나푸르나 트레킹이었다.) 공식 거리 737km, 에둘러가고 길 잃어 헤매고 구경하느라 쏘다닌 거리를 다 합치면 분명 800km를 족히 넘을 27박 28일의 순례길이었다. 물론 그 길 중에는 크고 작은 도시의 아스팔트 길도 간간이 섞여 있었다. 하지만 길의 거의 대부분은 자연 속에 있었다.

나와 지평선 사이에 움직이는 것이 아무 것도 없었기 때문에 오로지 땅과 하늘과 구름을 보며 걸어야 했던 적이 있는가? 한 걸음을 걸을 때마다 구름의 모습이 달라지는 것을 속속들이 지켜본 적이 있는가? 서너 시간 동안 당신의 뇌세포들이 필름이 되어 그 구름의 변화를 고스란히 기록하도록 내버려둘 수밖에 없었던 경험이 있는가? 나는 그렇게 구름을 보며 걸었기 때문에 이제 말할 수 있다. 그런 경험을 하지 못했다면 당신은 불행한 사람이라고.

안개 자욱한 새벽, 정말로 몇 발짝 앞도 보이지 않는 안개 속에서 오래된 참나무 숲 속을 걸어 본 적이 있는가? 그 참나무들 사이에서 들려오는 새소리를 들어 본 적이 있는가? 그런 참나무 숲에서라면 옛날 켈트 신화가 만들어진 것이 너무나 당연하다고, 나무의 신들이 세상을 지배하던 시절이 당연히 있었을 것이라고 생각해 본 적이 있는가? 행복하고 행복하게도 나는 그런 안개 속의 참나무 숲 속을 걸었다.

세상을 모두 태워 버릴 듯 이글거리는 한낮의 태양 아래 프라이팬처럼 뜨거운 자갈길 옆을 가득 채운 들꽃들을 본 적이 있는가? 언제 비가 내릴지 알 수 없는 그 혹독한 토양에서 악착같이 덩굴을 땅 위로 뻗어 영토를 만들어 가는 풀을 본 적이 있는가? 생명이 얼마나 모진 것인지, 얼마나 단단한 것인지, 그리고 얼마나 아름다운 것인지 전율해 본 적이 있는가? 나는 그 들꽃들을 보았다. 단 하나의 이름도 알지 못하는 그 들꽃들에 홀려서 땅바닥을 내려다보며 걷다가 목덜미를 까맣게 태우며 걸었다.

가도가도 끝없는 황금 밀밭 사이를 걸으며 어린 왕자와 여우를 기억해 본 적이 있는가? 여섯 시간을 화살처럼 꽂히는 장대비 속에서 걸으며 덜덜 떨어 본 적이 있는가? 차가운 바람이 휘몰아치는 언덕 위에서 저 아래 지평선 위로 떠오르는 아침 해를 내려다본(올려다보는 것이 아니었다!) 적이 있는가? 천지사방에 들리는 소리는 오로지 바람과 새소리뿐인 풀밭 위에 덜렁 드러누워 아득한 잠에 빠져 본 적이 있는가? 사방에 불빛은 하나도 없고, 하늘 한복판에 은하수가 정말 거대한 강물처럼 흐르는 모습을 본 적이 있는가? 자, 그만하자. 미안하다. 어쩌겠는가, 나는 이미 1년이라는 긴 시간이 지난 그 순간들의 행복에 아직도 몸이 떨리는 것을. 듣는 당신의 불행에는 아랑곳하지 않고 내 행복을 떠벌릴 수밖에 없는 것을. 나는 이제 이해한다. 왜 그토록 많은 사람들이 남들이 귀찮아 하건 끔찍해 하건 상관없이 자기들의 종교를 전해 주려고 그토록 열성인지를. 그들도 나처럼 행복했던 것이리라. 자기들의 행복을 남에게 이야기해 주고 싶어서, 기왕이면 나눠 주고 싶어서 어쩔 줄 모르는 것뿐이리라.

버스를 타고, 자동차를 타고, 비행기를 타고, 인간이 만든 탈 것에 올라 만나는 자연과는 다른 자연이 그 길에 있었다. 우주가 내게 선물해 준 이동 수단, 내 두 다리로 걸어가서 만나는 우주가 그 길에 있었다. 그리고 또 하나, 때로 동료 순례자들과 함께 걸었던 적도 있지만, 대부분의 길을 나는 혼자 걸었다. 내 시각과 청각의 범위 안에 인간이라고는 오로지 나 하나뿐이었던 순간들이 많았다. 그런 순간들에 나는 풍경을 지켜보는 자이며 동시에 풍경의 일부였다. 바닷가의 모래알 하나에 우주가 담기듯, 그런 순간들에 내 안에도 우주가 몽땅 담겼으리라고 나는 믿고 싶다. 40km를 걷고 나서도 몸에 힘이 남아 있던 날들이 있었다. 우주가 내 안으로 고스란히 들어오지 않았더라면 아마 그럴 수 없었으리라고 믿고 싶다.

누구를 만나건, 무엇을 만나건, 모든 만남에는 그렇게 하나 되는 순간들이 있는 법이다. 내 안에 그, 그녀 또는 그것이 들어오고 그, 그녀 또는 그것 안에 내가 들어가는 순간들. 그래서 나와 그, 그녀 또는 그것 사이의 경계가 사라지고, 경계가 사라진 자리에 무한한 숫자의 관계의 그물망이 자리잡는 순간. 무한한 소통과 무한한 에너지가 시작되는 순간. 빅 뱅의 순간. 그 길에서 내가 우주를 만났을 때, 또 하나의 아름다운 아기 우주가 태어났다.

언젠가 다시 그 길을 간다면

순례의 종착점, 산티아고 데 콤포스텔라 대성당(Catedral de Santiago de Compostela)의 계단에 지팡이를 짚었을 때, 28일 동안 내 한 걸음 한 걸음의 충실한 동행자였던 그 지팡이가 돌계단을 울렸을 때, 내 안에서 무엇인가 거대한 울림이 퍼졌다. 그 울림이 나를 휘청거리게 했다. 거대한 슬픔이라고 해도 좋을 것이다. 그 계단이 우주와 나의 행복한 만남이 끝나는 자리라는 것을, 그 행복이 기억의 자리로 물러나는 자리라는 것을 알았다. 나는 내 길을 다 갔던 것이다. 그리고 그 길의 끝에는 아무 것도 없었다. 우주의 끝에 아무 것도 없듯이….

그것은 슬픔이었고 허무였고 외로움이었다. 저 무한한 우주에서 나는 소립자 하나 같은 존재일 뿐이었다. 아니 지구 자체가 소립자 하나보다 나을 것 없는 존재였다. 나는 수백 년 또는 수천 년 동안 그 지구 위의 짧은 길, 겨우 800km쯤의 길을 걸어갔던 무수한 순례자들 중의 한 사람일 뿐이었다. 존재의 견딜 수 없는 보잘 것 없음. 그토록 행복했던 그 우주와의 동행길이 끝났을 때, 그토록 어처구니 없는 감상주의에 사로잡혔냐고? 그랬다. 내게 왜 그랬냐고 묻지 말아다오. 그것도 우주가 내게 시킨 일이었으니까. 모든 만남이 다 그러하듯, 우주와의 만남에도 역시 끝이 있다는 진리를 내게 가르쳐 주기 위해서였을 것이다. 길이 끝나는 곳에서 우주와 헤어지는 슬픔을 맛보라고, 그래야 외로워서라도 또 다른 우주를 만나러 떠나야 할 것이 아니냐고 내게 충고하기 위해서였을 것이다.

언젠가 그 길을 다시 걸어갈 수 있을까? 이 우주에서 확실한 것은 아무것도 없다. 그저 희망할 수 있을 뿐이다. 물론 나는 그 길을 다시 걸어갈 수 있기를 희망한다. 조금 더 천천히, 조금 더 가볍게 걸어갈 수 있기를 희망한다. 그래서 그렇게 느려지는 걸음마다 더 많은 신비와 행복들이 내 발바닥의 물집 속에 고여 주기를 희망한다. 그 물집 하나하나마다 하나씩의 우주가 담겨 있음을, 몸과 머리와 가슴과 영혼이 다 합쳐진 내 온 존재로 배울 수 있기를 희망한다. 그러면 나도 얼치기 반쪽짜리가 아니라 온전한 범신론자요 신비주의자가 될 수 있을 테니까. 이 우주가 그것을 내게 허락한다면.

〔『magic N』, KTF, 2001.10〕

●

〔2020.12〕 근 20년 만에 이 글을 다시 읽었다. '만감이 교차한다'는 구닥다리 표현을 용서하시라. 더 나은 표현을 못 찾겠다.
질풍노도 정도가 아니라 광풍쓰나미 수준이었던 삼십 대가 끝나고 사십 대가 시작되던 2000년에 그 길을 걸었다. 순례를 마치고 서울로 돌아올 때, 탄탄대로가 인생에 펼쳐질 것이라고 믿었다. 무르익은 사십 대가 되어 필봉을 마구 휘두를 거라고, 몇 달 단위의 여행이 아니라 몇 년 단위의 살아 보기 여행도 하고, 해마다 한 권씩 책도 써 낼 거라고, 야망에 가득 차 있었다. 이듬해 봄, 어머니가 쓰러지면서 모든 계획이 무너졌다. 그 무너진 계획 중엔 산티아고를 걸었던 시간을 책으로 엮으려는 계획도 있었다.

순례 도중 묵었던 알베르게(albergue, 순례자 숙소)의 관리자들 중엔 내가 처음 만난 한국인이라고 말해 준 이들도 있었다. 누가 처음 갔느냐가 뭐 중요할까. 몇 잡지에 짧은 글로 산티아고 길의 감상을 끄적였다. 몇 년 후, 산티아고를 제목에 단 책들이 쏟아져 나왔다. 어느 친구가 그러더라. 차라리 빚을 내서라도 몇 달 붙들고 늘어졌다면, 그래서 그 책을 팔았다면, 어머니 병구완에 들어간 돈을 더 수월하게 벌 수 있지 않았겠냐고. 후회 같은 건 없다. 그건 내 인생 또는 우주가 시킨 일이니까.

다시 산티아고의 길을 걷기까지 12년의 시간이 필요했다. 두 번째 산티아고의 길을 걸으며 품게 된 소망은 순해졌다. 그저 세 번째 산티아고의 길을 걷기까지 다시 12년이 걸리지는 않았으면 좋겠다는 소망,

우주가 허락해 세 번째 길을 걷게 된다면 그 세 번의 시간을 한 권의 책으로 쓰고 싶다는 소망…. 그 소망이 시작된 날로부터 벌써 8년이 흘렀다. 이러다 정말로 12년 만에 세 번째 산티아고의 길을 걷게 되려나.

자, 이 글을 책 말미에 넣겠다는 건 원래의 계획이 아니었다. 사실은 넣지 않으려 했던 글이다. 또 하나 실패한 기획의 사례라 생각했기 때문이다. 퇴고 작업 막바지에 마음을 바꿨다. 실패한 기획이 아니니까. 보류, 또는 중단된 기획일 뿐이니까. 이미 두 번의 길에서 만나지 않았던가, 육십 대 칠십 대의 나이에 그 길을 걷고 있는 순례자들을. 나라고 그러지 못한다는 법이 어디 있나. 몸을 잘 지키면, 마음을, 정신을, 영혼을 잘 지키면 언젠가는 풀어 낼 수 있을 것이니. 스스로에게, 또 세상에 약속 하나 던지는 것으로 이해해 주면 좋겠다.

수류산방 친구들이 '육십 번째 생일을 그냥 넘어갈 수는 없으니 책을 내자'고 제안했을 때, 덥석 그 제안을 받아들였을 때 원래의 계획은 책 한 권이었다. 하드 디스크에 있던 글들을 추려 보내자, 수류산방 식구들이 또 무모한 제안을 해 왔다. 두 권으로 나누자고. 헐, 이 시국에 두 권을 내자고? 털어 내면서 버릴 건 버리자는 야심을 품었는데? 때론 길이 시키는 대로 군말 하지 말고 따르는 게 좋다. 육십 년의 인생 동안, 길에서 보낸 30년의 시간이 내게 남겨 준 가르침이다. 그래서 이 글도 살아남게 되었다.

지금까지 내가 쓴 모든 글은 이를테면 다 내가 몸으로, 마음으로 걸어온 길의 기록이다. 모험 또는 탐험이라 부르기엔 쑥스럽지만, 어쨌든 내 정신이 헤매고 다녔던 내 나름의 오지 체험의 기록이다. 부끄러운 흑역사의 순간도 많지만, 그래도 대견한 구석도 아주 없지는 않은 어느 아주 개인적인 지리학 수업의 기록….

여기까지 읽어 준 독자여, 참으로 고맙다. 이제 책을 덮고 쉬시라. 여행자, 순례자처럼 푹 쉬고 다음날의 길을 준비하시라. 하하하. 길은 또 당신을 기다리고 있으니. To Be Continued!

●

Photo © JO Byoung Joon

파푸아 뉴 기니(Papua New Guinea) 세픽 강(Sepik)을 통나무 보트로 흘러가다.

● 아주까리 수첩 5 조병준 **퍼스널 지오그래픽** | 曺秉俊 **個人.地圖** | JO Byoung Joon Personal GEOGRAPHIC | ©**조병준** | ● **Produced & Published by 수류산방 樹流山房 SuRyuSanBang** | **1판 02쇄** 2021**년** 02**월** 15**일** | **값** 21,000**원** | **ISBN** 978-89-915-5583-9 03810 | Printed in Korea, 2021. ● "영리를 위한 것이 아니라면 이 책의 내용을 자유롭게 이용하실 수 있습니다."

suryusanbang

● **수류산방 樹流山房 SuRyuSanBang** | 등록 2004**년** 11**월** 5**일**(**제** 300-2004-173**호**) | 〔03054〕 **서울 종로구 팔판길** 1-8 〔**팔판동** 128〕 | **T.** 82 02 735 1085 **F.** 82 02 735 1083 | 프로듀서 **박상일** | 발행인 및 편집장 **심세중** | 크리에이티브 디렉터 **朴宰成 + 박상일** | 이사 **김범수, 박승희, 최문석** | 편집팀 **전윤혜** | 디자인 · 연구팀 **김나영** | 사진팀 **이지응** | 인쇄 **효성문화**〔T. 82.(0)2.2261.0006 박판열〕

SURYUSANBANG A. 1-8 Palpan-gil 〔128 Palpan-dong〕, Jongno-gu, Seoul, KOREA | T. 82 (0)2 735 1085 F. 82 (0)2 735 1083 | Producer **PARK Sangil** | Publisher & Editor in Chief **SHIM Sejoong** | Creative Director **PARK Jasohn +PARK Sangil** | Director **KIM Bumsoo, PARK Seunghee, CHOI Moonseok** | Editorial Dept. **JEON Yoonhye** | Design & Research Dept. **KIM Nayoung** | Photography Dept. **LEE Jheeyeung** | Printing **Hyoseong Co., Ltd** 〔PARK Panyoel T. 82 (0)2 2261 0006〕